Politische Theorien zur bürgerlichen Gesellschaft

Wilfried Röhrich

Politische Theorien zur bürgerlichen Gesellschaft

Von Hobbes bis Horkheimer

2., überarbeitete Auflage

Prof. em. Dr. Wilfried Röhrich
Christian-Albrechts-Universität zu Kiel
Deutschland

Die 1. Auflage des Werkes erschien unter dem Titel „Denker der Politik" im Westdeutschen Verlag, Opladen 1989.

ISBN 978-3-658-01615-9   ISBN 978-3-658-01616-6 (eBook)
DOI 10.1007/978-3-658-01616-6

Die Deutsche Nationalbibliothek verzeichnet diese Publikation in der Deutschen Nationalbibliografie; detaillierte bibliografische Daten sind im Internet über http://dnb.d-nb.de abrufbar.

Springer VS
© Springer Fachmedien Wiesbaden 1990, 2013
Das Werk einschließlich aller seiner Teile ist urheberrechtlich geschützt. Jede Verwertung, die nicht ausdrücklich vom Urheberrechtsgesetz zugelassen ist, bedarf der vorherigen Zustimmung des Verlags. Das gilt insbesondere für Vervielfältigungen, Bearbeitungen, Übersetzungen, Mikroverfilmungen und die Einspeicherung und Verarbeitung in elektronischen Systemen.

Die Wiedergabe von Gebrauchsnamen, Handelsnamen, Warenbezeichnungen usw. in diesem Werk berechtigt auch ohne besondere Kennzeichnung nicht zu der Annahme, dass solche Namen im Sinne der Warenzeichen- und Markenschutz-Gesetzgebung als frei zu betrachten wären und daher von jedermann benutzt werden dürften.

Gedruckt auf säurefreiem und chlorfrei gebleichtem Papier

Springer VS ist eine Marke von Springer DE. Springer DE ist Teil der Fachverlagsgruppe Springer Science+Business Media.
www.springer-vs.de

Inhalt

Vorwort 7

Einleitung 9

Kapitel 1
Thomas Hobbes und die Eigentumsmarktgesellschaft 17
1 Das Markt- und Eigentumsmodell 21
2 Der Naturzustand als Kriegszustand 23
3 Der Prometheus-Effekt und der Begünstigungsvertrag 25
4 Der Souverän: Schutz und Gehorsam 28

Kapitel 2
John Locke und die frühe bürgerliche Klassengesellschaft 33
1 Die Triade des Eigentumsrechts 36
2 Klassen in der Marktgesellschaft 43
3 Der Puritanismus und der Staat als Garant des Eigentums 45

Kapitel 3
Jean-Jacques Rousseau und die Dialektik der Freiheit 49
1 Die Depravierung als bürgerliches Problem 53
2 Der Contrat social und die Freiheit 56
3 Gemeinwille und die hohe Einsicht des Gesetzgebers 59

Kapitel 4
Karl Marx und Friedrich Engels –
Die kapitalistische Gesellschaftsformation 65
1 Die menschliche Emanzipation 68
2 Marxens Hegelkritik 70
3 Der ökonomische Antagonismus und die Entfremdung 75
4 Die Klassenkämpfe in Frankreich 78
5 Der Bonapartismus 82
6 Die materialistische Geschichtsauffassung 86
7 Die Ideologie der Tauschgesellschaft 92

Kapitel 5
Max Weber – Der Geist des Kapitalismus und die Führerdemokratie 99
1 Die Protestantische Ethik 103
2 Imperialistische Machtpolitik 108
3 Bürokratisierung und die charismatische Führerdemokratie 112

Kapitel 6
Robert Michels und der italienische Faschismus 119
1 Die Transformation der Demokratie 124
2 Das Mussolini-Regime 127
3 Der Capo carismatico 128

Kapitel 7
Max Horkheimer und Theodor W. Adorno –
Die bürgerliche Gesellschaft als Denkmodell 133
1 Horkheimer: Theorie und Praxis 137
2 Traditionelle und kritische Theorie 141
3 Die Dialektik der Aufklärung und der 12. Gesang der Odyssee 145
4 Gesellschaftskritik und Adornos Negative Dialektik 150

Literatur 157

Vorwort

Es ist für mich immer wieder ein interessantes Unterfangen, die Thematik der bürgerlichen Gesellschaft aufzugreifen. 1979 hat der Rowohlt Verlag (rororo-wissen) meine erste Untersuchung veröffentlicht. Zehn Jahre später, 1989, erschien die inzwischen weitgreifende Thematik im Westdeutschen Verlag in erster Auflage. Davor und danach übernahmen Kompendien (bei Duncker & Humblot) und Lexika (bei Oldenburg) Gedanken meiner Studien.

Nun darf ich herzlich Herrn Dr. Andreas Beierwaltes danken, dass dieser Band mit einer inzwischen erneut überarbeiteten und insbesondere ergänzten Problemstellung als zweite Auflage 2013 im Springer VS unter dem Lektorat von Verena Metzger erscheint. Die Auswahl der Theoretiker wurde beibehalten, das gleiche gilt für die Teile „Die Situation" und „Der (Die) Theoretiker", die der theorien- und sozialgeschichtlichen Orientierung dienen sollen, aber nicht zuerst gelesen werden müssen.

Kiel im April 2013   Wilfried Röhrich

Einleitung

„Aus Hobbes ... spricht unverhüllt das Vertrauen in die Organisationsform der bürgerlichen Gesellschaft. Sie selbst und ihre Entfaltung ist das Ziel der Geschichte, ihre Grundgesetze sind ewige Naturgesetze, deren Erfüllung nicht bloß das höchste moralische Gebot, sondern auch die Garantie für irdisches Glück darstellt." Max Horkheimers Interpretations-Worte aus seiner Frühschrift zur bürgerlichen Geschichtsphilosophie von 1930 können als Einstieg in die Thematik des Buches mit dem Untertitel „Von Hobbes bis Horkheimer" dienen. Es geht um die angesprochene bürgerliche Gesellschaft und das bürgerliche Selbstverständnis – um den Gesamtverständnishorizont der bürgerlichen Welt, wie er sich bei den ausgewählten Theoretikern in *positiver* oder *negativer* Weise spiegelt. Die ständisch-feudalen Strukturen wurden überwunden, und vom 17. Jahrhundert an hat sich mit der Kommerzialisierung der Landwirtschaft, dem (Früh-)Kapitalismus, dem zunehmenden Handel und der Industrialisierung die bürgerliche Gesellschaft herausgebildet, zu deren Programm Theoretiker wie Thomas Hobbes und John Locke, indirekt aber auch Karl Marx und Max Horkheimer (ab 1936) beigetragen haben. Wenn man davon ausgeht, dass die bürgerliche Gesellschaft eine soziale Formation und ein normatives Modell zugleich ist, so soll hier in erster Linie das normative Modell herausgearbeitet werden, ohne die soziale Formation zu vernachlässigen.

Teil 1

Es ist eine grundlegende Überzeugung der bürgerlichen Epoche, dass der Mensch nur dann volle Orientierung erlangt, wenn er sich im Hergestellten befindet. Was somit bestimmend wird, ist der „Wille zu sich selbst grundgebender Rationalität" (Hans Blumenberg). Das bürgerliche Subjekt begreift sich als autonom, poietisch und possessiv-individualistisch. Mit anderen Worten: Die Selbstbestimmung des Einzelnen (die Autonomie des Subjekts), die technisch-industrielle Weltorientierung (der poetische Subjektivismus) und das private Aneignen (der possessive Individualismus) sind die drei kennzeichnenden Momente der bürgerlichen Gesellschaft.

Hinzu kommt zumeist ein Vernunftbegriff im Sinne der cartesischen Theorie der kausal-mechanischen Erkenntnis. Während sich die Aufklärung auf die *Idee autonomer Selbstbestimmung* beruft und zu konstruieren versucht, wie die Menschheit aus ihrer selbst verschuldeten Unmündigkeit hinausgelangen kann, wird von mehreren Theoretikern der bürgerlichen Gesellschaft allein das *zweckgerichtete* Verhalten als rational definiert. Im frühbürgerlichen Denken zeigen sich beide Elemente – die autonome Selbstbestimmung des Subjekts und sein zweckgerichtetes Verhalten – in der Konzeption des großen konstruktiven Theoretikers *Thomas Hobbes*. Die politische Vernunft, die sich hier im Akt des Sozialvertrags selbst konstituiert, verkörpert weitgehend eine *instrumentelle Vernunft*: zur Vorausberechnung der Wirkung für praktische Zwecke. In dieser Konzeption ist der *Mensch* bereits ein *Bürger*, der auf Naturbeherrschung, auf die Verfolgung von Interessen und auf den Mechanismus des Staates zielt. Der Theorie kommt es zu, die Welt zu beherrschen – ein Moment des Eingriffs in die Praxis wie im Materialismus von Marx, dem es aber darum geht, die Welt strukturell zu verändern. Schon Hobbes' frühbürgerlicher Konzeption ist jene *Verselbstständigung des Denkens* inhärent, in dem sich Adorno zufolge (Bd 10.2, S. 599)[1] die Kraft von Aufklärung inhaltlich vervielfacht, in dem aber das Denken auch zur selbstherrlichen Methode gerinnt.

Hobbes' unmittelbarer Nachfolger *John Locke* prägt das verselbstständigte Denken noch stärker aus. Weil er entgegen Hobbes davon ausgeht, dass die Menschen ihr Leben statt durch agonal-antagonistische Macht vorrangig durch Arbeit erhalten, ist in seiner possessiv-individualistischen Konzeption die mit dem Interesse an Selbsterhaltung einhergehende instrumentelle Vernunft auf die Sicherung des *privaten Eigentums* konzentriert, worin auch Leben und Freiheit der Person inbegriffen sind. Locke identifiziert hierbei die politische Emanzipation des Besitzbürgers mit der *menschlichen* Emanzipation im Sinne der Unterscheidung von Marx, wie er auch (was Marx erkennt) den *bürgerlichen Verstand* zumindest tendenziell als *menschlichen Normalverstand* darzustellen sucht. Und schließlich erweist sich Locke noch viel differenzierter als Hobbes als ein systembildender Theoretiker, indem er die Überzeugung von Adam Smith vorwegnimmt, dass sich die bürgerliche Gesellschaft als ein arbeitsteiliges System der Bedürfnisse naturwüchsig entfaltet. Es ist jenes bürgerliche System, an dessen tragenden Kategorien

---

1 Theodor W. Adorno, Stichworte. Kritische Modelle, in Gesammelte Schriften 10.2, S. 599 (hier und nachfolgend zitiert: Adorno, Bd 10.2, S. 599).

Marx durch die Analyse ihres ideologischen, d. h. apologetischen Charakters dessen Scheinhaftigkeit verdeutlicht. Marx vermag hierbei Lockes Begriff der *Ratio* noch als solchen aufzugreifen, um die bürgerliche politische Ökonomie bei ihrer eigenen *Ratio* zu nehmen. Bei Adorno schließlich wird diese in der Spätphase der bürgerlichen Ökonomie virtuell durch unmittelbare Verfügung ersetzt, und zwar parallel zum universalen Vorgang einer von Max Weber historisch beschriebenen und von Horkheimer und Adorno in ihrer Dialektik begriffenen Rationalisierung.

In der Geschichte der politischen Theorien ist dem Prozess der Rationalisierung wie dem der instrumentellen Vernunft immer wieder die *Selbstbestimmung* – teils im Sinne der Selbstbesinnung und z. T. im Bewusstsein der Dialektik des Fortschritts – entgegengesetzt worden. Schon die Friedenskonzeption von Thomas Hobbes und sein Ziel, die im Bürgerkrieg erfahrene destruktive Furcht zu überwinden, gewinnen durch das Interesse an Selbsterhaltung ein Potential an Selbstbesinnung, die die bloße Selbsterhaltung zu transzendieren vermag. Und vor allem Jean-Jacques Rousseau erkennt besonders in seinem zweiten *Discours* jenen Doppelcharakter des Fortschritts, der nach Adorno „zugleich das *Potential der Freiheit* und die *Wirklichkeit* der *Unterdrückung* entwickelte". Er wendet sich entschieden gegen die gesellschaftliche Aufteilung des Menschen in voneinander unabhängige Funktionen und richtet dem das „Bild der unentstellten Natur" entgegen. Damit erkennt Rousseau bereits etwas von dem, was Adorno, aus dessen *Minima Moralia* (Bd 4, S. 167, 148, 107) die zitierten Formulierungen stammen, den *Verblendungszusammenhang* der selbstherrlichen Vernunft nennt. Übergreifend festzuhalten bleibt jedenfalls, dass die im folgenden *kapitelbezogenen* Teil vorzustellenden politischen Theoretiker ihr Denken *nachdenken*. Es geschieht dies vorrangig im allgemeinen sozialwissenschaftlichen Sinne der Rückbeziehung diskursiven Denkens auf die eigene *bürgerliche Interessenlage*, zum Teil aber auch im Sinne jenes *Geringen*, wodurch Adorno zufolge (Bd 5, S. 87) „der Mensch, sich selbst perpetuierendes Naturwesen, über Natur und Selbsterhaltung wie immer ohnmächtig doch hinausreicht".

Teil 2

Es ist die Emanzipationsbewegung des aufstrebenden Bürgertums, die in der Konzeption von *Thomas Hobbes* ihren ersten theoretischen Ausdruck findet. Der frühbürgerliche Theoretiker errechnet auf der Grundlage von Mathematik und neuer Naturwissenschaft das Naturrecht gleichsam als die Summe der unbeschränkten Rechte der einzelnen Individuen – entsprechend seinem possessiv-individualistischen Modell. Dieser Besitzindividualismus verweist zugleich auf Englands frühbürgerliche Eigentumsmarktgesellschaft mit ihrer erstarkenden Marktmoral. Im

Kontext dieser geschichtlichen Situation des zudem durch konfessionelle Glaubenskämpfe bedingten *Bürgerkriegs* entwickelt Hobbes seine Lehre vom Staat, der sich auf die *auctoritas* des Souveräns gründet. Diese Konzeption, in der die antifeudale Tendenz ebenso unverkennbar hervortritt wie die Wahrung bürgerlicher Interessen, verwandelt die moralische Alternative von *Gut* und *Böse* in die politische von *Frieden* und *Krieg*. Für die aus dem Bürgerkrieg des Naturzustands heraus den Staat etablierende Vernunft ist der Unterschied zwischen dem Moralischen und dem Politischen irrelevant. Die Begriffe der Moral und der Politik erfahren damit eine Trennung. Der Staat wird zum Raum moralischer Neutralität. Und was den Staat zu einem solchen macht, sind die *absolute Macht* des Souveräns und die Relation von *Schutz* und *Gehorsam*.

Schon eine Generation später, nach dem Ende des Bürgerkriegs in England, konnte *John Locke* das, was bei Hobbes den Staat zu einem solchen macht – die Relation von Schutz und Gehorsam sowie die absolute Macht des Souveräns –, anders und bürgerlicher bestimmen. Die *positiven Gesetze,* die auf die *bürgerliche Moral* (wieder) Bezug nehmen, werden nicht mehr vom Souverän entschieden, sondern von den *Bürgern* durch ihren *Urteilsspruch* konstituiert. Wesentlich stärker als bei Hobbes spiegelt sich nun auch die Besitz-Bezogenheit (der possessive Individualismus) in Lockes Auffassung vom Individuum: Es ist wesenhaft der *Eigentümer* seiner eigenen Person und seiner Fähigkeiten. Die Beziehung zum Besitz wird in die Natur des Individuums zurückprojiziert. Der Naturzustand gleicht (in seiner späten Phase) der durch Privateigentum, Geldverkehr und Warentausch strukturierten *bürgerlichen Gesellschaft*. Um in einer solchen bürgerlichen Gesellschaft dem Missbrauch der Macht zu begegnen, entwirft Locke eine rudimentäre Gewaltenteilung, die einen Kompromiss mit der Monarchie und dem calvinistischen Protestantismus sowie eine Rechtfertigung der englischen Regierungsform beinhaltet, wie sie sich durch die Initiative der ökonomisch bestimmenden, bürgerlich-whigistischen Schicht seit 1688 durchgesetzt hatte. Im Zentrum des gesellschaftlichen Prozesses stehen *Tauschbeziehungen* zwischen den Eigentümern – entsprechend Lockes Konzeption, die den wirtschaftlichen Aufschwung, den Fortschrittsoptimismus und damit den politischen Machtanspruch des Bürgertums zum Ausdruck bringt.

Es ist eben dieser mit dem politischen Machtanspruch verbundene wirtschaftliche Aufschwung des Bürgertums, den Jean-Jacques Rousseau beargwöhnt. Als pessimistischer Realist wendet er sich primär gegen die sich entwickelnde *bürgerliche Gesellschaft* und ihre *Dynamik* und erst sekundär gegen die politische Herrschaft des Ancien Régime. In der bürgerlich-kapitalistischen Konkurrenzgesellschaft erkennt er all jene depravierenden Phänomene, die, wie er dies vor allem im *Zweiten Discours* darlegt, aus dem (Privat-)Eigentum resultieren. In der die Freiheit negierenden Herrschaft von Menschen über Menschen sieht Rousseau ein bedeutsames Element der später bei Hegel und Marx detaillierter herausgearbeiteten *Selbstentfremdung* des vergesellschafteten Individuums, dem er den *moralischen Citoyen* in seinem republikanischen Tugend-Staat (mit der sittlich-metaphysischen Wesenheit der *volonté générale*) gegenüberstellt. Für diese Republik reklamiert Rousseau die unrepräsentierbare Volkssouveränität, die ebenso wenig aufgegeben werden könne wie die individuelle Freiheit der Person. *Freiheit* ist die Voraussetzung für *Moralität*, die mit der Politik erneut eine Einheit bildet. In diesem Zusammenhang erstrebt Rousseau die Überwindung der *Abstraktion* des politischen Menschen in Richtung der *moralischen* Person.

Die Überwindung der Abstraktion des politischen Menschen ist vor allem das Ziel von *Karl Marx*. Er erachtet die politische Emanzipation als inzwischen weitgehend durchgeführtes, wenn auch keineswegs vollendetes Werk der bürgerlichen, konkret: der Französischen Revolution, deren *Menschenrechte* er auf den nach seinem Privatinteresse strebenden, egoistischen Menschen (als possessives Individuum) und dessen bourgeoise Lebenspraxis gemünzt sieht. Demzufolge betont Marx den zwischen *politischer* und *menschlicher Emanzipation* bestehenden *Unterschied*. Letztere kann nur gelingen, wenn die *forces propres*, d. h. die eigenen und eigentlichen Kräfte des Individuums, durch den wirklichen Menschen als *gesellschaftliche Kräfte* erkannt und als solche, nicht als ausschließlich politische, organisiert sind. Die *menschliche Emanzipation* stellt – verkürzt formuliert – die Vollendung der bürgerlichen Emanzipation unter Vermeidung der Klassenprivilegien dar. Hierzu ist das Proletariat aufgerufen, es repräsentiert Marx und Engels zufolge die Interessen der Gesamtgesellschaft, die es der Tendenz nach umfasst. Der *Proletarier* wird solchermaßen zum *revolutionären Subjekt* in der Geschichte. Ziel ist das autonome und poietische Individuum in einer klassenlosen Gesellschaft, die all jene Merkmale zu beseitigen berufen ist, die die kapitalistische Gesellschaftsformation charakterisieren: vor allem das Privateigentum und damit die entfremdete Arbeit, die Lohnarbeit und den mit ihr verbundenen Mehrwert, also die auf Exploitation oder Ausbeutung zielende Mehrwertproduktion. Die historische Entwicklung ist durch den Widerspruch von wachsenden *Produktivkräften* und hemmenden *Produktionsverhältnissen* gekennzeichnet. Dies im Sinne der *materialistischen Geschichtsauffassung,* wonach „in letzter Instanz" (Engels) die sich entfaltenden Produktivkräfte die krisen- und konflikthaft verlaufende Richtung der Bewegung bestimmen.

Diese materialistische Geschichtsauffassung bildet die Thematik einer wissenschaftstheoretischen Auseinandersetzung zwischen *Max Weber* und *Karl Marx*. So sehr Weber das theoretische Werk von Marx ernst nimmt und in der Konfrontation mit ihm zu seinem eigenen geistigen Standort findet, so sehr lehnt er die *materialistische Geschichtsauffassung* als Generalnenner kausaler Erklärung der historischen Wirklichkeit ab. Marx' Konzeption, die Weber in dieser Hinsicht recht undifferenziert interpretiert, hält er nur als eine *Systematisation idealtypischer Hypothesen* für akzeptabel und bedeutsam: als eine spezielle Form idealtypischer Konstruktion des Geschichtsprozesses. Für Weber steht neben der Dynamik der *materiellen Interessen* die Dynamik der *ideellen Interessen,* wie er dies in seinen religionssoziologischen Studien über die *Protestantische Ethik* veranschaulicht: Der puritanische Asketismus und mit ihm der „Geist des Kapitalismus" (Weber) trafen mit der strukturellen Form kapitalistischer Wirtschaft zusammen, und dieses geschichtliche Zusammentreffen führte zur *kapitalistischen Kultur* des modernen Typs. Im Kapitalismus selbst sieht Weber eine unwiderstehliche Gewalt, deren revolutionäre Dynamik ihn ebenso fasziniert wie ihn dessen bürokratische Strukturen bedenklich stimmen. In der politischen Massengesellschaft entdeckt Weber übermächtige *Bürokratisierungstendenzen,* die ihn von einem die individuelle Freiheit bedrohenden neuen „Gehäuse der Hörigkeit der Zukunft" sprechen lassen. Die Alternative, die er erarbeitet, ist die Konzeption der *plebiszitären Führerdemokratie,* in der das demokratisch legitimierte Charisma großer Persönlichkeiten herausgestellt wird. Weber sieht darin ein Gegengewicht gegen die als unaufhaltsam erachtete Rationalisierung, wobei er die Möglichkeit des Umschlags der Führerdemokratie im autoritären oder gar totalitären Sinne unbeachtet lässt.

Eine von solchem Umschlag her motivierte Interpretation hat *Robert Michels* bei seiner ideologischen Option für das Mussolini-Regime vorgenommen. Ursprünglich engagierter Sozialist und Demokrat aus Gesinnung, der vor allem am Exempel der deutschen Sozialdemokratie des Kaiserreichs die *oligarchischen Tendenzen* in Partei- und Gewerkschaftsorganisation aufzeigte, gelangt Michels – über Vilfredo Paretos Elitentheorie und Georges Sorels Mythos der Gewalt – zum italienischen Nationalismus und Faschismus. In der Krise des italienischen Staats- und Wirtschaftssystems rechtfertigt er für seine Wahlheimat Italien das Mussolini-Regime, das für Michels den Ausweg aus der politisch-ökonomischen Krise des liberalen Systems unter dem Ministerpräsidenten Giovanni Giolitti zu versprechen schien. Die soziale Funktion des Faschismus legitimierend – die kapitalistischen Eigentumsverhältnisse und die damit verbundenen sozialen Privilegien der Oberklassen auch dann aufrechtzuerhalten, wenn die neoliberale Form bürgerlicher Herrschaft in eine Krise geraten ist –, greift Michels auf Max Webers Kennzeichnung des charismatischen Führers zurück. Dieser stellt als natürlicher Leiter „in psychischer, physischer, ökonomischer, ethischer, religiöser, politischer Not" eine persönliche Antwort auf eine Krise dar. Von hier aus befürwortet Michels bei seiner Reflexion des Bestehenden und Erwägung des Zukünftigen (entgegen seinen ursprünglichen demokratischen Prinzipien) die elitär-monistische Herrschaftsstruktur des Faschismus.

Damit wurde jene extreme Variante *bürgerlicher Herrschaft* legitimiert, über die Max Horkheimer im Sinne der Kontinuitätsthese von *Monopolkapitalismus* und *Faschismus* vermerkt, wer vom Kapitalismus nicht reden wolle, solle auch vom Faschismus schweigen. Die Aufklärung verende im menschenverachtenden Faschismus. Dessen Grauen ist, wie Horkheimer und Theodor W. Adorno in der *Dialektik der Aufklärung* schreiben, das der offenkundigen und doch fortbestehenden Lüge. Während es keine Wahrheit zulasse, an der es gemessen werden könne, trete im „Unmaß seines Widersinns die Wahrheit negativ zum Greifen nahe, von der die Urteilslosen einzig durch die volle Einbuße des Denkens getrennt zu halten sind" (Adorno Bd 3, S. 234). Von der Veranstaltung des *Mythos* bis hin zu *Auschwitz* ist für Horkheimer und Adorno inzwischen der zivilisatorisch-aufklärerische Prozess verlaufen. Und dem folgte die aktuelle verwaltete Welt, in der die Sphären der Produktion, der Distribution und der Konsumtion der gemeinsamen Administration unterstehen: dem Primat der Politik als Primat umfassender Herrschaft. Dessen eingedenk wendet sich Adornos Kritik gegen Marxens Erwartung, die Entwicklung der Produktionskräfte werde notwendig die kapitalistischen Produktionsverhältnisse sprengen. Marx, der entschiedene Kritiker des deutschen Idealismus, sei diesbezüglich dessen affirmativer Geschichtskonstruktion treu geblieben: „Vertrauen auf den Weltgeist kam der Rechtfertigung späterer Versionen jener Weltordnung zugute, die der elften Feuerbachthese zufolge verändert werden sollte" (Adorno Bd 8, S. 363). Im Zuge der Entwicklung bildet sich für Adorno die Präponderanz der Produktionsverhältnisse über die Produktivkräfte heraus – die jener Produktionsverhältnisse, deren Änderung Adorno in den Minima Moralia (Bd 4, S. 3 f.) weithin von dem abhängig bezeichnet, „was sich in der ‚Konsumsphäre', der bloßen Reflexionsform der Produktion und dem Zerrbild wahren Lebens, zuträgt: im Bewußtsein und Unbewußtsein der Einzelnen. Nur kraft des Gegensatzes zur Produktion, als von der Ordnung doch nicht ganz Erfaßte, können die Menschen eine menschwürdigere herbeiführen".

Teil 3

Mit dem Hinweis auf eine menschenwürdige Ordnung ist der Überblick über die Epoche der bürgerlichen Gesellschaft und ihrer Theoretiker bei der *Konzeption eines realen Humanismus* angelangt. Obwohl bereits die *Dialektik der Aufklärung* einen resignativen Grundzug aufweist und Adorno nach all den Widrigkeiten geschichtlicher Erfahrung die objektive Ungewissheit beschäftigt, ob der philosophische Gedanke noch ernsthaftes Interesse für sich beanspruchen könne, verfolgt er unbeirrt die seine Philosophie durchziehende Idee *realer Humanität* und die *objektiver Wahrheit*. So schreibt er in der Negativen Dialektik (Bd 6, S. 198): „In der Idee objektiver Wahrheit wird materialistische Dialektik notwendig philosophisch, trotz und vermöge aller Philosophiekritik, die sie übt." Entgegen der Wissenssoziologie, die wie die objektive Struktur der Gesellschaft so die Idee objektiver Wahrheit verleugne, verbindet Adorno den ihm eigenen Materialismus – als eine kritisch-diagnostische, detektivische Denkweise – mit dem Metaphysischen, das bei ihm auf das physische Schicksal der Menschen und deren materielle Interessen bezogen ist. Nach wie vor hält er an der in Profanität geflüchteten Metaphysik fest: damit an der Idee der Wahrheit (Bd 6, S. 395). Und schließlich beantwortet Adorno (Bd 10.2, S. 461) die Frage: *Wozu noch Philosophie?* dahin gehend: „Philosophie, wie sie nach allem allein zu verantworten wäre, dürfte nicht länger des Absoluten sich mächtig dünken, ja müßte den Gedanken daran sich verbieten, um ihn nicht zu verraten, und doch vom empathischen Begriff der Wahrheit nichts sich abmarkten lassen. Dieser Widerspruch ist ihr Element."

Der zitierte Widerspruch – das Element der als negativ bestimmten Philosophie – und allgemein die zuvor angesprochene Betrachtungsweise zeugen von einem empathischen Begriff des Denkens, das über sich hinausweist und dem die Kraft zum Widerstand innewohnt. Ein solches offenes Denken vollzieht sich im immer erneuten kritischen Durchdenken des Gedachten, wobei die Differenz zwischen dem Gedanken und dem zu Denkenden die kritische Distanz herstellt, die Selbstreflexion mit der „Korrektur am Objekt" (Adorno) zu verbinden ermöglicht. Unter diesem Aspekt verdienen es die nachfolgend vorzustellenden politischen Theoretiker, gelesen und immer wieder gelesen zu werden. Über ihre Werke lässt sich das sagen, was Immanuel Kant über die Französische Republik vermerkte: Ein solches Ereignis – sprich: ein solches Werk – „vergißt sich nicht". Oder mit Adornos Worten (Bd 10.2, S. 789 f.): „Was einmal gedacht ward, kann unterdrückt, vergessen werden, verwehen. Aber es lässt sich nicht ausreden, daß etwas davon überlebt. Denn Denken hat das Moment des Allgemeinen. Was triftig gedacht wurde, muß woanders, von anderen gedacht werden: Dies Vertrauen begleitet noch den einsamsten und ohnmächtigsten Gedanken". Und wenige Sätze darauf heißt es nicht zuletzt in Bezug auf mögliche resignative Tendenzen: „Das Glück, das im Auge des Denkenden aufgeht, ist das Glück der Menschheit. Die universale Unterdrückungstendenz geht gegen den Gedanken als solchen. Glück ist er noch, wo er das Unglück bestimmt: indem er es ausspricht. Damit allein reicht Glück ins universale Unglück hinein. Wer es sich nicht verkümmern läßt, der hat nicht resigniert."

Kapitel 1
Thomas Hobbes und
die Eigentumsmarktgesellschaft

Die Situation

Die bürgerliche Gesellschaft, um die es in diesem Buch geht, hat sich am umfassendsten zuerst in England herausgebildet, und Thomas Hobbes ist ihr erster konsequenter Theoretiker.

Die vom Feudalismus zur bürgerlichen Produktionsweise führende Entwicklung manifestierte sich vor allem in der *Kommerzialisierung der Landwirtschaft*, für die es nicht wenige Anreize gab. Die Einhegungen (enclosures) von Gemeindeland, die intensivere Anbaumethoden ermöglichten, erhöhten die Flächenerträge der Getreideproduktion. Hinzu kamen Weidelandeinhegungen und periodisches Bewässern von Wiesen als Voraussetzung vermehrter Schafzucht für die sich entfaltende Kammgarnproduktion und die neue Tuchmacherei. Die Bemerkung von Thomas Morus über Schafe, *die die Menschen auffressen,* sollte bittere Wahrheit werden. Die Bauern wurden vom Land vertrieben, aus Ackerstreifen und Allmenden entstanden Schafweiden. Diese Umwandlung in eine für den Markt produzierende Landwirtschaft betrieben neben dem Landadel, der *Gentry,* häufig auch Konsortien städtischer Unternehmer. Hinzu kamen freie Bauern, die *Yeomen*[1], und besser gestellte Pächter, die Nahrungsmittel und Wolle für den *Binnen-* wie für den rasch expandierenden *Außenmarkt* produzierten. Erst durch Bauernaufstände und in den Bürgerkriegswirren wurden enclosures teilweise wieder niedergerissen. Insgesamt herrschte hierbei jenes Recht des Stärkeren, das der Naturzustand von Hobbes beschreibt.

Einhegungen und Vertreibungen kamen vor allem den Manufakturen und den frühen Industrien zugute. Ländliche Arbeitslosenreserven ermöglichten gemeinsam mit der

---

1 Die Yeomen verkörperten nach der Deutung Mildred Campbells (1960, S. 104) eine „Gruppe von ehrgeizigen, aggressiven Kleinkapitalisten, die wohl wussten, dass sie nicht über ausreichende Überschüsse verfügten, um große Risiken einzugehen, und dass der Gewinn ebensooft durch Sparen wie durch Ausgeben erzielt wird, die aber fest entschlossen waren, jede Gelegenheit zur Steigerung ihrer Profite auszunutzen, woher sie auch komme".

Masse der armen Gesellen und Lehrlinge in den Städten niedrige Löhne. Diese begünstigten die Produktion vor allem in der *Textilmanufaktur,* und der Textilboom forderte erneut Einhegungen von Weideland und damit Vertreibungen. Ähnlich war das Resultat im Bereich der Kohleproduktion. Diese war mit der Konfiszierung des klösterlichen Grund und Bodens, unter dem Kohle lag, eingeleitet worden und hatte zu Beginn des 17. Jahrhunderts zahlreiche Vertreibungen einfacher Pächter im Gefolge. Der Kohlebergbau und die Errichtung von Hochöfen erforderten umfangreiche Kapitalinvestitionen. England wurde der größte Kohleproduzent Europas und der Übergang zur Kohle als Industriebrennstoff beschleunigte die Entwicklung im industriellen Bereich. Kapitalistische Formen durchdrangen allmählich alle Wirtschaftssektoren. Der Manufaktur- und der Industriebereich unterstanden zunehmend der Kontrolle der damaligen Großkapitalisten.

Die so skizzierte englische Marktgesellschaft des 17. Jahrhunderts war alles andere als in ihrer Entfaltung frei. Nahezu durchgehend verfolgte die englische Monarchie eine *restriktive Wirtschafts-* und vor allem *Zollpolitik* mit dem Ziel, eine allzu schnelle kapitalistische Entwicklung zu hemmen. Das Ausmaß staatlicher Interventionen muss relativ hoch veranschlagt werden, auch wenn ein Großteil der Regierungsmaßnahmen unwirksam blieb. Weder der Kapital- noch der Grundstücksmarkt, weder der Waren- noch der Arbeitsmarkt blieben sich selbst überlassen. Der Hof mischte sich in das Wirtschaftsleben ein, obgleich ihm der Überblick über den ausgedehnten Markt und die *Stärke fehlten,* seine regulativen Eingriffe durchzusetzen bzw. ihre Durchführung zu kontrollieren. Wachsende Opposition war die Folge. Wie noch aufzuzeigen ist, zog Thomas Hobbes daraus eine bedeutende Konsequenz: Er verpflichtete seinen Souverän auf eine begrenzte Wirtschaftsgesetzgebung, entzog ihm aber den Markt. In erster Linie musste er über die Macht zur Durchführung von Rahmenrichtlinien verfügen, um eine zerstörerische Eskalation der wirtschaftlichen Konkurrenz zu verhindern (s. Willms 1970, S. 48 ff.).

Die restriktive Wirtschaftspolitik – vor allem Karls I. – trieb die Männer der City in die Konfrontation. Es war besonders die Widersprüchlichkeit der königlichen Geldbeschaffungspolitik, die zahlreiche Vertreter des *Industrie- und des Handelskapitals* opponieren ließ. Die Steuerrestriktionen wurden als unzumutbar empfunden. Und nicht von ungefähr erklärte später das Lange Parlament die Steuern, die in der parlamentslosen Zeit von 1629 bis 1640 erhoben worden waren, für ungesetzlich. Hierzu hat Thomas Hobbes in seinem dem Langen Parlament und dem Bürgerkrieg gewidmeten Buch *Behemoth* (1927, S. 215) zutreffend vermerkt: Das parlamentarische Heer stützte sich auf die City und andere Hauptstädte, die sich über die Missstände in der Besteuerung beklagten, „deren natürliche Todfeinde die Städter sind, d.h. die Kaufleute, deren Beruf ihr Profit ist; ihr einziger Stolz besteht darin, durch die Weisheit von Einkauf und Verkauf übermächtig reich zu werden".[2]

---

2 Thomas Hobbes, Behemoth oder Das Lange Parlament (Hobbes 1927). Die Seitenzahlen beziehen sich hier wie im Folgenden auf die deutsche Übersetzung im Anhang von: Julius Lips:

In diesem Kontext können nur einige der mannigfachen Gründe für den Ausbruch des *englischen Bürgerkriegs* skizziert werden: Im Jahre 1642 – als Hobbes seine Schrift *De Cive* (die politische Erstkonzeption seines *Leviathan*) im französischen Exil veröffentlichte – kam es in England zum ersten Bürgerkrieg. Der Gegensatz zwischen dem Parlament und dem *Regime* Karls I. war nicht mehr zu überbrücken. Das Parlament hatte seine verfassungsrechtlichen Kompetenzen überschritten, es bestritt dem König das Recht zur Parlamentsauflösung, erstrebte eine unabhängige Gesetzgebung und beanspruchte, die Außen- und Religionspolitik zu bestimmen. Der König seinerseits hatte das parlamentarische Privileg der Immunität verletzt, als er mit bewaffneter Begleitung im Unterhaus erschien, um fünf Abgeordnete zu verhaften. Zunehmend waren die Richter zu Instrumenten Karls I. geworden. In ihren Urteilen verlagerte sich die Grenze zwischen dem *Common Law* und der königlichen Prärogative zur Krone hin. Und vor allem in der parlamentslosen Zeit, in den *Eleven Years' Tyranny*, hatte Karl I. ein absolutes Königtum verfolgt.

Der erste Bürgerkrieg dauerte von 1642 bis 1646. In ihm teilte sich das Land in Regionen der königlichen und anglikanischen sowie in solche der parlamentarischen und puritanischen Partei. Während die Royalisten mehr die agrarisch-feudalen Gebiete beherrschten, standen die Städte, allen voran London als Finanz- und Handelszentrum, aufseiten des Parlaments. Hier war jener konsequente *Protestantismus* verbreitet, der dem Profitdenken der aufsteigenden *bürgerlichen Gesellschaftsschichten* entgegenkam. Es sollte, was Max Weber ergründete (s. 5. Kapitel), aus dem *Geiste puritanischer Religiosität* eine *Wirtschaftsgesinnung* entspringen, die den modernen Kapitalismus mit entstehen ließ. Die puritanische Revolution fand schließlich in Oliver Cromwell ihren siegreichen Führer; seine *Roundheads* bezwangen die königlichen *Kavaliere*. Diesem ersten folgte im Mai 1648 ein zweiter Bürgerkrieg, der nach wenigen Monaten zu Ende ging. Im Dezember 1648 stimmte ein Rumpfparlament – die nonkonformistischen Abgeordneten waren von Cromwell ausgeschlossen worden – dem Prozess gegen den König zu. Einen Monat darauf erfolgte der *Schuldspruch* im Sinne der Anklage: *Charles Stuart to be a tyrant*. Hatte der erste Bürgerkrieg den König die Macht gekostet, so verlor er mit dem zweiten Thron und Leben. Cromwell bereitete sein Protektorat vor, das von 1653 bis 1658 währte und das u. a. die englische Seemachtstellung begründete.

Der Theoretiker

„Meine Mutter", so schreibt Thomas Hobbes (1588–1679) in seiner *Autobiografie*, „hat Zwillinge geboren, mich und die Furcht zugleich". Der Ausspruch zeugt von der existenziellen Bedrohtheit, die Hobbes in seiner Zeit verspürte. Wie erwähnt war es die geschichtliche

---

Die Stellung des Thomas Hobbes zu den politischen Parteien der großen englischen Revolution (durchgehend abgekürzt: Hobbes 1927, S. 215).

Situation des Bürgerkriegs in England sowie die einer vehement aufkommenden *Konkurrenzgesellschaft*, die sich am *Besitzindividualismus* orientierte. Unmittelbar in dieser Situation entstanden die politischen Ideen von Hobbes. Er entwickelte sie zunächst 1640 in der von Ferdinand Tönnies herausgegebenen Schrift *Elements of Law, Natural and Politic*, dann 1642 im *De Cive* (dem letzten Teil seiner System-Trilogie: *De Corpore – De Homine – De Cive*) und schließlich 1651 im *Leviathan*, von dem 1670 noch eine kürzere lateinische Ausgabe erschien. Zwischen diesen Publikationen liegt die Zeit des Exils in Frankreich, wohin Hobbes 1640 wegen zweier anonym verfasster – damals noch royalistisch orientierter – Traktate emigrierte und wo er von 1645 an den Prinzen von Wales (den späteren Karl II.) in Mathematik unterrichtete – bis zu Hobbes' Verbannung vom Exilhof in Paris (1652) und seiner Rückkehr nach England. Inzwischen war der *Leviathan* (in London) erschienen und deutlich geworden, dass Hobbes das Recht der Souveränität auf einen *Vertrag der Bürger* gründete, die verselbstständigte geistliche Gewalt ablehnte und für jede de facto souveräne Regierung in der Intention eintrat, die Menschen auf die „gegenseitigen Beziehungen zwischen Schutz und Gehorsam" zu verpflichten.

Thomas Hobbes' politische Theorie ist sowohl zeitüberlegen als auch in zweifacher Hinsicht zeitbedingt: in Bezug auf seine – der damaligen Naturwissenschaft entsprechende – resolutiv-kompositive Methode und in Bezug auf seinen „Gegenstand", den Menschen, den er mit dieser Methode analysiert. So entwickelt Hobbes sein Denken vom Menschen (= *De Homine*) im Zusammenhang seiner physikalisch-materialistischen Grundlegung als ein Denken vom bewegten Körper (= *De Corpore*). Der Mensch als „matter in motion" ist in Hobbes' konsequentem Immanenzdenken zugleich das einzige Subjekt in Bezug auf das, was es will; er ist das *autonome* und *abstrakt freie Subjekt* mit einem „Recht auf alles" im hypothetischen Naturzustand. Das Hobbessche Naturrecht stellt damit nicht mehr wie das antike und mittelalterliche Jus naturale ein normatives Naturrecht dar, das (im Gegensatz zur bestehenden Ordnung) als Richtschnur für eine künftige Gesetzgebung angesehen wurde. Vielmehr besitzt für Hobbes das *Naturrecht* nur dann praktische Relevanz, wenn es von der faktischen Lebensweise der Menschen ausgeht; und da ihm zufolge die stärkste Leidenschaft – das Selbsterhaltungsstreben – die bestimmende Kraft ist, muss auch das Naturgesetz von dieser deduziert werden.

Höchstes Ziel der Hobbesschen Lehre ist der Friede. Diese Intention resultiert aus dem Naturzustand, der als *„Krieg aller gegen alle"* charakterisiert wird und in den die *besitzindividualistische* Konkurrenz- sowie die Bürgerkriegssituation von Hobbes' Zeit mit eingegangen sind. Dieser Status naturalis ist auf dem Weg über den Hobbesschen Sozialvertrag in den Status civilis zu überführen. Notwendig wird die „Erzeugung jenes großen *Leviathan* oder jenes *sterblichen Gottes*, dem wir unter dem *unsterblichen Gott* unseren Frieden und Schutz verdanken" (Hobbes 1966, S. 134). Es bedarf mithin eines unbedingten Souveräns, der den Frieden und damit zugleich die Vorbedingung jeder wirtschaftlichen Entfaltung zu garantieren vermag. Der Souverän ist die oberste Staatsgewalt und sichert für die kommende *Konkurrenzgesellschaft* des *Besitzindividualismus* die Güterverteilung. Damit ist bereits angedeutet, dass Hobbes die Erörterung über die Art der Güterverteilung nach Inhalt, Rangordnung und Form weitgehend ausklammert und den Staat in allererster Linie als den Garanten für die be- und entstehende *bürgerliche Gesellschaft* begreift. Wesentlich ist für ihn, einen Rückfall in den Naturzustand zu vermeiden, das heißt in einen Zustand der widerstreitenden – destruktiven – politökonomischen und ideologischen Partikularität.

Im Zuge der Ablehnung jeder Partikularität versucht Hobbes schließlich auch eine andere Quelle des Streits dadurch auszuschalten, dass er die Kirche und selbst die Glaubensauslegung dem Staat unterordnet. Er unterscheidet zwischen innerem Glauben und äußerem Bekenntnis, *fides* und *confessio*, und damit zwischen privat und öffentlich. Während der Glaube der Privatsphäre vorbehalten bleibt, bezieht sich das Bekenntnis auf die vom Staat ausgelegten Gebote moralischen Verhaltens auf Erden. Einmal ungeachtet der Konsequenz dieser Unterscheidung im Hinblick auf die „intermediären Gewalten" bleibt für Hobbes der Leviathan auch diesbezüglich die den Bürgerkrieg verhindernde Macht. Der Kupferstich auf der Titelseite der ersten englischen Ausgabe des *Leviathan* stellt ihn als einen riesenhaften Menschen dar, der aus zahllosen kleinen Menschen zusammengesetzt ist und der mit dem rechten Arm ein Schwert und mit dem linken einen Bischofsstab schützend über eine friedliche Stadt hält.

1 Das Markt- und Eigentumsmodell

Das frühe bürgerliche Denken stellt sich als Besitzindividualismus dar, bezogen auf eine *Eigentumsmarktgesellschaft*, wie sie Crawford B. Macpherson (1973, S. 69 f.) schildert: „In einer Gesellschaft, in der Arbeit zur Ware wird und in der verschiedene Stufen des Begehrens, der Fähigkeiten oder des Besitztums existieren, wird ein auf Konkurrenz beruhender *Warenmarkt* zu einem Markt werden, auf dem *alles* der Konkurrenz unterliegt. Wie die Waren werden auch Arbeit, Boden und Kapital vom Markt bestimmte Größen. Die Preise für sie alle werden durch den zwischen Käufern und Verkäufern herrschenden Wettbewerb festgelegt, sodass das Angebotene auch gekauft und das Begehrte auch angeboten wird." Dieses auf Eigentum beruhende *Marktmodell* involviert das Streben der Menschen, sich Vermögen anzueignen und alle dazu zu zwingen, am Markt-Wettlauf teilzunehmen.

Hobbes erkennt im England des 17. Jahrhunderts diese Eigentumsmarktgesellschaft und sieht eine nicht unerhebliche Ursache für den Bürgerkrieg in der stark gewordenen Marktmoral und vor allem im neuen marktbedingten Reichtum. Wie sehr Hobbes diese letztgenannte Komponente unterstreicht, zeigt sich in seinem Hinweis (1966, S. 249): „Und ich zweifele nicht daran, daß viele Leute die neulichen Wirren in England gern sahen, weil sie die Niederlande nachahmen wollten, in der Annahme, um reich zu werden, brauche man nur wie die Niederländer die

Regierungsform zu ändern."[3] Dass dieser Reichtum auf dem Ankauf fremder Arbeitskraft gründete, war Hobbes bewusst. Er verwirft im *Behemoth* (1927, S. 215 f.) die übliche Rechtfertigung der kaufmännischen Berufe als nützlichste für den Staat, „weil sie den armen Leuten Arbeit geben", mit der kurzen Bemerkung: „Das heißt, sie veranlassen die Armen, ihnen ihre Arbeit zu ihren eigenen, der Kaufleute, Preisen zu verkaufen, so daß zum größten Teil das arme Volk sich durch die Arbeit in Bridewell [einem Arbeitshaus für Landstreicher und Arbeitsscheue] einen besseren Lebensunterhalt hätte verdienen können als durch Spinnen, Weben und andere solcher Arbeiten, wie sie sie leisten können." Derart wird die *patriarchalische* Rechtfertigung der Lohnarbeit von Hobbes durchschaut. Für ihn ist es anachronistisch, sie mit Begriffen eines patriarchalischen – dem bestehenden Marktsystem widersprechenden – Gesellschaftsmodells zu rechtfertigen.

In welchem Maße die englische *noch frühbürgerliche Gesellschaft* als Eigentumsmarktgesellschaft in den *Leviathan* Eingang gefunden hat, zeigt sich vor allem an den Termini der *ausgleichenden* und der *austeilenden* Gerechtigkeit sowie an der Beurteilung des Wertes eines Menschen. „Die Gerechtigkeit von Handlungen", so Hobbes (1966, S. 115), „wird in der Literatur gewöhnlich in *ausgleichende* und *austeilende* Gerechtigkeit eingeteilt, wobei die erste angeblich auf einem arithmetischen, die zweite auf einem geometrischen Verhältnis beruht. Die ausgleichende Gerechtigkeit liegt nach dieser Ansicht in der Wertgleichheit der Gegenstände, über die der Vertrag abgeschlossen wurde, und die austeilende in der Verteilung gleicher Vorteile unter den Menschen von gleichem Verdienst." (Hobbes 1966, S. 115) Von Hobbes wird diese Vorstellung zurückgewiesen: „Als wäre es ungerecht, teurer zu verkaufen als einzukaufen, oder jemandem mehr zu geben als er verdient!" (ebd.). Hier wird deutlich: Die Zurückweisung gründet auf der Konzeption der *Marktgesellschaft*, wonach der Wert einer Ware aus dem zwischen Angebot und Nachfrage sich einpendelnden Preis resultiert. So steht im *Leviathan* zu lesen: „Der Wert aller Gegenstände eines Vertrags bemißt sich nach dem Verlangen der Vertragspartner, und deshalb ist der gerechte Wert der, den sie zu zahlen bereit sind" (ebd.). Da für Hobbes kein anderer Wertmaßstab als der Marktpreis existiert, ist die *ausgleichende Gerechtigkeit* die Gerechtigkeit eines Vertragsschließenden, d. h. die „Erfüllung eines Vertrags durch Kauf und Verkauf, Mieten und Vermieten, Verleihen und Leihen, Wechseln, Tauschen und andere vertragliche Handlungen" (ebd.). Auf ähnliche Weise wird die *austeilende Gerechtigkeit* definiert; anders als im Modell der ständischen Gesellschaft findet sich in dem von Hobbes (1966, S. 115 f.) kein übergeordneter Wertmaßstab: Die austei-

---

3   Thomas Hobbes, Leviathan: Die Seitenzahlen beziehen sich hier wie im Folgenden auf die von Iring Fetscher herausgegebene und eingeleitete Ausgabe, Neuwied 1966, (durchgehend zitiert: Hobbes 1966, S. 249).

lende Gerechtigkeit ist „die Gerechtigkeit eines Schiedsrichters, d. h. der Akt des Definierens, was gerecht ist". Damit zog Hobbes die logische Folgerung aus einem Gesellschaftsmodell, das das Marktmodell war.

Gleichermaßen aufschlussreich in diesem Zusammenhang ist Hobbes' Begriff des *Wertes eines Menschen*. Er übernimmt auch hier die bürgerlich-marktwirtschaftliche Konzeption des Wertes als des auf dem Markt erzielten Preises und weist die traditionelle Wertauffassung zurück. „Die *Geltung* oder der *Wert* eines Menschen ist wie der aller anderen Dinge sein Preis. Das heißt, er richtet sich danach, wieviel man für die Benutzung seiner Macht bezahlen würde, und ist deshalb nicht absolut, sondern von dem Bedarf und der Einschätzung eines anderen abhängig" (Hobbes 1966, S. 67).

Angebot und Nachfrage bilden hier ebenfalls die bestimmenden Größen. Wie bei anderen Dingen setze auch bei den Menschen nicht der Verkäufer den Preis fest, sondern der Käufer. „Denn mag jemand … sich selbst den höchsten Wert beimessen, so ist doch sein wahrer Wert nicht höher, als er von anderen geschätzt wird" (ebd.). Nimmt man zu dieser Aussage Hobbes' Feststellung hinzu (1966, S. 190), die menschliche Arbeit sei „ebenso wie jedes andere Ding eine Ware, die mit Gewinn ausgetauscht werden" könne, so rundet sich das Bild: Hobbes kann als der erste konsequente Theoretiker der bürgerlichen Gesellschaft bezeichnet werden. Besonders die Interpretation vom *Wert eines Menschen* als *marktabhängiger Größe*, eine Darlegung, die u. a. von Marx im *Kapital* (MEW Bd 23, S. 184) angeführt wird,[4] sowie die Ausdehnung der Warenkategorie auf die menschliche Arbeitskraft dürften als Beleg für diese *bürgerliche Deutung* gelten.

2 Der Naturzustand als Kriegszustand

Thomas Hobbes' Gesellschaftsmodell impliziert einen unablässigen Kampf eines jeden um Macht über andere und ähnelt insofern dem *hypothetischen Naturzustand*, von dem Hobbes in seiner Staatskonzeption ausgeht. Während sich im Gesellschaftsmodell der Kampf eines jeden um Macht in den Bahnen von Gesetz und Ordnung vollzieht, entbehrt der Naturzustand regulierender Gesetze. Genauer gesagt, Hobbes *abstrahiert* hier von den *Gesetzen*, nicht jedoch von den gesellschaftlich erworbenen *Verhaltensweisen* und *Begierden* der Menschen. Um also Hobbes' Naturzustand adäquat begreifen zu können, muss man die sozialen und wirtschaftlichen Gegebenheiten in Erinnerung rufen, die eingangs dargestellt

---

4   Marx, Das Kapital. Erster Band, in: Karl Marx/Friedrich Engels, Werke, Bde. 1–43, hier: Bd. 23 (durchgehend zitiert: MEW Bd 23, S. 184).

wurden. Es entstand das Bild eines *possessiven Individualismus*, der auch in Hobbes' Naturzustand eingegangen ist.

Hobbes beschreibt im Status naturalis „die Lebensweise, die dort, wo keine allgemeine Gewalt zu fürchten ist, herrschen würde". Dementsprechend wird die Natur des Menschen durch Beobachtung der *frühbürgerlichen Gesellschaft* Englands ermittelt, letztere in ihre einfachsten Elemente zerlegt und in ihrer Tendenz zum Kriegszustand und damit zu ihrem Widerspruch analysiert (Hobbes 1966, S. 97). Der Naturzustand gleicht einer Gesellschaft ohne Staatsgewalt. Unter deren Negation erscheint die *Conditio humana* als ein Horizont allen möglichen Handelns und Verhaltens, wie dies Bernard Willms (1982, S. 81 ff.) dargelegt hat. Hobbes' Naturzustand bleibt als Zustand genereller Freiheit, in dem die Individuen nur auf sich selbst bezogen sind, rein negativ. Es bestehen keinerlei positiv-rechtliche Beziehungen, existent ist allein die durch den Leviathan zu beseitigende Furcht als der individuell-praktische Ausdruck der *formalen Widersprüchlichkeit* der *Freiheit*. Erst der Leviathan vermag eine freiheitliche Praxis ohne Furcht zu begründen, indem er – konkret für die Zeit – die tödliche Bedrohung des Bürgerkriegs und das *destruktive* Konkurrenzstreben der englischen *Eigentumsmarktgesellschaft* aufhebt.

Um zum Ausgangspunkt zurückzukehren: Hobbes' Naturzustand stellt sich als eine hypothetische Konstruktion des Zusammenlebens der zeitgenössischen Menschen *ohne eine regulierende Staatsgewalt* und damit als ein *Krieg aller gegen alle* (bellum omnium contra omnes) dar. Doch es gibt in diesem Kriegszustand Leidenschaften, die die Menschen zur Friedfertigkeit bewegen: „Todesfurcht, das Verlangen nach Dingen, die zu einem angenehmen Leben notwendig sind, und die Hoffnung, sie durch Fleiß erlangen zu können" (Hobbes 1966, S. 98). Mit Recht hat deshalb bereits *Rousseau* (1955, S. 167)[5] darauf verwiesen, Hobbes habe „zu der Sorge um die Erhaltung des Wilden das Bedürfnis nach Befriedigung einer Menge von Leidenschaften hinzugenommen", die „das Werk der Gesellschaft sind und ... Gesetze ... nötig machen". Und die Forschung unterstreicht nachdrücklich Hobbes' Bemühen, die Menschen dazu zu bringen, sich selbst in der Gesellschaft zu erkennen, „den Menschen vor Augen zu führen, was sie schon kennen oder durch eigene Erfahrung kennenlernen können" (Hobbes 1928, S. 84 f.).[6] Diese Erfahrung besteht in ökonomischer Hinsicht in der *Eigentumsmarktgesellschaft*. Insofern erscheinen zwei Elemente in Hobbes' Naturzustand als besonders bedeutsam: die Relation des Individuums zum Eigentum und die genuin durch den Markt be-

---

5　Jean-Jacques Rousseau, Discours sur l'Origine de l'Inégalité parmi les Hommes. – Hier nach der von Kurt Weigand besorgten deutschen Übersetzung: Rousseau, Schriften zur Kulturkritik, 1955, durchgehend abgekürzt: Rousseau 1955, S. 167).

6　Hobbes, The Elements of Law, Natural and Politic, 1928 Kap. 1. (durchgehend abgekürzt: Hobbes 1928, S. 84 f.).

stimmte Kategorie *Macht*. Ein *Markt* der *Ware Macht* wird angenommen (1966, S. 70 f.): Reichtum und Wissen sind Modifikationen der Macht, und auch die *Ehre*, als *Anerkennung von Macht* definiert, entspricht dem Marktwert, abhängig vom Angebot der anderen. Die Leidenschaften, die am stärksten von allen die Verstandesunterschiede bewirken, sind hauptsächlich das mehr oder weniger starke Verlangen nach Macht, Reichtum, Wissen und Ehre. Sie alle können auf das erste, nämlich auf das Verlangen nach Macht, zurückgeführt werden. Denn Reichtum, Wissen und Ehre sind nur verschiedene Arten von Macht" (1966, S. 56). Diese so beschriebenen Machtkategorien beziehen sich auf den Menschen in einem System sozialer Beziehungen und verweisen zugleich auf die Unumgänglichkeit eines destruktiven Konkurrenz- bzw. Kriegszustands beim Fehlen einer regulierenden Zentralgewalt.

Betont wird mithin das Streben nach instrumenteller Macht, und indem diese Macht auf den Widerstand anderer trifft, beinhaltet der Terminus eine komparative Größe. Mit anderen Worten: Erworbene Machtmittel sind *defensive* und *offensive Möglichkeiten* anderen gegenüber. Im Naturzustand als Krieg aller gegen alle ist der Mensch dem Menschen Wolf: *homo homini lupus*. Der Mensch erscheint als ein *abstrakt revolutionäres Subjekt*, das, vom Machttrieb geleitet, den gefährlichsten Gegner seiner Mitmenschen darstellt. Es dominiert das *Recht aller auf alles* (jus omnium ad omnia). Recht besteht in der Freiheit, „etwas zu tun oder zu unterlassen ...", und: „*Das natürliche Recht*, in der Literatur gewöhnlich *jus naturale* genannt, ist die Freiheit eines jeden, seine eigene Macht nach seinem Willen zur Erhaltung seiner eigenen Natur, d. h. seines eigenen Lebens, einzusetzen und folglich alles zu tun, was er nach eigenem Urteil und eigener Vernunft als das zu diesem Zweck geeignetste Mittel ansieht" (Hobbes 1966, S. 99). Damit besitzt der Mensch als *abstrakt-autonomes Subjekt* die Freiheit, sich allen sozialen Bestimmtheiten entgegenzusetzen. Das Naturrecht verweist so auf die Autonomie des Menschen und zugleich – angesichts der *entstehenden bürgerlichen Welt* – auf das Bestreben zur gesellschaftlichen Neugestaltung und Neuorientierung. Manifest wird die revolutionäre Dimension des Gedankens und die revolutionäre Forderung an die *bürgerliche Gesellschaft*.

3 Der Prometheus-Effekt und der Begünstigungsvertrag

Die abstrakte Eigentumsmarktgesellschaft des Naturzustands, die den zentrifugalen Kräften einander widerstreitender und konkurrierender *Egoismen* ausgesetzt ist, erfordert eine zentralisierte souveräne Macht. Die Macht der Einzelnen bedarf der Politisierung, der „Zähmung zum Zwecke der *Polis-Errichtung*", so Walter Euchner (1982, S. 181). Es geht um den aufbauenden Gebrauch von Macht und um die dialektische Verbindung von Freiheit, Frieden und Leviathan. „Der Leviathan ist die personal, d. h. als selbständiges Subjekt gedachte permanente politische Arbeit als Lösung des Problems der ‚conditio humana'. Das Wesen des Leviathans ist Politik, Politik und nochmals Politik. Politik als Begründung einer freiheitlichen Praxis ohne Angst, Politik als Erhaltungsleistung und Politik als permanente Arbeit des grundlegenden *Friedens*. Der Leviathan ist die praktische Lösung des Problems des Menschen, für den Menschen und durch den Menschen." (Willms 1982, S. 89). Diese Lösung des Problems des Menschen vollzieht sich für Hobbes über die allgemeine Regel der Vernunft, dass jedermann sich um Frieden zu bemühen habe, „solange dazu Hoffnung besteht" (1966, S. 99). Mit Bedürfnissen, Furcht, Sprache und subjektiver Vernunft ausgestattet, existiert das Individuum in einer durch seine Dissoziation verschärften Dynamik, sucht es, vom *zukünftigen Hunger* beunruhigt, nach einer zukünftigen Sicherung. Hobbes (1966, S. 87 f.) vergleicht den Menschen mit Prometheus und deutet damit die Motivation an: „Denn wie *Prometheus*, d. h. der *Weitsichtige*, an den Berg *Kaukasus* gefesselt war, ein Ort, der eine weite Aussicht gestattet, wo ein an seiner Leber fressender Adler am Tag ebensoviel verschlang, wie nachts wieder hinzuwuchs, so nagt gleichermaßen die Furcht vor Tod, Armut oder einem anderen Unglück den ganzen Tag über am Herzen des Menschen." (Hobbes 1966, S. 87 f.)

Der Hobbessche Mensch verfügt mithin über die Möglichkeit, dem Naturzustand zu entkommen. Er vermag die diesem innewohnende Bedrohung als allgemeine zu reflektieren. Allgemeine Reflexion birgt den *Keim einer Sozialvernunft* in sich, und die Erkenntnis von der Betroffenheit jedes Einzelnen führt dazu, die existenzgefährdende Konsequenz der allgemeinen abstrakten Autonomie durch eine Macht zu beseitigen, die alle anderen Machtpotenzen übersteigt. Denn die Menschen im Naturzustand empfinden „am Zusammenleben kein Vergnügen, sondern im Gegenteil großen Verdruß, wenn es keine Macht gibt, die dazu in der Lage ist, sie alle einzuschüchtern" (Hobbes 1966, S. 95). Die zwischenmenschlichen Beziehungen müssen also aus der *existenzbedrohenden Abstraktion* der entfesselten Autonomie in die Konkretion realen Zusammenlebens übersetzt werden. Damit sind diese Beziehungen nicht mehr natürlich, sondern *gemacht*: „vernünftige Resultate *herstellender autonomer Subjekte*, die sich vertragen müssen und wollen: sind Verträge" (Willms 1982, S. 117). Das *poietische Subjekt* begibt sich in das Friedenswerk des *sterblichen Gottes*, des Leviathans. Der Mensch wird als das Subjekt seines Machens gedacht, und das Denken in der Situation führt zum Herstellen und Konstruieren.

Der Übergang vom Kriegszustand in den staatlichen Friedenszustand erfolgt nach Hobbes durch Vertrag, durch einen Akt, der auf den eigenen Willen der Beteiligten zurückgeht und in dem – so Carl Schmitt (1938, S. 51) – das „Licht des Verstandes aufleuchtet". Ohne hier auf das Problem eingehen zu können, wie ein Vertragsabschluss durch sich gegenseitig bekämpfende Menschen zustande kommt, soll nur auf das Argument verwiesen werden, es handele sich dabei um eine bloß logische Konstruktion. Im Sinne einer solchen Konstruktion (hervorgehoben durch die *hypothetische Vertragsformel*: „als *hätte* jeder zu jedem gesagt") ist der Vertrag Hobbes zufolge Ausdruck der Sozialvernunft des abstraktautonomen Subjekts. Der Mensch kann allein dann gebunden werden, wenn er sich selbst bindet, wenn er mit jedem einen Vertrag schließt, dessen Inhalt lautet: „Ich autorisiere diesen Menschen oder diese Versammlung von Menschen und übertrage ihnen mein Recht, mich zu regieren, unter der Bedingung, daß du ihnen ebenso dein Recht überträgst und alle ihre Handlungen autorisierst" (Hobbes 1966, S. 134). Hierbei lässt sich von einem *Begünstigungsvertrag* zugunsten des *Souveräns* sprechen. Das heißt, der Souverän ist nicht Partner des Vertrags, sondern nur sein Ergebnis, er stellt den begünstigten Dritten dar. Ohne die Zustimmung dieses Dritten, der kein Vertragspartner ist, können die Kontrahenten den Vertrag auch nicht lösen. Der so zu interpretierende Vertrag bedeutet eine *Politisierung* der ursprünglich *agonal-antagonistischen* Macht. Diese wird durch den Vertrag beim Souverän zentriert. Souverän und Untertanen unterscheiden sich zukünftig durch das Instrument der staatlichen Gesetze. Deren Verbindlichkeit gründet auf dem vertraglichen Übereinkommen, wonach der Einzelne alle Handlungen und Urteile des Souveräns (in Gestalt einer Person oder einer Versammlung) „in derselben Weise *autorisieren soll, als wären sie seine eigenen ...*" (Hobbes 1966, S. 136).

Hobbes' Sozialvertrag stellt seiner Form nach einen *Entäußerungsvertrag* dar, wodurch die herrschaftsbegrenzenden Momente zweier weiterer Vertragsvorstellungen eliminiert werden: die Idee des *Bundes* als eines willentlichen Zusammenschlusses zum Zwecke einer bestimmten gemeinsamen Lebensweise und die Idee der *Beauftragung* des Herrschers mit der *Verwaltung* von Rechtsgütern seiner Untertanen. Indem Hobbes sowohl den traditionellen Gedanken des Bundes (mit Gott) als auch den Gedanken der Beauftragung – u. a. dadurch, dass es erst in einem *positiven* Rechtszustand einklagbare Rechte gibt – zurückweist, entscheidet er sich für eine Vertragskonzeption, in der der *Herrschaftsvertrag* (pactum subjectionis) in den *Gesellschaftsvertrag* (pactum unionis) aufgelöst wird. Es kommt zur unbedingten Entäußerung von Rechten, wie sie der *Kaufvertrag* kennt. Alle Verträge haben „einen wechselseitigen Austausch von Rechten zum Inhalt" – so Hobbes (1966, S. 103) bei der Erörterung des Vertrags innerhalb der Naturrechtsregeln. Der den Leviathan konstituierende Staatsvertrag entspricht der Form des bürgerlichen *Tausch-* bzw. *Kaufvertrags,* „auch wenn der Rechtsaustausch keine neuen Rechte schafft. Vor allem aber ist der Vertrag, so auch Bernard Willms (1982, S. 117f.) „der zentrale Entwurf des gesellschaftlichen Selbstverständnisses der bürgerlichen Subjekte, konservativ oder progressiv wendbar; konstruktiv, wie

Spencer erkannt hat, wenn der Zerfall alter Institutionen das poietische Bewußtsein herausforderte, konservativ, wenn es darum gehen mußte, erreichte Stabilität zu verteidigen. Konstruktiv und konservativ ist das Modell bei Hobbes im wesentlichen, aber auch jenes dritte Moment ist bei ihm angelegt, das revolutionäre nämlich, das von jetzt an diese zentrale Figur bürgerlichen Selbstverständnisses als den Richterstuhl behaupten wird, vor dem sich jede Herrschaft wie jede Institution zu legitimieren hat." Mit anderen Worten: Die Souveränität wird vom Interesse des *bürgerlichen Subjekts* abgeleitet, als Resultat eines Vertrags, durch den die traditionelle Monarchie im Sinne des Gottesgnadentums vom Prinzip her beseitigt wird. Die Dynamik des autonomen bürgerlichen Subjekts wird in eine stabile Friedensordnung einbezogen. Vertragskonditionen beinhalten die gesellschaftstheoretischen Konsequenzen. Das *poietische Subjekt* unterwirft sich einer – selbst gemachten – zentralen Gewalt und macht *Gesetze* wie *Geschäfte*.

4 Der Souverän: Schutz und Gehorsam

Der durch Vertrag entstandene Souverän verfügt über die notwendige Macht, jeden innerhalb der Grenzen des friedlichen Wettbewerbs zu halten. Seine Machtfülle erklärt sich aus der Notwendigkeit, eine Gesellschaft grundsätzlich antagonistischer und noch nicht institutionalisierter Interessen zu verwirklichen. In einer Zeit, in der eine Interessen- bzw. Eigentumsmarktgesellschaft eine traditionsgebundene Gesellschaft ersetzte, musste eine *starke Staatsmacht* vertraglich festgelegten Rechten den herkömmlichen Rechten gegenüber zum Durchbruch verhelfen. Hobbes' Leviathan verkörpert keinen sich total auffassenden Staat gegen die *bürgerliche Gesellschaft*, er zielt vielmehr auf die konkrete Ermöglichung ihrer von Antagonismen bedrohten Existenz. Zum Zeitpunkt einer noch nicht fest etablierten Marktgesellschaft musste eine souveräne Gewalt alles zu deren Verwirklichung tun.

Hierbei schafft die *Machtzentrierung* beim Souverän die Voraussetzung zum aufbauenden Gebrauch der ursprünglich selbstnegatorischen Macht. Erst dadurch wird die Einhaltung der staatlichen Gesetze garantiert, und erst die Gesetze des Souveräns ermöglichen eine stabile Sozialordnung, in der Regeln über *Mein* und *Dein* Gültigkeit besitzen. Zunächst müssen Grund und Boden aufgeteilt werden, hierin besteht der vornehmste Akt des Souveräns: „Bei dieser Verteilung", so Hobbes (1966, S. 191), „betrifft das erste Gesetz die Teilung des Bodens selbst, dabei weist der Souverän jedem einen Anteil zu, wie es nach seiner Ansicht der Billigkeit und dem Gemeinwohl entspricht, nicht aber nach der diesbezüglichen Ansicht eines oder mehrerer Untertanen." Des Weiteren hat der Souverän für den geregelten Austausch in der *Marktgesellschaft* Sorge zu tragen, die Hobbes als eine arbeitsteilige Gesellschaft erkennt. So erachtet er es als erforderlich, dass die Menschen „ihre entbehrlichen Güter verteilen und das Eigentum daran gegenseitig durch Austausch und gegenseitige Verträge übertragen". Deshalb müsse es dem Souverän zustehen, „festzulegen, auf welche Weise alle Arten von Verträgen, wie Kauf, Verkauf, Tauschen, Ver- und Entleihen, Verpachten und Pachten, abgeschlossen werden und bei welchen Worten und Zeichen sie als gültig angesehen werden sollen" (Hobbes 1966, S. 193).

Die für die *Eigentumsmarktgesellschaft* charakteristische Eigentumsform macht mithin einen Souverän zur Begründung und Aufrechterhaltung individueller Eigentumsrechte notwendig. In der *bürgerlichen Gesellschaft*, die zu Hobbes' Zeit in England entstand, wurde *jedes Ding* zur *Ware*, d. h. zum potenziellen Eigentum. Der Warencharakter wurde universell, und, wie bereits erwähnt, war für Hobbes die menschliche Arbeit „ebenso wie jedes andere Ding eine Ware, die mit Gewinn ausgetauscht werden kann" (1966, S. 190). Also hatte auch der *Lohnempfänger*, der vom Existenzminimum leben musste, die souveräne Gewalt des Leviathans zu bejahen. Hobbes betont immer wieder, dass die *Gleichheit* nicht von der Gleichheit des Reichtums abhänge, „sondern von der *Gleichheit der Schuld*, die jedermann gegen den Staat für seine *Verteidigung*" habe. „Da ... der jedermann hieraus erwachsende Nutzen der Genuß des Lebens ist, das Armen wie Reichen gleichermaßen lieb ist, so ist die Schuld, die ein armer Mann gegen den Verteidiger seines Lebens hat, die gleiche wie die eines reichen Mannes für die Verteidigung seines Lebens, außer, daß die Reichen Arme beschäftigen und nicht nur für ihre eigene Person, sondern auch für viele steuerpflichtig sein können" (Hobbes 1966, S. 263). Mit dieser Argumentation traf Thomas Hobbes den Geist seiner Zeit in England. Das einfache Volk, der Mensch ohne Eigentum, verfügte über keine andere Möglichkeit, als die Eigentumsmarktgesellschaft, die wenigstens sein Leben schützte, zu akzeptieren. Und dies stand zugleich im Einklang mit der allgemeinen Absicht des *Leviathans* (1966, S. 544), „den Menschen die *gegenseitigen Beziehungen zwischen Schutz und Gehorsam* vor Augen zu halten".[7]

Diese vom Souverän erwartete Schutzfunktion ist bei Hobbes mit dessen *absoluter Souveränität* verbunden. Das bedeutet, dass Inhalt und Geltungsgrund staatlicher Gesetze allein auf dem Willen des Souveräns beruhen. Die wie immer inspirierten Gesetze definieren Recht und Unrecht und dies entsprechend der (nicht

---

[7] In seinem später verfassten *Rückblick* und *Schluss* schreibt Hobbes: „Und somit bin ich am Ende meiner Abhandlung über die bürgerliche und kirchliche Regierung, die von den Wirren der Gegenwart veranlaßt wurde, angelangt, ohne Parteilichkeit, ohne Schmeichelei und ohne eine andere Absicht zu verfolgen als die, den Menschen die gegenseitigen Beziehungen zwischen Schutz und Gehorsam vor Augen zu halten, deren Beachtung die Beschaffenheit der menschlichen Natur und die göttlichen Gesetze, die natürlichen wie die positiven, unabdingbar fordern."

nur von Carl Schmitt stets erneut zitierten) Formel *Auctoritas, non veritas facit legem*. Dem Souverän kommt mithin die alleinige Interpretationskompetenz zu. Und dennoch ist er nach Hobbes (1966, S. 264f.) gehalten, diese monopolistische Interpretationskompetenz nicht willkürlich anzuwenden, sondern „gute Gesetze" zum Wohl des Volkes zu erlassen. In Hobbes' Souveränitätslehre bilden diese *guten Gesetze* allerdings ein erratisches Moment – allein eine *moralische Verpflichtung* und keine immanente Willensbegrenzung. Auch aus dem Zweck des Staates – dem fundamentalen Prinzip der Friedenssicherung – ergeben sich *nur* moralische Pflichten des Souveräns, die auf keine *vertraglichen* Bindungen zurückführbar sind und daher keine *juristisch obligatorische* Wirkung besitzen. Zwar verweist Hobbes (1966, S. 165) darauf, dem Souverän fehle das „Recht auf alles ... insofern, als er selbst Untertan Gottes und dadurch zur Einhaltung der natürlichen Gesetze verpflichtet ist". Doch dieses Regulativ, die naturrechtliche Bindung und die Verantwortung vor Gott, wird effektiv irrelevant, da der Souverän durch die spezifische Art der Vertragskonzeption die absolute Souveränität erlangt und auch das religiöse Bekenntnis der Staatsbefugnis unterstellt ist. So lässt sich nicht ausschließen, dass die souveräne *auctoritas* die *veritas* verdrängt.

Gegenüber der souveränen Befugnis, das religiöse Bekenntnis zu bestimmen, macht allerdings Thomas Hobbes – damit sei noch ein letzter Aspekt der Konzeption erwähnt – den einschränkenden Vorbehalt, dass nur die Konfession, das äußere Bekenntnis, nicht aber der *innere* Glaube geregelt werden könne. Er trifft hierbei die Unterscheidung von staatlich bestimmter *Confessio* und freigestellter *Fides* und damit zwischen öffentlich und privat, in der *Carl Schmitt* eine in der Folge verhängnisvoll werdende „Bruchstelle in der sonst so geschlossenen, unwiderstehlichen Einheit" der souveränen Macht des Leviathans konstatiert. Bereits Spinoza habe hierin die Einbruchstelle des modernen Liberalismus erkannt und den bei Hobbes keimhaft vorhandenen Gedanken zu dem allgemeinen Grundsatz der Freiheit des Denkens, des Fühlens und der Meinungsäußerung erweitert. Schließlich sei der private Glaubensvorbehalt in der Hobbesschen Einheit von Religion und Politik im Laufe des 18. und 19. Jahrhunderts bis zum liberalen Rechts- und Verfassungsstaat umgekehrt worden: Der innere Glaube habe sich ausgebreitet zur Freiheitssphäre des frei denkenden, frei fühlenden und in seiner Gesinnung absolut freien Individuums, in die der Staat nur noch in Ausnahmefällen einzugreifen berechtigt sei. Der Staat wurde „wesentlich Polizei, diese aber ist auf die öffentliche Ruhe, Sicherheit und Ordnung beschränkt". Unter diesem Schutz entwickelten sich jene *intermediären Gewalten* (potestas indirecta) der Kirche und der Interessenorganisationen und – historisch später – der politischen Parteien, die den Leviathan „als gottähnliche souveräne Person des Staates" von innen heraus zerstörten. „Die Unterscheidung von Innen und Außen wurde für den sterblichen Gott die *Krankheit zum Tode*" (Schmitt 1938, S. 84 ff.). – In dieser kritisch-apologetischen Betrachtung Carl Schmitts, die in der so geschlossenen Konzeption von Hobbes eine verhängnisvolle Inkonsequenz erblickt, ist zumindest eines richtig erkannt: Thomas Hobbes' Zugehörigkeit zur *liberalen Tradition* – und zum *bürgerlichen Denken*.

Kapitel 2
John Locke und die frühe bürgerliche Klassengesellschaft

Die Situation

John Lockes *Two Treatises of Government* entstanden in den letzten Jahren der englischen Restaurationsperiode und verweisen auf die Zeit nach der sogenannten Glorreichen Revolution. Sie argumentieren aus der *Exclusion-Crisis* (1679–1681) heraus, die man als Prolog der Ereignisse von 1688 betrachten kann. Im Thronfolgekonflikt – dem Bruder Karls II., dem späteren Jacob II., sollte, weil katholisch, der Thron verweigert werden – spaltete sich das Parlament in zwei Gruppen: in die anglikanisch und konservativ gesinnten *Tories* und die vorwiegend puritanisch und bürgerlich ausgerichteten *Whigs*. Die Tories verteidigten die Identität von Staat und Kirche sowie das göttliche Recht der Dynastie, während die Whigs die protestantische Freiheit sowie die Idee des rationalistischen Naturrechts betonten, dem zufolge politische Herrschaft auf menschlicher Übereinkunft beruht. Vor allem Lord Shaftesbury ordnete das Königtum dem Gesetz unter und betrachtete das Parlament als den berufenen Hüter von Gesetz und Recht. Er vertrat damit die politischen Prinzipien, die 1688 maßgebend wurden, unterlag jedoch mit seiner Konzeption im Konflikt um die Thronfolge.

Erst nach Shaftesburys Tod sollten sich dessen und Lockes Prinzipien durchsetzen. Unter Jacob II., der die unumschränkte Königsgewalt und den Katholizismus in England wiederherstellen wollte, ergriffen alsbald die puritanischen Whigs gemeinsam mit führenden anglikanischen Tories jene Initiative, die zu den Ereignissen von 1688 führte: Wilhelm von Oranien wurde als König ins Land gerufen, Jacob II. floh. Damals begann ein Prozess, in dessen Verlauf die Souveränität von der Krone auf das Parlament überging. Die *Bill of Rights* erhob das Gesetz über die Krone, die nun zu einem Staatsorgan wurde. Die Vorrechte des Monarchen, die königlichen Prärogativen, entwickelten sich allmählich zu einem Bereich des *Common Law*, dessen Bewahrung dem Parlament und den Gerichtshöfen oblag. Namentlich durch das Steuerbewilligungsrecht des Unterhauses erstarkte der Parlamentarismus in England.

Mit der institutionellen ging die sozialökonomische Entwicklung einher. Die marktorientierte Produktion hatte in der Landwirtschaft zusehends an Boden gewonnen. Im Zusammenhang mit dieser landwirtschaftlichen Ausrichtung auf den Markt war eine weiterhin zunehmende *Einhegungspraxis* zu verzeichnen. Die Einhegungen (enclosures), die auf den Bürgerkrieg folgten und sich bis zur frühviktorianischen Ära fortsetzten, wurden inzwischen von den damaligen Großgrundbesitzern bestimmt und vorwiegend vorgenommen.[1] Bestanden vor 1642 noch gelegentlich Bemühungen der Regierung, die Einhegungsbewegung einzudämmen, so konnte nach 1648 davon keine Rede mehr sein. Von nun an waren die lokalen Verwaltungsbehörden, denen die Bauern unmittelbar unterstanden, noch fester in der Hand der Gentry. Insgesamt war in der Landwirtschaft eine *beträchtliche Kapitalakkumulation* zu verzeichnen. Mit dieser entstand ein höheres technisches Niveau im Agrarsektor, das landwirtschaftliche Arbeitskräfte für expandierende Manufakturen, alte wie neue, freisetzte. Es bildete sich ein Handels- und Produktionsnetz heraus, an dem die Grundherren (Lords of the Manor) und vor allem das *aufsteigende (Groß-)Bürgertum* interessiert waren.

Extern schufen die *Navigationsgesetze*, die fremde Schiffe vom Handel mit den englischen Kolonien ausschlossen, ein Monopolgebiet mit besonderen Privilegien für englische Kaufleute. Mit ihnen begann der Übergang von der Wirtschaftsform einzelner Monopolgesellschaften zur vollständigen Integration des auf nationalem Monopol gründenden Handels. In die gleiche Richtung wirkten sich die *Englisch-Niederländischen Seekriege* aus. Damals wurden die Grundlagen der englischen Territorialherrschaft über Indien ebenso gelegt wie die des englischen Chinahandels. Ein Hauptcharakteristikum des Handels mit den Kolonien bestand darin, dass man *von dort Rohstoffe* einführte, sie *in England* verarbeitete und anschließend als *Fertigwaren reexportierte*. Im Handel mit den Kolonien hatten sich die englischen Exporte und Reexporte zwischen 1638 und 1688 verdreifacht bis vervierfacht. Zwischen 1660 und 1685 verneunfachte sich der Wert der Anteile der Ostindischen Kompanie. Ein ähnliches Bild des Aufschwungs zeigt sich bei der Betrachtung von Industrie und Gewerbe. Dieser Aufschwung kam allerdings nahezu ausschließlich den großen Produzenten zugute. Nachdem um 1640 die Hindernisse für die freie Produktion beseitigt worden waren, kam es zur Konfrontation zwischen diesen und den kleinen Produzenten, deren sich zunächst die Leveller annahmen. Mit deren Niederlage war jedoch auch das Schicksal der eigenständigen Meister und Gesellen besiegelt und ein weiteres Hemmnis auf dem *Wege zur kapitalistischen Entwicklung* beseitigt. So nahm die *Tendenz zu größeren Produktionseinheiten* sukzessive überhand. Betroffen hiervon wurden vor allem die Seiden- und Eisenindustrie sowie die Salz- und Glasherstellung. Immer stärker bildete sich

---

1   Siehe Christopher Hill, Von der Reformation zur Industriellen Revolution. Sozial- und Wirtschaftsgeschichte Englands 1530–1780, 1970; und: Barrington Moore, Soziale Ursprünge von Diktatur und Demokratie. Die Rolle von Grundbesitzern und Bauern bei der Entstehung der modernen Welt, 1969.

eine Teilung in Klassen heraus, auf die noch im Zusammenhang mit Lockes Konzeption einzugehen ist.

Der Theoretiker

Die rationalistische Naturrechtslehre, die schon Hobbes vertrat, findet sich in ausgeprägterer Form bei John Locke (1632–1704); ausgeprägter deshalb, weil Lockes Konzeption nicht nur die *bürgerliche Konkurrenzgesellschaft* legitimierte, sondern auch die entstehende bürgerliche *Klassengesellschaft*. Der Lockesche Mensch ist bereits im Naturzustand ein appropriierender und (nach Einführung des Geldes) akkumulierender Bürger. Schon in diesem Status naturalis bestehen Warenverkehr und Geldwirtschaft. So ist auch in Lockes Naturzustand wie zuvor in dem Hobbesschen die englische Gesellschaft der damaligen Zeit mit eingegangen, und zwar diesmal entsprechend ihrer höheren Entwicklungsstufe. Es entstand allmählich ein Handels- und Produktionsnetz im Interesse der Grundherren und des *(Groß-)Bürgertums* – dem Locke eine *Theorie* des *Kapitalismus* gab –, verbunden mit einer Rechtfertigung der *Ungleichheit* der *Klassen*.

Locke hat seine Konzeption des Naturzustands im *Second Treatise* niedergelegt. Während er sich im *First Treatise* mit Filmer (bzw. mit denen, die sich dessen Argumentation bedienten) auseinandersetzte, der (bzw. die) die absolute Gewalt der Könige auf die absolute Souveränität Adams zurückführte(n), dem sie von Gott übertragen worden sei und als dessen Erben man die Könige betrachten müsse, hat Locke im *Second Treatise* seine eigene, auf einem freiwilligen Zusammenschluss bzw. auf einem Vertrauensverhältnis beruhende Staatskonzeption entwickelt. Sie sei kurz angedeutet – und zwar ausgehend vom berühmten *5. Kapitel*, das auch in der nachfolgenden Darstellung besondere Beachtung findet. Hier, im Kapitel über das Eigentum, geht Locke von einem zweiphasigen Naturzustand aus, in dem das auf Nutzung beschränkte Recht auf individuelle Aneignung von einem unbeschränkten Recht auf Aneignung abgelöst wird. Verantwortlich hierfür ist die Einführung des *Geldes* und der *Geldwirtschaft,* die immer mehr den Besitztrieb weckt und den anfangs mehr oder weniger friedlichen Naturzustand tendenziell zum Kriegszustand oder besser: zum Zustand der völligen Unsicherheit wendet.

Damit erweist sich der Staat als notwendig. Dieser ist nicht nur wie bei Hobbes Garant bürgerlicher Sicherheit, sondern der zudem das *Eigentum schützende Staat*. Nach Locke schließen die Menschen einen Sozialvertrag – betrachtet als ein vertrauensvolles Übereinkommen –, um einen *politischen Körper* zu bilden. Der oben erwähnten Konzeption Filmers ist damit Lockes These gegenübergetreten: Die politische Gewalt reduziert sich auf die Gewalt der einen politischen Körper bildenden Staatsbürger selbst, die ihre Rechte den politischen Organen der Gesellschaft „anvertraut" haben. Entsprechend dem Stichwort „anvertraut" betont Locke das Verhältnis des *Vertrauens (trust)* zwischen den Untertanen und den beiden wesentlichen politischen Gewalten, der Legislative und der Exekutive.

Die oberste politische Gewalt ist die Legislative; aber auch der Krone kommt nach Locke – entsprechend der „gemischten" Staatsform der englischen Monarchie seiner Zeit – eine relativ starke Macht zu, ihr werden u. a. Notstandsbefugnisse zugebilligt sowie das Recht, über Krieg, Frieden und Bündnisse zu entscheiden. Der Krone zugeordnet sind die sogenannte prärogative und die föderative Gewalt (in Sachen auswärtige Politik). Wesentlich bleibt indes das Steuerbewilligungsrecht der Legislative, wodurch die Exekutive daran gehindert werden sollte, eine den Interessen der im Parlament vertretenen Oberschicht zuwiderlaufende Politik zu betreiben. Locke dachte hierbei vor allem an das *Besitzbürgertum*. In seinem Interesse entsteht der Staat; und auch das vorgesehene Widerstandsrecht gegen diesen Staat sollte primär dem *Bürgertum*, der aufstrebenden Klasse der Unternehmer und Kaufleute, vorbehalten bleiben und nicht der besitzlosen Masse zustehen.

Zu erwähnen sind schließlich noch zwei Abhandlungen: In seinem *Essay Concerning Human Understanding* (1671) greift Locke die erkenntnistheoretische Problematik auf, die Descartes ausgelöst hatte und die zu einer Diskussion über die Grundlagen, den Wahrheitswert und die Reichweite menschlicher Erkenntnis führte. In der Intention, den Menschen anzuleiten, sich angesichts der Grenzen der Erkenntnis nicht mit Dingen zu beschäftigen, die seine Fassungskraft übersteigen, kann auch eine politische – am *bürgerlichen Normalverstand* orientierte – Zielsetzung gesehen werden. Ebenso zeigt sich in Lockes *Essay Concerning Toleration* (1667) ein politisches, speziell ökonomisches Motiv. Hier wird die frühere Ansicht revidiert, dem Staat komme (wie bei Hobbes) das Recht zu, alle Einzelheiten des Gottesdienstes zu regeln. Im Sinne seines späteren *Toleranzbriefes* (Epistola de Tolerantia, 1689) hat nunmehr der Staat nur die Aufgabe, den öffentlichen Frieden und das Eigentum seiner Untertanen zu schützen; er dürfe niemandem seinen Glauben vorschreiben und habe sich um religiöse Formen nicht zu kümmern. Das angesprochene ökonomische Motiv der Forderung nach Toleranz wird in der Intention deutlich: Es gelte zu untersuchen, „welchen Einfluß die *Toleranz* auf die Zahl und den Gewerbefleiß des Volkes, von dem die *Macht und der Reichtum* des Königreiches abhängen, vermutlich haben wird".

1 Die Triade des Eigentumsrechts

Im Hinblick auf die skizzierten sozialökonomischen Verhältnisse – namentlich in Bezug auf den expandierenden Agrarsektor, der im früh-kapitalistischen England als Initialzündung für die industrielle Revolution wirkte – nimmt es nicht Wunder, dass in Lockes Konzeption des Naturzustandes die *kapitalistische Bodenappropriation* in den Mittelpunkt rückt. Der Status naturalis gleicht in seiner späten Phase einer relativ ausgeprägten *bürgerlichen Gesellschaft*, wenngleich er von allen politisch-herrschaftlichen Unterordnungsverhältnissen abstrahiert. Zunehmend mit *Privateigentum ausgestattet,* entfaltet er sich in immanenter Entwicklung zum Kapitalismus, hierüber wird noch zu sprechen sein. Darüber hinaus bezeichnet Lockes Naturzustand zugleich auch eine jederzeit präsente *normative Wirklichkeit*. Er stellt im Gegensatz zu Hobbes' Konzeption ein politisch-rechtliches Sozialverhalten dar. In diesem Sinne ist sein Status ein normatives Prinzip, dem eine hermeneutische Funktion zukommt. Als Zustand der *Freiheit* und *Gleichheit* erscheint der Naturzustand zunächst als ein idealer Rechts- und Sozialzustand. „Es ist ein Zustand *vollkommener Freiheit,* innerhalb der Grenzen des Gesetzes der Natur ihre [der Menschen] Handlungen zu regeln und über ihren *Besitz* und ihre Persönlichkeit so zu verfügen, wie es ihnen am besten erscheint, ohne dabei jemanden um Erlaubnis zu bitten oder vom Willen eines anderen abhängig zu sein. Es ist darüber hinaus ein *Zustand der Gleichheit,* in dem alle Macht und Rechtsprechung wechselseitig sind, da niemand mehr besitzt als ein anderer …"[2] Freiheit im Naturzustand manifestiert sich bei Locke von vornherein nicht als isolierte Willensfreiheit, sondern als gesellschaftliche Handlungsfreiheit, als *Freiheit* von der Willkür anderer unter den sozialen Klauseln des Naturrechts. Und die Gleichheit im Naturzustand ist in Lockes normativer Definition mit der Bestimmung der natürlichen Freiheit verbunden. Beide Naturzustandskriterien stehen in enger Beziehung zum *Gesetz der Natur,* das von jedem erkannt werden kann und das mit dem Erkenntnisinstrument der Vernunft (reason) übereinstimmt. „Im *Naturzustand* herrscht ein natürliches Gesetz, das jeden verpflichtet. Und die Vernunft, der dieses Gesetz entspricht, lehrt die Menschheit, wenn sie sie nur befragen will, daß niemand einem anderen, da alle gleich und unabhängig sind, an seinem Leben und Besitz, seiner Gesundheit und Freiheit Schaden zufügen soll" (Locke 1977, S. 203).

Damit entsteht zunächst der Eindruck, dass der vom natürlichen Gesetz bestimmte Naturzustand ein „Zustand des Friedens, des Wohlwollens, der gegenseitigen Hilfe und Erhaltung" sei (Locke 1977, S. 211). Gleichwohl oszilliert schon im ursprünglichen Status naturalis das Verhalten des Menschen ständig um die Mitte zwischen einem *Friedenszustand* (state of peace) und einem *Kriegszustand* (state of war), wie dies Hans Medick (1973, S. 107) herausgestellt hat. Denn da es im Naturzustand keine Berufungsinstanz gibt, wenn sich die Menschen – aufgrund der ihnen innewohnenden *Dialektik* von *Trieb-* und *Vernunftnatur* – konträr zum Gesetz der Natur und damit zu dem der Vernunft verhalten, besitzen sie das natürliche Recht, selbst Richter zu sein und das Gesetz der Natur selbst zu vollstrecken. Wenn man zudem mit Walter Euchner (1979, S. 57 f.) in Betracht zieht, dass Locke in den ersten Kapiteln des *Second Treatise* relativ wenig vom friedlichen Zusammenleben der Menschen spricht, dagegen sehr oft von deren Recht, die

---

2 John Locke, Two Treatises of Government. Hier und im Folgenden nach der von Walter Euchner herausgegebenen und eingeleiteten Übersetzung: John Locke, Zwei Abhandlungen über die Regierung 1977 (durchgehend zitiert: Locke 1977, S. 210).

Rechtsbrecher zu bestrafen, dann zeigt sich letztlich, dass der *ideale Natur-* bzw. *Friedenszustand* nur eine *abstrakte Möglichkeit* darstellt. Lockes ausdrückliche Unterscheidung von idealem und realem Naturzustand kommt so einer *idealtypischen* Abstraktion gleich. Der Normalfall seines Naturzustands entspricht keinem dieser zwei „regulativen Grenzwerte gesellschaftlichen Verhaltens der Menschen" (Medick 1973, S. 107). Und einmal davon abgesehen, dass Locke, wie aufzuzeigen ist, an entscheidender Stelle seines *Second Treatise* das Bild vom friedlichen Naturzustand revidiert, droht schon im ursprünglichen Status naturalis – infolge der erwähnten Dialektik von Trieb- und Vernunftnatur im Einzelmenschen – der Umschlag in einen Kriegszustand: in einen „Zustand der Feindschaft, der Bosheit, der Gewalttätigkeit und gegenseitigen Vernichtung" (Locke 1977, S. 211). Der ursprüngliche Naturzustand ist zwar nicht wie bei Hobbes ein Krieg aller gegen alle, er beinhaltet aber als Zustand der Unsicherheit die Tendenz hierzu.

Wie angedeutet, sieht Locke im Menschen ein mit einer *Trieb-* und mit einer *Vernunftnatur* ausgestattetes *Doppelwesen*. Erst in der Erfahrung der von der menschlichen Trieb- und Bedürfnisnatur geleiteten Handlung „bildet sich die ... diskursive Fähigkeit des Verstandes zur moralischen Vernunft heran". Locke geht also von der Triebstruktur des Menschen aus: vom *Selbsterhaltungsstreben* und vom Streben nach Glück (desire of happiness). Das *Glücksstreben* besitzt im *Essay Concerning Human Understanding* den Rang eines angeborenen praktischen Prinzips. Und das *Selbsterhaltungsstreben* wird im *First Treatise* als von Gott eingepflanzt (planted in) bezeichnet. Es verkörpert das hervorragendste naturrechtliche Prinzip, auf dem auch das Eigentumsrecht beruht. Im First Treatise schreibt Locke (1977, S. 136): „... da der überaus starke Trieb, sein Leben und sein Dasein zu erhalten, ihm [dem Menschen] von Gott selbst als ein Prinzip des Handelns eingepflanzt worden war, konnte ihn die Vernunft, *als die Stimme Gottes in ihm,* nur lehren und überzeugen, daß er in der Befolgung dieser natürlichen Neigung sein Dasein zu erhalten hatte, den Willen seines Schöpfers erfüllte und deshalb ein Recht hatte, sich jene Geschöpfe nutzbar zu machen, von denen er aufgrund seiner Vernunft und seiner Sinne erkennen konnte, daß sie für seine Zwecke geeignet waren. Deshalb war das Eigentum des Menschen an den Geschöpfen aus seinem Recht begründet, von jenen Dingen Gebrauch zu machen, die für sein Dasein notwendig oder nützlich waren."

Der durch die Selbsterhaltung gesetzte Rechtszweck ist bei Locke mit dem Recht auf Gewährleistung jener natürlichen Mittel zur Verwirklichung dieses Zweckes verbunden, die unter dem Begriff des *Eigentums* (property) subsummiert werden. Derart ergibt sich das Eigentumsrecht als unmittelbares Derivat des Selbsterhaltungsrechts. Es stellt Hans Medick (1973, S. 77) zufolge „ein durch ‚reason' verrechtlichtes, existentielles Grundbedürfnis des Menschen" dar. Hierbei ist zunächst zu beachten, dass der *Eigentumsbegriff* sowohl in einer weiten als auch in einer engen Wortbedeutung detailliert verwendet wird. Während Locke unter dem Terminus einerseits *Leben, Freiheit* und *Besitz* (life, liberty and estate) versteht, gebraucht er andererseits den Ausdruck *property* in enger Wortbedeutung im Sinne von *materiellem Eigentum*. Ohne hier auf die Forschungskontroverse in Bezug auf die Dominanz der einen oder anderen Wortbedeutung eingehen zu können, zeigt sich – und hier ist u. a. Peter Gey (1981, S. 73 ff.) zuzustimmen – in beiden Inhalten, wie sehr *John Locke* als *bürgerlicher Denker* argumentiert. Der Terminus des Eigentums in der weiten Fassung als *life, liberty and estate* umschließt das Rechtsprinzip der *bürgerlichen Gesellschaft* von Person und Eigentum, d. h. die abstrakte *Gleichheit* und die abstrakte *Freiheit* des Menschen. Locke (1977, S. 233) erkennt die Abstraktheit und die Versachlichung der Beziehungen der Individuen untereinander, wenn er beispielsweise darauf verweist, dass Unterschiede in Alter, Talent, Verdienst usw. sich mit der Gleichheit der Menschen „in Hinsicht auf die Rechtsprechung und die Herrschaft des einen über den anderen" vertragen, denn *Gleichheit* meint „jenes gleiche *Recht*, das jeder Mensch auf seine *natürliche Freiheit* hat, ohne dem Willen oder der Autorität irgendeines anderen Menschen unterworfen zu sein". Und was die enge Wortbedeutung von *property* als *materielles Eigentum* anbelangt, so dokumentiert sich im Eigentumsbegriff das *bürgerliche Recht, (Privat-)Eigentum* zu erwerben und darüber zu verfügen.

Diese enge Definition des Eigentumsbegriffs tritt im berühmten 5. Kapitel des *Second Treatise* mit der Überschrift *Of Property* in den Vordergrund. Hier beruft sich Locke auf Psalm 115,16 und betont, dass Gott den Menschen die Erde zur Nutzung gegeben habe, und zwar so, dass jeder gleichermaßen Eigentum besitzen könne. Lockes Naturzustand geht mithin vom *Gemeineigentum* aus; doch diese Tatsache verwehrt nicht die individuelle Appropriation. Verantwortlich zeichnen hierfür zwei Postulate, wonach jedem Menschen ein *Eigentum* an seiner eigenen *Person* zukommt, und der Ertrag seiner Arbeit, *das Werk seiner Hände*, ohne Zustimmung der anderen sein Eigentum wird. Was immer der Mensch „dem Zustand entrückt, den die Natur vorgesehen und in dem sie es belassen hat, hat er mit seiner *Arbeit* gemischt und ihm etwas eigenes hinzugefügt. Er hat es somit zu seinem *Eigentum* gemacht" (Locke 1977, S. 216 f.). Diese Appropriation wird allerdings durch Lockes Hinweis (1977, S. 219) begrenzt, sich nur so viel anzueignen, dass den anderen noch genügend verbleibt, und sich nur so viel zum Eigentum zu machen, wie er „zu irgendeinem Vorteil seines Lebens gebrauchen kann, bevor es verdirbt …". Diese Aneignungsschranke, die von der *Verderblichkeit* der Güter bestimmt wird, gilt expressis verbis für die Appropriation im Agrarsektor: „Was jemand bebaute und erntete, aufbewahrte und verbrauchte, bevor es verdarb, war sein besonderes Recht. Was immer er einzäunte, das Vieh, das er füttern, und seine Erzeugnisse, die er verbrauchen konnte, gehörten ebenfalls ihm" (Locke 1977, S. 224).

John Lockes Eigentumsbegriff im materiellen Sinne umfasst derart – bedeutsam für die *bürgerliche Epoche* – *Grund und Boden*, aber auch das *Arbeitsvermögen*. Durch die Arbeit werden nicht nur die moralische Autonomie und die Freiheit des Individuums gewährleistet, der Arbeitsbegriff bildet auch ein wesentliches Legitimationskriterium für die Begründung des Eigentums als Naturrecht. Indem ein solches Eigentumsrecht aus der *Arbeit* hergeleitet wird, verweist Lockes Konzeption auf die Interessen des *bürgerlichen Individuums*. Die Arbeit begründet einen *Rechtsanspruch auf Eigentum*, und das durch Arbeit geschaffene Privateigentum dient im Entwicklungsprozess schließlich der technisch-innovatorischen, produktiven Fähigkeit des *poietischen Individuums*. Im Zuge der Auseinandersetzung mit der natürlichen Umwelt, die von der Bedürfnis- und Mängelsituation in Lockes Naturzustand ausgelöst wird, verändert die menschliche Arbeit ihren Charakter. Sie wandelt sich von der individuellen körperlichen Anstrengung (labour) zur produktiven Leistung in der „zweckrationalen Zurichtung der Gegenstände der Natur …, welche … die Legitimationsgrundlage für die Begründung des Privateigentums als Naturrecht liefert" (Medick 1973, S. 93). Aus all dem wird für Locke (1977, S. 227) ersichtlich: „Obwohl die Dinge der Natur allen zur gemeinsamen Nutzung gegeben werden, lag dennoch *die große Grundlage* des *Eigentums* tief im Wesen des Menschen (weil er der Herr seiner selbst ist und *Eigentümer seiner eigenen Person* und ihrer Handlungen oder Arbeit). Was den größeren Teil der Mittel ausmachte, die er zu seinem Unterhalt oder zur Bequemlichkeit seines Daseins gebrauchte, nachdem Erfindung und Kunst die Lebensbedürfnisse verfeinert hatten, so gehörte ihm dieser Teil vollständig selbst und nicht anderen mit ihm gemeinsam."

Der damit ausgesprochene Übergang vom Gemein- zum Privateigentum erfolgt in gedanklicher Fortführung von Psalm 115,16 erneut unter Berufung auf Gott. Nach Locke (1977, S. 219) befahl Gott den Menschen, die Erde zu bearbeiten. Er erteilte ihnen das Recht, sich den bearbeiteten Boden anzueignen. „*So viel Land* ein Mensch bepflügt, bepflanzt, bebaut, kultiviert und so viel er von dem Ertrag verwerten kann, so viel ist sein *Eigentum*." Dieses durch die Verwertung beschränkte Recht auf individuelle Aneignung wird jedoch alsbald von einem *unbeschränkten Recht* auf Aneignung abgelöst. Eingeführt wird das *Geld* – ein vom tatsächlichen Gebrauchswert unterschiedener Wert. Der Mensch stimmt in einer Spätphase des Naturzustands dem Gebrauch des Geldes zu, und die Einführung des Geldverkehrs entkräftet die ursprüngliche Einschränkung der Eigentumsregel. Mit Lockes Worten (1977, S. 222): „Dieselbe *Regel für das Eigentum*, nämlich daß jeder Mensch so viel haben sollte, wie er nutzen kann, würde auch noch heute … gültig sein …, wenn nicht die *Erfindung des Geldes* und die stillschweigende Übereinkunft der Menschen, ihm einen Wert beizumessen (durch Zustimmung), die Bildung größerer Besitztümer und das Recht darauf mit sich gebracht hätte."

Gold und Silber in Form von Geld verderben nicht. Der durch individuelle Arbeit erzeugte Überschuss an *verderblichen Konsumgegenständen* lässt sich über den Markt in *dauerhafte Geldwerte* umsetzen. Gemäß Lockes Hinweis (1977, S. 223) auf die intensive Bewirtschaftung eingehegter Ländereien – entsprechend der erwähnten Einhegungspraxis der bürgerlichen bzw. der früh-kapitalistischen Zeit – vermag sich der Mensch mehr Boden anzueignen, als er von dessen Produkten verbrauchen kann. Damit wird eine Bodenappropriation gerechtfertigt, ohne dass die vom Naturgesetz ursprünglich auferlegten Beschränkungen geleugnet werden müssten. Die *unbeschränkte* Eigentumsakkumulation ist – wie die *beschränkte* Aneignung im frühen Naturzustand – das Recht eines jeden. Konkret wird damit die *bürgerliche Tauschgesellschaft* legitimiert, die damals primär auf technisierter agrarischer Überschussproduktion beruhte.

Derart kennzeichnet eine mit der Einführung des Geldes verbundene Besitzungleichheit die späte Phase des Naturzustands, wobei Locke zunächst davon ausgeht, dass die private Bodenaneignung dem Gesamtwohl dient: Man müsse sich vergegenwärtigen, „daß jemand, der sich durch seine Arbeit ein Stück Land aneignet, das gemeinsame Vermögen der Menschen nicht vermindert, sondern vermehrt. Denn die zum Unterhalt des menschlichen Lebens dienenden Nahrungsmittel, die von einem Acre eingegrenzten und bebauten Landes eingebracht werden, sind (um in bescheidenen Grenzen zu bleiben) zehnmal mehr als der Ertrag eines Acre ebenso reichen Landes, das als Gemeingut brach liegt. Wenn jemand Land abgrenzt und von zehn Acres eine größere Menge an Lebensmitteln einbringt, als er von hundert der Natur überlassenen einbringen könnte, kann man deshalb wirklich sagen, daß er der Menschheit neunzig Acres schenkt" (1977, S. 223). Das heißt: Die private Aneignung erhöht das volkswirtschaftliche Gesamtprodukt und kommt damit allen Individuen, auch den landlosen Tagelöhnern, zugute. Locke liefert so – darauf hat insbesondere Crawford B. Macpherson (1973, S. 249) hingewiesen – die *moralische Begründung für die bürgerliche Appropriation*. Dabei wird „seine ganze Eigentumstheorie zu einer Rechtfertigung des natürlichen Rechts nicht nur auf Eigentum, sondern auch auf uneingeschränkte individuelle Appropriation." Diese Aneignung bezieht sich nicht zuletzt auf den Handel, „um durch den Verkauf der Erzeugnisse Geld an sich zu ziehen". In den *Considerations of Money* z. B. zentriert sich die Thematik auf die Akkumulation einer genügenden Menge Geldes, um den Handel anzutreiben. Geld fungiert als *Kapital*; es ist derart „gleichen Wesens wie der Boden, sofern dieser ein bestimmtes jährliches Einkommen erbringt, das wir Nutzwert oder Zins nennen" (1759, S. 19). Es sollte in Handelsgeschäften angelegt werden, und der Boden hatte den Handel mit Waren zu versorgen.

Nicht als bloßes Tauschmittel sieht Locke also das Geld, sondern als *Kapital*. Und das Kapital kann ihm zufolge nicht nur dazu bestimmt sein, seinem Besitzer ein konsumierbares Einkommen zu gewährleisten. Es soll vielmehr durch *nutzbringende Investitionen* neues Kapital erzeugen. Hierzu ist der Handel notwendig, zu dessen Voraussetzungen Locke neben der Landwirtschaft die Industrie zählt. Der Handel zielt auf „Reichtum und Macht, die sich gegenseitig erzeugen. Reichtum besteht in einem großen Vorrat an beweglichen Gütern, die bei Ausländern einen Preis erzielen ... Macht besteht in einer großen Zahl von Menschen und der Fähigkeit, sie zu unterhalten. Handel trägt zu beidem bei, indem er den Warenvorrat und den Bevölkerungsstand vergrößert, die sich wieder gegenseitig vergrößern" (nach Macpherson 1973, S. 234). Das zitierte Streben nach Reichtum und Macht führt zu einer Dynamik, die über den Status naturalis hinausgreift.

Die Möglichkeit der uneingeschränkten Appropriation und der erweiterten Produktion und Distribution fördert die *Depravierung* des Menschen. Die späte Phase des Naturzustandes droht (so Locke 1977, S. 270) zum Egoismus des Verlangens nach mehr Besitz und zum *verbrecherischen Besitztrieb* (amor scelleratus habendi) zu entarten. Es kommt derart zu einem Spannungsverhältnis von normativen Naturrechtsforderungen und praktischem – gesellschaftlichem – Verhalten. Der Naturzustand erweist sich erneut als ein *gesellschaftlicher* Zustand – aber als ein solcher der Unsicherheit. In seiner Endphase nehmen die Konfliktursachen beständig zu. Diese zum Kriegszustand tendierende Phase ist „bei aller Freiheit voll von Furcht und beständiger Gefahr", und das materielle Eigentum, das der Mensch in diesem zwar freien, aber gefährlichen Zustand besitzt, erweist sich als „sehr ungewiß und sehr unsicher" (1977, S. 279). So findet sich der Mensch dazu bereit, „sich mit anderen zu einer Gesellschaft zu verbinden, die bereits vereinigt sind oder doch die Absicht hegen, sich zu vereinen, zum gegenseitigen Schutz ihres Lebens, ihrer Freiheiten und ihres Vermögens [Besitzes], was ich unter der allgemeinen Bezeichnung Eigentum zusammenfasse" (ebd.).

Derart bedient sich auch Locke der Theorie des Sozialvertrags, dessen Modalitäten jedoch vage bleiben. Der *ursprüngliche Vertrag* (origin compact) besteht im Übereinkommen (consent) der Menschen, sich zu einem politischen Körper zu vereinen. Hierbei kommt es aber zu keiner Transformation des Bewusstseins und nicht – wie bei Hobbes – zur Preisgabe aller natürlichen Rechte. Die Menschen übertragen nur jene Rechte auf die Gesellschaft (auf die Legislative und indirekt auf die Exekutive), deren uneingeschränkte Ausübung das friedliche Zusammenleben nachhaltig stören würde. Hierzu zählt für den Menschen die Gewalt, „alles zu tun, was er für die Erhaltung seiner selbst und der übrigen Menschheit als richtig ansieht", sowie die *Gewalt,* einen *Rechtsbrecher* nach den Regeln des natürlichen Gesetzes zu bestrafen. Letztere Gewalt gibt er vollständig auf, ersterer entäußert er sich in der vorbehaltlichen Intention, sie durch die Gesetze der Gesellschaft soweit regeln zu lassen, „wie es die Erhaltung seiner selbst und der übrigen Glieder dieser Gesellschaft erfordert" (Locke 1977, S. 280). Insgesamt werden damit die so ungesicherten naturwüchsigen gesellschaftlichen Verhältnisse unter staatliche Kontrolle gestellt, die „vorstaatliche naturrechtliche Rechtsposition der einzelnen" wird aber – so Walter Euchner (1979, S. 194) – „nicht völlig vernichtet, sondern wirkt im Prinzip nach dem Sozialvertrag weiter"; im Zusammenhang mit dem Lockeschen *Widerstandsrecht* wird davon noch zu sprechen sein. Hier bleibt festzuhalten, dass der *Sozialvertrag* bei Locke die Form eines Übereinkommens annimmt, durch das zwischen den Untertanen und der obersten politischen Gewalt ein Vertrauensverhältnis (trust) errichtet wird, das zwar rechtliche Qualität aufweist, aber kein Vertragsverhältnis im engeren Sinne darstellt. Der Zweck des auf diesem Vertrauensverhältnis beruhenden Staates ist der Schutz des teils in weiter, teils in enger Wortbedeutung verstandenen Eigentums. „Das große und *hauptsächliche Ziel,* weshalb Menschen sich zu einem Staatswesen zusammenschließen und sich unter eine Regierung stellen, *ist ... die Erhaltung ihres Eigentums"* (Locke 1977, S. 278).

2 Klassen in der Marktgesellschaft

Der Staat besteht mithin zum Schutze des Eigentums, und dieses Eigentum umfasst zum einen Leben, Freiheit und Besitz, zum anderen nur materielles Eigentum. Diese Eigentumszweiteilung lässt Lockes *Status civilis* insofern als *doppeldeutig* erscheinen, als im Hinblick auf Leben und Freiheit alle Menschen, in Bezug auf das materielle Eigentum jedoch nur die Besitzenden die interessierten Mitglieder der *bürgerlichen Gesellschaft* ausmachen. Gleichwohl erweist sich eine solche Unterscheidung als irrelevant, wenn man mit Crawford B. Macpherson (1973, S. 279) in Rechnung stellt, dass Lockes Erfahrung unterschiedlicher Klassenrechte in seiner zeitgenössischen Gesellschaft als „implizite Annahmen über unterschiedliche natürliche Rechte und Grade der Vernunft in seine Postulate" Eingang gefunden hat. So zeigt sich auch an dieser Stelle, wie stark die damalige Zeit Lockes Theorie prägte; und dessen eingedenk lässt sich die oft erhobene Frage nach den genuin interessierten Partnern des Sozialvertrages bzw. des beschriebenen Übereinkommens mit dem Hinweis beantworten, dass nur bei den *Besitzenden* ein ausgeprägtes Interesse an einer vertraglichen Sicherung des materiellen Eigentums besteht. Dementsprechend sind nach Lockes Konzeption – dies ist noch näher zu erörtern – zwar alle Menschen im Sinne von Objekten Mitglieder der Gesellschaft, im Sinne von Subjekten letztlich jedoch nur diejenigen mit Besitz.

Neben der Erhaltung des Eigentums in weiter und enger Wortbedeutung gelten als Staatszwecke der Frieden, die Sicherheit und das öffentliche Wohl des Volkes (Locke 1977, S. 181) – wiederum nicht zuletzt Voraussetzungen eines ungestörten Genusses des materiellen Eigentums. Die politischen Gewalten, die *Legislative* und die *Exekutive*, finden denn auch ihre Schranken an den natürlichen Freiheitsrechten der Menschen: vornehmlich am natürlichen Recht auf Eigentum im engen Sinne. Wie stark dieses Eigentum als materieller Besitz für Locke das dominierende politische Prinzip verkörpert, zeigt sich nicht zuletzt daran, dass im Gefolge des vorgesehenen rigorosen Heerdienstes (von dem sich damals die Reichen freikaufen konnten) ein Soldat zwar in den sicheren Tod geschickt und für den kleinsten Ungehorsam gehenkt werden kann, es aber nicht erlaubt ist, diesem auch nur einen Heller von seinem Vermögen zu nehmen. Diese überhöhte Bedeutung des Besitzes – also des Eigentums im engen Sinne – dokumentiert sich auch in milderer, ziviler Fassung in Lockes Betrachtung des Steuerbewilligungs- und des Wahlrechts. Die oberste politische Gewalt, die Legislative, verfügt über das *Steuerbewilligungsrecht*, wodurch Intentionen der Exekutive, d. h. der Krone (entsprechend der von Locke befürworteten *gemischten* Staatsform der englischen Monarchie seiner Zeit), namentlich gegen die *Interessen des Besitzbürgertums* verhindert werden sollen. Und was das *Wahlrecht* anbelangt, so vermag nur der *Eigentümer als Vollbürger* Repräsentanten ins Parlament zu entsenden, und zwar „im Verhältnis zu dem Beistand, den er der Öffentlichkeit leistet" (Locke 1977, S. 300).

In diesem Kontext erweist sich Locke als Ideologe des besitzindividualistischen (Früh-)Kapitalismus und der aufkommenden *Klassengesellschaft* in England. Das von ihm viel zitierte *Volk* umfasst zwar sowohl die Eigentümer als auch die Lohnempfänger – zwei Kategorien von Staatsbürgern, von denen allerdings nur die Besitzenden (neben den Grundbesitzern die Unternehmer und Kaufleute vor allem) tatsächlich in Betracht gezogen werden. Locke erkennt hier einen Klassenunterschied in Bezug auf die Vernunft. Die immer wieder erwähnte und im *Essay Concerning Human Understanding* näher erörterte *Vernunft* ist letztlich die *bürgerliche Vernunft* und sogar nur ein Teil von ihr: die kapitalistisch-technische Vernunft. Dementsprechend konstatiert John Locke in der *bürgerlichen Gesellschaft* Englands *zwei Klassen* mit unterschiedlichen Rechten und unterschiedlichen Graden von *Vernunft*. Die Arbeiterklasse erhält als nationale Arbeitskraft ihre Bedeutung und wird dabei gleichsam als eine besondere *Rasse* behandelt. Dies entspricht der vorherrschenden Haltung der zeitgenössischen englischen Wirtschaftstheoretiker, die in Bezug auf diese Diskriminierung – so Richard H. Tawney (1948, S. 267) – „keine moderne Parallele hat, es sei denn in dem Betragen einiger weißer Kolonialisten gegenüber den farbigen Arbeitern". Die Mitglieder der Arbeiterklasse galten als Ware, gemäß der von William Petty (einem zeitgenössischen Nationalökonomen) dargelegten Auffassung: „Das Volk ist ... die wichtigste, grundlegendste und damit kostbarste Ware ... Dieses wichtige Material, das von sich aus roh und unbearbeitet ist, wird in die Hände der Staatsgewalt gelegt, die es nach ihrer Weisheit und Voraussicht zu mehr oder weniger Vorteil verbessern, handhaben und formen muß" (Petty 1680, S. 238).

Zwei Prämissen rücken in diesem Zusammenhang in den Mittelpunkt von Lockes Theorie, nämlich dass die Arbeiterklasse – wie erwähnt – als nationale Arbeitskraft einen notwendigen Bestandteil der Nation bilde, aber kein vollwertiges Glied des politischen Körpers darstelle und ihre Mitglieder *kein vernunftbezogenes Leben* zu führen vermöchten. Die *Arbeiterklasse* gilt Locke vor allem als zum politischen Handeln unfähig, und entsprechend der herrschenden Ansicht hält er die *politische Unmündigkeit der Lohnarbeiter* für gang und gäbe. Der Lohnarbeiter, so seine vielfach wiederholte Aussage, „lebt von der Hand in den Mund". Und für sich selbst sprechen Zeilen wie diese: „… der nur selten über dem Existenzminimum liegende Anteil der Arbeiter [am Volkseinkommen] gewährt dieser Gruppe von Menschen weder Zeit noch Gelegenheit, ihre Gedanken auf mehr als dies [das Existenzminimum] zu richten und mit den reicheren um das übrige zu kämpfen (als um ein ihnen gemeinsames Interesse), es sei denn, ein ihnen gemeinsames großes Unglück mache sie zu einer gärenden Masse, lasse sie den Respekt vergessen und verleihe ihnen die Dreistigkeit, ihre Forderungen mit Waffengewalt durchzusetzen" (Locke 1759, S. 19).

3 Der Puritanismus und der Staat als Garant des Eigentums

Die erwähnte Auffassung erfuhr damals durch eine religiöse Begründung eine weitere Legitimation. Locke, der davon sprach, Gott habe die Erde den Menschen zum gemeinschaftlichen Besitz gegeben, betonte die Notwendigkeit, die Arbeiterklasse durch den Glauben an göttlichen Lohn und göttliche Strafe zum Gehorsam zu bringen. Er fand Anklang bei seinen Lesern, für die *Armut* ein Zeichen *sittlichen Mangels* war. Er fand Anklang bei denen, die in puritanischer Glaubenshaltung, die Nicht-Besitzenden mit den Nicht-Auserwählten gleichsetzten. Dies nicht von ungefähr: Wie Max Weber in seinen religionssoziologischen Aufsätzen über die *Protestantische Ethik und den Geist des Kapitalismus* aufzeigt (s. 5. Kapitel), bestanden wechselseitige Einflüsse und tiefgründige Abhängigkeiten zwischen religiösen Haltungen und Glaubensweisen einerseits und vitalen Interessen und Klassenlagen andererseits. Der aus dem Calvinismus hervorgegangene englische Puritanismus wirkte nicht nur dem unbefangenen Genuss des Besitzes entgegen; die innerweltliche protestantische Askese entlastete „den Gütererwerb von den Hemmungen der traditionalistischen Ethik, sie sprengte die Fesseln des Gewinnstrebens, indem sie es nicht nur legalisierte, sondern … direkt als gottgewollt ansah" (Weber 1972, S. 190). Und wenn Locke dem Lohnarbeiter nur ein Existenzminimum zubilligte, dann drängt sich ebenso die Erkenntnis Max Webers (1972, S. 195) auf: „Schon Calvin hat den oft zitierten Ausspruch getan, daß nur, wenn das ‚Volk', d. h. die Masse der Arbeiter und Handwerker, arm gehalten werde, es Gott gehorsam bleibe. Die Niederländer (Pieter de la Court und andere) hatten dies dahin ‚säkularisiert': daß die Masse der Menschen nur arbeite, wenn die Not sie dazu treibe, und diese Formulierung eines Leitmotivs kapitalistischer Wirtschaft mündete dann weiterhin in den Strom der Theorie von der ‚Produktivität' niederer Löhne."

In diesem Sinne sah Locke die englische *Klassengesellschaft*. Und eingedenk der Stoßrichtung seiner Theorie in Bezug auf die Eigentumsrechte der Besitzenden als Vollbürger und in Bezug auf die Einstellung gegenüber der Arbeiterklasse liegt es nahe, auch das dem *Volk* zugebilligte *Widerstandsrecht* auf Lockes possessiven Individualismus zu beziehen. Zwar wird eine solche Zuordnung nicht expressis verbis vorgenommen, aber die in diesem Zusammenhang getroffene Differenzierung beim Vertrauensmissbrauch der Regierung – nämlich „wenn sie versucht, das *Eigentum* der Untertanen anzutasten *oder* sich selbst oder irgendeinen Teil der Gemeinschaft zum Herrn oder willkürlichen Gebieter über *Leben, Freiheit und Vermögen* [Besitz] des Volkes [also über das ‚Eigentum' in weiter Wortbedeutung] zu machen" (Locke 1977, S. 338) – deutet die Richtung der Interpretation des Lockeschen Widerstandsrecht an. Dieses wendet sich zunächst gegen willkürliche Übergriffe der Legislative: „Der Grund, aus dem die Menschen in eine Gesellschaft eintreten, ist die Erhaltung des Eigentums, und der Zweck, zu dem sie eine Legislative wählen und bevollmächtigen, ist daß Gesetze erlassen und Regeln festgelegt werden, um das Eigentum aller Glieder der Gesellschaft zu bewachen und zu beschützen ... Wann immer daher die *Gesetzgeber bestrebt sind, dem Volk sein Eigentum zu nehmen und zu vernichten* oder das Volk in Sklaverei unter ihre willkürliche Gewalt zu bringen, versetzen sie sich dem Volk gegenüber in einen Kriegszustand" (ebd.). Lockes Argumentation verweist derart über das *hauptsächliche Ziel* des Staates – *die Erhaltung des Eigentums* – zum naturrechtlichen Defizit des *Status naturalis* zurück, der zugleich als ein begrenzter Rechtszustand die Legitimationsvoraussetzung und die inhaltliche Zweckbestimmung für die politische Herrschaft rahmenhaft kennzeichne. Der Naturzustand stellt diesbezüglich einen „normativ-analytischen Parameter zur Identifizierung einer gerechten Verfassung" dar. Er ist „ein Horizont, der Maßstäbe praktisch-politischen Handelns bereitstellt" (Medick 1973, S. 110). Leistet die institutionalisierte Staatsmacht keine Garantie für die Sicherung der Gesetzmäßigkeit und Justizförmigkeit des durch die natürlichen Rechte vorgegebenen sozialen Handlungszusammenhangs, dann entsteht daraus ein Recht zum Widerstand.

Um zum Ausgangspunkt zurückzukehren: Man würde Lockes Widerstandskonzeption zweifellos missdeuten, nähme man an, er bewillige den Herrschaftsunterworfenen insgesamt ein Recht zum Widerstand. Das hauptsächliche Ziel des Staates ist für Locke – wie erwähnt – die *Erhaltung des Eigentums*. In seiner weiten Wortbedeutung (als life, liberty and estate) umschließt der Eigentumsbegriff das Rechtsprinzip der *bürgerlichen Gesellschaft* von Person und Eigentum (siehe oben), und die gesondert herausgestellte enge Wortbedeutung von *property* im Sinne von materiellem Eigentum besitzt bei Locke besondere Dignität. Schon angesichts dessen wäre es verfehlt, ein Widerstandsrecht in Bezug auf die *Masse des besitzlosen Volkes* erkennen zu wollen. Dagegen spricht zudem die gesamte Intention von Lockes Theorie. Richtig interpretiert lässt sich vielmehr mit Walter Euchner (1979, S. 217) sagen: „Wenn Locke hier von ‚Volk' spricht, so meint er die Gesamtheit der Bürger, die ein gewisses Maß von wohlerworbenen Rechten (die sogenannten ‚liberties') besitzen und die von Verfassungsbrüchen der Obrigkeit tangiert werden können. Das besitzlose Volk, eine dumpf dahinlebende *Masse*, die zu Lockes Zeiten mehr als 50 Prozent der Bevölkerung Englands umfaßte, war in den politischen Wirren jener Zeit in der Regel *der leidende Teil*, Objekt, *nicht Subjekt der Politik*."

Hierin bestand die Realität. Und abgesehen davon, dass das staatliche Widerstandsrecht den wirtschaftlich strikt abhängigen Lohnarbeitern kaum nutzen konnte, stand für Locke fest, dass nur die Eigentümer wissen, was ihrem Eigentum in weiter und enger Wortbedeutung zum Nutzen gereicht. Die Eigentümer als Vollbürger bestimmen die Struktur des Staates, und sie sind auch berechtigt, den Sozialvertrag bzw. das auf *trust* beruhende Übereinkommen zu kündigen, wenn der Staat sich als unfähig erweist, das (Privat-)Eigentum zu schützen.

Kapitel 3
Jean-Jacques Rousseau
und die Dialektik der Freiheit

Die Situation

Der Mensch ist von Natur aus *gut,* so lautet Rousseaus Aussage – doch die gesellschaftliche Entwicklung führte über die Arbeitsteilung und das Eigentum zur Korruption und zur Herrschaft von Menschen über Menschen. Eine extreme Ungleichheit bestimmt die bürgerlich-kapitalistische Gesellschaft, bei der „eine Handvoll Leute im Überfluß schwelgt, während die ausgehungerte Masse des Notwendigen entbehrt."[1] Daraus ergeben sich die ersten Fragen: Worin bestand im damaligen Frankreich diese *Ungleichheit,* die Rousseau im *Discours sur l'origine de l'inégalité parmi les hommes* (dem Zweiten Discours) herausstellt, und durch welche Maßnahmen sucht er sie im *Contrat social* zu überwinden? Um diese Fragen zu beantworten, sollen zunächst die politischen, sozialen und wirtschaftlichen Verhältnisse im vorrevolutionären Frankreich skizziert werden.

Mit allen Vorrechten ausgestattet waren damals zwei Stände: der Adel und die Geistlichkeit. Diese beiden Stände, die knapp zwei Prozent der Bevölkerung ausmachten, besaßen etwa drei Viertel des Bodens. Sie waren nicht nur von nahezu allen Steuern befreit, sondern verfügten darüber hinaus über ein reichliches Maß an *Privilegien.* So besteuerte der Adel, der im Übrigen eine luxuriöse Lebenshaltung in Versailles oder Paris aus den Renten seiner Ländereien bestritt, die Produktion von Silber- oder Goldwaren sowie von Getränken und Papier. Er erhob innerhalb seines jeweiligen *feudalen* Herrschaftsgebietes Zölle, Kopf-, Wege- und Brückengelder. Vor allem besetzte der Adel alle *führenden Positionen im Staat,* was wiederum hohe Einnahmen zur Folge hatte. Insgesamt dachte man in jenen wirtschaftlichen Kategorien, die Rousseau im *Discours sur les sciences et les arts* (dem Ersten Discours) mit den Worten anprangert: „Die antiken Politiker sprachen ohne Unter-

---

1 Jean-Jacques Rousseau, Discours sur l'origine de l'inégalité parmi les hommes. Hier und im Folgenden nach der von Kurt Weigand besorgten deutschen Übersetzung: Rousseau, Schriften zur Kulturkritik, 1955, S. 269 (durchgehend zitiert: Rousseau 1955, S. 269).

laß von den Sitten und der Tugend, die unseren sprechen nur vom Handel und vom Geld ... Sie veranschlagen die Menschen wie Viehherden. Nach ihnen gilt ein Mensch dem Staat nicht mehr als die Zeche, die er macht ..."²

Unterhalb dieser privilegierten Oberschichten existierte der *Dritte Stand*, dem über 98 Prozent der französischen Bevölkerung angehörten. Dieser Dritte Stand, der alle (Steuer-) Lasten des Staates trug, bestand aus sehr unterschiedlichen sozialen Gruppen. Er war der heterogenste, und die Frage des Abbé Sieyès: *Qu'est-ce que le tiers état?* stellte die eigentliche Kernfrage im vorrevolutionären Frankreich dar. Er wurde allein dadurch geeint, dass seine unterschiedlichsten sozialen Gruppen gleichermaßen politisch machtlos waren und die rechtlichen und wirtschaftlichen Privilegien der politischen Klasse ablehnten. Von den sozialen Gruppen des Dritten Standes ist zunächst das eigentliche *Bürgertum*, die *Bourgeoisie*, zu nennen, die sich wiederum aus verschiedenen Untergruppen zusammensetzte. Eine kleine Minderheit bildete das damalige *Großbürgertum*: Finanziers, Bankiers, Großkaufleute, Reeder und Industrielle – die eigentlichen Träger der Entwicklung zum Kapitalismus. Eine ebenfalls kleine Untergruppe des Bürgertums bestand aus den *Rentiers*, die vom Ertrag ihres Kapitals und ihrer Güter lebten. Des Weiteren gab es die etwas größere Gruppe der *freien Berufe* (Anwälte, Notare, Ärzte), aus ihr ging die geistige Führungsschicht Frankreichs vor und während der Revolution hervor. Eine umfangreiche Untergruppe des Bürgertums bildeten die *Handwerker* und die *kleinen Geschäftsleute*. Zwischen diesem Kleinbürgertum und der *Arbeiterschaft* waren die Übergänge fließend. Wie diese wurde auch das Kleinbürgertum, vor allem die Handwerker, ökonomisch abhängig gehalten.

Wirtschaftlich äußerst benachteiligt blieben vor allem die *Bauern* und *Landarbeiter* als weitaus *größte Gruppe* des *Dritten Standes*. Das waren etwa 82 Prozent der französischen Bevölkerung, die sich in Groß- und Kleinbauern sowie in landlose Tagelöhner teilten. Nur die großen Bauern (laboureurs) verfügten über genügend eigenen oder gepachteten Boden, um ihn effektiv bestellen und Überschüsse erwirtschaften zu können. Im Übrigen verschlechterte sich die Lage der Bauern nach einer kurzen Periode geringen Aufschwungs im Gefolge der Friedensschlüsse des Spanischen Erbfolgekriegs fortlaufend. *Steuerforderungen* nahmen dauernd zu. Nicht von ungefähr wandte sich Rousseau entschieden gegen diese Praktiken. „Von allen anderen Besteuerungen", so schreibt er „ist der Bodenzins oder die Realtaille in den Ländern als das Vorteilhafteste angesehen worden, wo man die Masse des Einkommens und die Sicherheit des Einzugs der Belästigung des Volkes vorzog. Man hat sogar zu sagen gewagt, daß man den Bauern belasten müsse, um seine Faulheit anzustacheln, und daß er nichts täte, wenn er nichts zu zahlen hätte. Aber die Erfahrung widerspricht bei allen Völkern der Welt dieser lächerlichen Behauptung. In Holland, in England, wo der Bauer sehr wenig bezahlt, und vor allem in China, wo er nichts bezahlt, ist die Erde

---

2   Rousseau, Discours sur les sciences et les arts. Hier und im Folgenden nach der von Kurt Weigand besorgten deutschen Übersetzung: Rousseau, Schriften zur Kulturkritik, 1955, S. 35 (durchgehend zitiert: Rousseau 1955a, S. 35).

am besten bestellt. Überall dagegen, wo der Bauer im Verhältnis zum Ertrag seines Feldes bezahlt, lässt er den Boden brach liegen oder erntet nur, was er zum Leben braucht."[3] Dieser Hinweis war bedeutsam genug. Hatte doch der Bauernstand – neben dem von Rousseau anvisierten *Bürgertum* – die Steuerlasten zu tragen. Die Unzufriedenheit des Dritten Standes wuchs in dem Maße, in dem einerseits das *Bürgertum* Steuern zahlte und das wirtschaftliche und kulturelle Leben Frankreichs beherrschte, es aber andererseits durch die Adelsreaktion auch noch aus den letzten staatlichen Positionen hinausgedrängt wurde, in denen es unter Ludwig XIV. eine Rolle gespielt hatte.

Vergegenwärtigt man sich die angedeutete Unzufriedenheit, dann erklärt sich die *revolutionäre Stoßkraft*, die schließlich zum Sturz des Ancien Régime führte. Die Ideen und Parolen des Dritten Standes – die Kampfrufe wie *Vive le tiers état!* und *Liberté: nous ne céderons pas!* – wurden von der Landbevölkerung wie von den Städtern aufgegriffen. Unter ihrem Einfluss wandelten sich die Hungeraufstände auf dem Lande und die politischen Gelegenheitsdemonstrationen in der Stadt zu großen, vom Volk getragenen *Jacqueries* und *Journées* des Sommers und Herbstes 1789. Den ersten spontanen Demonstrationen folgten die aufgeklärten politischen Bewegungen der städtischen Sansculotten, auf die hier ebenso wenig eingegangen werden kann wie auf die einzelnen Phasen des Aufruhrs, bei dem sich die politische Taktik des Pariser Parlaments als genauso bedeutsam erwies wie die wachsenden sozialökonomischen Spannungen. Es kam schließlich am 14. Juli zum *Sturm auf die Bastille* und zur Übergabe der Festung. Im Gefolge der Ereignisse wurde die Nationalversammlung vom König anerkannt, und in der Hauptstadt ging die Macht auf das Wählerkomitee über, das einen Stadtrat – die Kommune – einsetzte.

Der Theoretiker

Der *Ruf nach Freiheit* ist in (vor-)revolutionären Zeiten sowohl Ausdruck des politischen Willens bestimmter Gesellschaftsschichten als auch allgemeinmenschlicher Anspruch. Vor allem Jean-Jacques Rousseau (1712–1778) war es, der anders als Hobbes und Locke die Freiheit als *allgemeinen* Anspruch forderte. Er erlangte seine literarische Berühmtheit durch die negative Beantwortung der Preisfrage der Akademie von Dijon, ob die Künste und Wissenschaften zur Verbesserung der menschlichen Sitten beigetragen hätten. Die Gedanken, die er bei dieser Gelegenheit entwickelte, sind die seines *Ersten Discours* von 1750 *(Discours sur les sciences et les arts)*. Ihm folgte 1755 sein *Zweiter Discours (Discours sur l'origine et les fondements de l'inégalité parmi les hommes)*, der eines der bedeutendsten Werke Rousseaus darstellt. Die Gegenwartskritik, die vom *Ersten Discours* an geübt wird, richtet sich gegen

---

3   Rousseau, Discours sur l'économie politique. Hier und im Folgenden nach der von Ludwig Schmidts besorgten deutschen Übersetzung: Rousseau, Politische Schriften, 1977, S. 51f. (durchgehend zitiert: Rousseau 1977, S. 51f.).

die entstehende bürgerlich-kapitalistische Gesellschaft wie gegen die politische Unfreiheit und Ungleichheit im vorrevolutionären Frankreich, worin Rousseau geschichtlich unvermeidliche Verfallsphänomene erkannte. Im Discours *Über den Ursprung der Ungleichheit unter den Menschen (Zweiter Discours)* hat er – in pessimistischer Geschichtsbetrachtung – den gesellschaftlichen Zerfall geschildert. Dieser beginnt mit der „Arbeitsteilung" bei Einführung des Ackerbaus. Mit der Bearbeitung des Bodens entsteht nach Rousseau das Eigentum. Damit erfolgt eine Unterscheidung der ursprünglich gleichen – und „guten" – Menschen in Grundbesitzer und Besitzlose. Es kommt zur Herrschaft von Menschen über Menschen und damit zur *Selbstentfremdung* des Menschen.

Der „gute Mensch" des Naturzustands kann in seiner natürlichen (aber verdienstlosen) Güte nicht wiedererstehen. So fragt Rousseau nach dem (verdienstvoll) sittlich Erreichbaren. Diese Frage stellt sich im *Contrat social* (1762), der nur einen *Teil* des geplanten Gesamtwerkes *Institutions politiques* darstellt, genauer gesagt: die davon niedergeschriebenen abstrakten Partien der Schrift. Anders als im *Zweiten Discours* verführen hier nicht listige *Reiche* zur Staatsgründung, erfordert nicht die Unsicherheit ihres Besitzes ein geregeltes Zusammenleben. Vielmehr zielt Rousseaus *Contrat social* auf den geistig-sittlichen Staatsbürger und eine politische Gemeinschaft als ein être moral et collectif. Diese kann nur durch die moralische Erziehungsarbeit des Législateur und unter bestimmten sozial-ökonomischen Bedingungen entstehen und sich erhalten. „Der Nachdruck, den Rousseau auf die erzieherischen Maßnahmen des Staates und auf die Eingriffe in das Wirtschaftsleben legt, wird aus dem Bedürfnis der ‚Verlangsamung des Fortschritts unserer Laster' erklärt, den Rousseau für eine unheilvolle Fatalität hält und gegen den er die Widerstandskraft der ‚gut' gebliebenen Einzelnen aufruft" (Fetscher 1980, S. 16). In der nachfolgenden Interpretation werden die damit verbundenen Detailfragen erörtert – teilweise unter Bezug auf die erste Fassung des *Contrat social*, das sogenannte Genfer Manuskript.

Die hohe Bedeutung der „erzieherischen Maßnahmen des Staates" verweist auf Rousseaus großen Erziehungsroman *Emile*, der zur gleichen Zeit wie der *Contrat social* verfasst wurde. Die beiden Werke bilden eine gewisse Einheit; sie erstreckt sich auf den Menschen in der Gesellschaft und auf die Erziehung des Menschen. Nicht von ungefähr beinhaltet das *Fünfte Buch* des *Emile* eine Kurzfassung des *Contrat social*. Beide Werke betonen bestimmte Verbindlichkeiten, unter deren Voraussetzung die menschliche Existenz ihre Erfüllung findet. Der *Contrat social* gründet auf dem Prinzip des Gemeinwillens (volonté générale) einer Gesellschaft, in der jedes Mitglied als moralischer Citoyen seine Tugend (vertu) bewähren soll. Der *Emile* zielt auf eine Erziehung, die den Menschen anleitet, primär im privaten Bereich seine moralische Individualität zu entfalten. Um an einem Beispiel die Intentionen zu verdeutlichen: Der *Zwang*, den im *Emile* der Erzieher im Interesse der Autonomie des vom Gewissen geleiteten Menschen anwendet, findet seine Entsprechung im *Contrat social*, in welchem dem Staat (état) das Recht zuerkannt wird, den als eine moralisch-metaphysische Wesenheit verstandenen Gemeinwillen (volonté générale) auch gegen den Bürger durchzusetzen, wenn dieser seine Zustimmung verweigert.

Ganz allgemein sind Rousseaus Auffassung von der politischen Gesellschaft und von der Stellung des Menschen in der Gemeinschaft die Zentralthemen, die sein gesamtes Werk bestimmen. Das gilt für seine *Bekenntnisse (Les Confessions)* wie für den Roman *La nouvelle Héloïse,* ganz besonders aber für die verschiedenen *Fragments politiques,* den Verfassungsentwurf für Korsika *(Projet de Constitution de la Corse),* die Überlegungen über die Regierung in Polen *(Considérations sur le Gouvernement de Pologne et sur sa réformation projetée)* und vor allem für die *Abhandlung über die politische Ökonomie (Discours sur l'économie politique).* Diese erschien 1755 (also gleichzeitig mit dem Zweiten Discours) im fünften Band der „Grande Encyclopédie" und beinhaltet Überlegungen zum Wirtschaftsleben. Hier wird die für die politische Gesellschaft positive Bedeutung des *Eigentums* herausgestellt, verbunden mit der Forderung nach *weitgehender Besitzgleichheit* der Staatsbürger.

1 Die Depravierung als bürgerliches Problem

„Der erste, der ein Stück Land eingezäunt hatte und dreist sagte: ,Das ist mein' und so einfältige Leute fand, die das glaubten, wurde zum wahren *Gründer der bürgerlichen Gesellschaft",* damit beginnt Rousseau (1955, S. 191) den Zweiten Teil seines *Discours sur l'inégalité,* um dann die allmähliche Entwicklung der in der zeitgenössischen Gesellschaft ausgeprägten Depravierung des Menschen zu skizzieren. Der ursprünglich isoliert lebende *Homme naturel,* der *gute* Naturmensch in *idealtypischer* Begriffsbestimmung, verkörpert eine unreflektierte Einheit, die er mit der Entwicklung sozialer Zusammenschlüsse verliert. Charakteristisch für ihn ist die *Freiheit* (indépendance), die auf seiner materiellen und seelischen Autarkie beruht und die sich bei Rousseau in der *Dialektik der Freiheit* wiederfindet. Hinzu kommen – was Iring Fetscher (1980, S. 29 ff.) detailliert herausgearbeitet hat – der *Selbsterhaltungstrieb* bzw. die *Selbstliebe* (amour de soi) und das *Mitleid* (commisération) sowie als potenzielle Eigenschaft die Willensfreiheit (liberté) und die Perfektibilität (perfectibilité). Dieser Homme naturel entfaltet im Zuge der geschichtlichen Entwicklung seinen Selbsterhaltungstrieb. Die *Selbstliebe* (amour de soi) depraviert zur *Selbstsucht* (amour propre), die sich am Mitmenschen und an dessen Privatinteressen misst. Es kommt zur *Selbstentfremdung* des Menschen, die mit der Arbeitsteilung bei *Einführung des Ackerbaus* einsetzt. Mit der Bearbeitung des Bodens entsteht das Eigentum. „Das Eigentum war eingeführt, die Arbeit wurde nötig und die weiten Wälder verwandelten sich in lachende Felder, die mit dem Schweiß des Menschen begossen werden mußten. Die Sklaverei und das Elend ersprossen bald auf ihnen und wuchsen mit den Ernten" (Rousseau 1955, S. 213).

Durch die *Arbeitsteilung* geraten die Menschen in eine gegenseitige Abhängigkeit (dépendance mutuelle), und durch das *Eigentum* und die damit verbundene

Ungleichheit erfolgt eine Unterscheidung der ursprünglich gleichen Menschen in *riches* und *pauvres* bzw. – zunächst konkret – in Grundbesitzer und Besitzlose. Zwischen ihnen entsteht ein Konkurrenzstreben, das sich im Laufe der Entwicklung zu einem Konkurrenzkampf und einem allgemeinen Gegensatz der Interessen ausweitet. In diesem *Konkurrenzkampf* zwischen den riches und den pauvres wird das erwähnte Mitleid von der Selbstsucht verdrängt. Das egoistische Interessenkalkül dominiert, und der Egoismus bewirkt Rousseau zufolge keineswegs eine natürliche Harmonie entsprechend Adam Smiths Theorem der *invisible hand* (1974, S. 211), er führt vielmehr zu einem Status naturalis Hobbesscher Prägung – zu einem Zustand, wie ihn Rousseau vor allem *in den schon etablierten bürgerlich-kapitalistischen Gesellschaften Europas* zu finden glaubt. Bei dieser Gesellschaftskritik stehen die sozialökonomischen und machtpolitischen Folgen der *Arbeitsteilung* im Mittelpunkt: „Die Überzähligen, die ihre Schwäche oder Gleichgültigkeit verhindert hatte, ihrerseits etwas zu erwerben, wurden arm, ohne etwas verloren zu haben. Da sie sich allein nicht verändert hatten, als sich alles um sie veränderte, waren sie gezwungen, die Mittel zu ihrem Unterhalt aus den Händen der Reichen entweder zu empfangen oder zu rauben. Daraus begannen, gemäß dem verschiedenen Charakter der einen und der anderen, entweder Herrschaft und Knechtschaft oder Gewalt und Raub zu entstehen. Die Reichen ihrerseits hatten kaum das Vergnügen des Herrschens kennengelernt, als sie sogleich alle anderen Vergnügungen mißachteten. Sie bedienten sich ihrer alten Sklaven zur Unterwerfung neuer. Sie dachten an nichts anderes als an die Unterjochung und Beherrschung ihrer Nachbarn wie jene ausgehungerten Wölfe, die, wenn sie einmal Menschenfleisch genossen haben, jede andere Nahrung zurückweisen und nur noch Menschen verschlingen wollen … Es erhob sich zwischen dem Recht des Stärkeren und dem Recht des ersten Besitzers ein dauernder Konflikt, der nur durch Kämpfe und Morde zu beenden war. Das ruhige Werden der Gesellschaft machte dem schrecklichsten Kriegszustand Platz" (Rousseau 1955, S. 223 f.).

„Um diesem Status naturalis zu entkommen, entwirft der Reiche den ausgedachtesten Plan, den jemals der menschliche Geist ausbrütete, nämlich zu seinen Gunsten sogar die Kräfte derer zu benutzen, die ihn angriffen, aus seinen Gegnern seine Verteidiger heranzubilden, ihnen andere Grundsätze einzuflößen und ihnen andere Einrichtungen zu geben, die ihm so vorteilhaft wurden, wie ihnen das Naturrecht zuwider war" (Rousseau 1955, S. 227). Dieser Plan besteht in einem *Gesellschaftsvertrag*, der auf dem sozialen Gegensatz von Landbesitzern und Besitzlosen beruht und letztere durch *Scheingründe* („um die Schwachen vor der Unterdrückung zu beschützen …") zum Ziel der ersteren führt. Damit wird – unter der Parole allgemeiner Gleichheit – die Ungleichheit des Besitzes zu einer durch rechtliche Sanktionen abgesicherten *Ungleichheit des Eigentums*. Diese rechtlichen Sanktionen geben dem Schwachen neue Fesseln und dem Reichen neue Macht.

Die so entstandenen Gesetze zerstörten nach Rousseau (1955, S. 229) „unwiderruflich die angeborene Freiheit, setzten für immer das Gesetz des Eigentums und der Ungleichheit fest, machten aus einer listigen Usurpation ein unaufhebbares Recht und zwangen von nun an das gesamte Menschengeschlecht für den Gewinn einiger Ehrgeiziger zur Arbeit, zur Knechtschaft und zum Elend." Eine die potenzielle Willensfreiheit des Menschen negierende Herrschaft von Menschen über Menschen wird derart im gemeinschaftlichen Interesse der Besitzenden errichtet. Das Dasein des Menschen wird, so Müller (1985, S. 25 ff.), gebrochen, sein Bewusstsein durch andere vermittelt. „Er ist seiner ursprünglichen Natur entfremdet."

Der im *Discours sur l'inégalité* beschriebene Gang der Entwicklung nimmt seinen Lauf. Nachdem durch den *Gesellschaftsvertrag* ein corps politique errichtet wurde, erweist sich ein zweiter Vertrag als notwendig: ein *Herrschaftsvertrag*, um die Regierung einzusetzen. Und da sich konträre Gruppen und Parteien bildeten und damit *gefährliche Umtriebe* entstehen konnten, zog der Ehrgeiz der Oberen aus „diesen Umständen Nutzen, um ihre Ämter innerhalb ihrer Familie zu halten. Das Volk, das bereits an die Abhängigkeit, die Ruhe und die Bequemlichkeit des Lebens gewöhnt und schon außerstande war, seine Ketten zu sprengen, stimmte der Vergrößerung seiner Knechtschaft zu, um seine Ruhe zu behalten. Auf diese Weise gewöhnten sich die erblich gewordenen Oberen daran, ihr Amt als einen Familienbesitz und sich selbst als die Eigentümer des Staates ... zu betrachten, nannten ihre Mitbürger ihre Sklaven, rechneten sie wie eine Viehherde zu der Zahl der Dinge, die ihnen gehörten, und hießen sich selbst Göttergleiche und Könige der Könige" (Rousseau 1955, S. 251). Neue Unfreiheit und Ungleichheit korrespondierten mit dieser erweiterten Institutionalisierung des Menschen. Im Gegensatz zum Naturmenschen ist der *entfremdete Homme sociable* – gleich dem Menschen der zeitgenössischen *bürgerlich-kapitalistischen Gesellschaft* – darauf bedacht, in einem allgemeinen Wettlauf um Ehre, Reichtum und Macht sich über andere zu erheben.

Wie schon Hans Barth (1958), so hat auch Friedrich Müller (1985) die Anthropologie Rousseaus im Zusammenhang mit der Hegel-Marxschen Lehre von der *Entfremdung des Menschen* interpretiert. Der Bruch zwischen der ursprünglichen *Selbstgenügsamkeit* (des Homme naturel) und der *gesellschaftlichen Konkurrenz* erzeugt einen Bruch in jedem einzelnen Menschen. Durch die Vergesellschaftung erfolgt eine pathologische Veränderung der Menschheit. Und die Herrschaft von Menschen über Menschen führt zu Selbstwiderspruch bzw. zur menschlichen *Selbstentfremdung* (contradiction avec lui-même). Kennzeichnend hierfür sind der *Verlust der Freiheit*, die Verwandlung der *Selbstliebe* in *Selbstsucht*, die sich u. a. in den gesellschaftlichen Gruppierungen und Verbänden äußert. Für die Menschheit als Gattung zeigt sich die Selbstentfremdung in den auf Ungleichheit gründenden ökonomischen und politischen Institutionen; für den einzelnen Menschen manifestiert sie sich im konkurrierenden Dasein, vor allem darin, dass der vergesellschaftete Mensch (Homme social) im Zweiten Discours (1955, S. 265 f.) „immer sich selbst fern [ist] und nur im Spiegel der Meinung der anderen leben [kann]. Er entnimmt das Gefühl seiner eigenen Existenz sozusagen aus deren Urteil [opinion] allein". Fasst man all diese Erscheinungsformen der Entfremdung zusammen, so lässt sich sagen: „Das Sich-Ausliefern an heteronome Maßstäbe, das Diffundiertsein des ursprünglichen Selbstverhältnisses in die Relativität psychischer Abhängigkeit von der *opinion,* von moralischen Vergleichen, konkurrierenden und kollidierenden Pflichten und Rechten bei gleichzeitiger Existenz auf Ungleichheit gegründeter Institutionen und Freiheit negierender Herrschaft von Menschen über Menschen: Das ist der Gesamtbefund der von Rousseau analysierten *Selbstentfremdung des vergesellschafteten Menschen.* Es ist ein Befund, der sich nicht ontologische Qualität zuschreibt, sondern sich als geschichtlich kontingent begreift; der nicht nur neben der späteren Fassung von *Entfremdung* bei Hegel ... und bei Marx, sondern auch neben den in der Soziologie entworfenen Entfremdungs-Typen Selbständigkeit beanspruchen kann" (Müller 1985, S. 27).

2 Der Contrat social und die Freiheit

„Der Mensch wird frei geboren, aber überall liegt er in *Ketten.* Manch einer glaubt, Herr über die anderen zu sein, und ist ein größerer Sklave als sie. Wie ist es zu dieser Entwicklung gekommen? Ich weiß es nicht. Was kann sie rechtmäßig machen? Ich glaube, daß ich dieses Problem lösen kann" (Rousseau 1977, S. 61).[4] Mit diesen Worten beginnt das 1. Kapitel des *Contrat social.* In ihnen wird deutlich, dass Rousseau die *Ketten* nicht schlechthin sprengen will; es geht ihm vielmehr um eine politische Struktur, die die unumgängliche *Herrschaft* gleichermaßen nach dem Prinzip der *Gerechtigkeit* und dem der *Zweckmäßigkeit* gestaltet, wie es zu Beginn des 1. Buches des *Contrat social* heißt. Zugleich verweisen die Termini *glaubt* (se croit) und *größerer Sklave* (plus esclave) darauf, dass Rousseau keine rechtstheoretische Erörterung anstrebt, sondern auf psychologisch-moralische Argumente zielt, wie dies Reinhard Brandt (1973, S. 76 f.) herausgestellt hat. Wie den Terminus *Herrschaft* (in der im *Zweiten Discours* gebrauchten Verbindung: Herrschaft von Menschen über Menschen), so fasst Rousseau auch den Begriff *Versklavung* in weitreichender Wortbedeutung. Es ist das Symbol der *besoins mutuels,* das was in *Hegels Rechtsphilosophie* als System der Bedürfnisse beschrieben

---

4   Rousseau, Du Contrat social ou principes du droit politique. Hier und im Folgenden zitiert nach der von Ludwig Schmidts besorgten deutschen Übersetzung: Rousseau, Politische Schriften, 1977 (durchgehend zitiert: Rousseau 1977, S. 61).

wird, das den Menschen versklavt. Die zitierten Ketten sind somit nicht nur rechtlich fixierbare Fesseln institutioneller Herrschaft, sondern die mit Rechtsbegriffen nicht mehr fassbaren Ketten der Abhängigkeit der Menschen in einer Gesellschaft, in der „Produktion und Bedürfnis ihren natürlichen Bezug zueinander und damit ihre natürlichen Grenzen verloren haben" (Brandt 1973, S. 77).

Rousseau geht damit auch im *Contrat social* – zumindest in vielen Passagen – von der Erkenntnis des *Discours sur l'inégalité* aus: von der menschlich-geschichtlichen *Depravierung*. Diese stellt für den Contrat social eine zwingende Bedingung dar; und da der Weg zurück (von der Herrschaft von Menschen über Menschen zur Herrschaft des unpersönlichen Naturgesetzes) als nicht gangbar bezeichnet wird, gilt es, den Weg nach vorn einzuschlagen, der sich als Weg in die Moralität zu erweisen hat. Denn – und dies ist Rousseaus intentionale Einsicht – „das Menschengeschlecht würde zugrunde gehen, wenn es seine Lebensweise nicht änderte" (Rousseau 1977, S. 72). Als unumgänglich wird das Bestreben bezeichnet, die menschliche Selbstentfremdung zu überwinden, aber auch die ursprünglich natürliche Unabhängigkeit des Menschen *aufzuheben*: in der neuen und höheren Form einer *gesellschaftlichen Einheit*. So heißt es im *Emile* „Der natürliche Mensch ist alles für sich selbst. Er ist (zahlenmäßig) eine Einheit und ein absolutes Ganzes. Er hat nur Beziehungen zu sich selbst und seinesgleichen. Der *Mensch* als *Bürger* ist nur der Bruchteil einer Einheit, deren Wert vom Nenner abhängt und in seiner Beziehung zum Ganzen, dem Sozialkörper, ruht. Die guten gesellschaftlichen Einrichtungen aber sind diejenigen, die es verstehen, den Menschen am besten seiner eigentlichen Natur zu entkleiden, ihm seine absolute Für-sich-Existenz zu nehmen und ihm eine relative zu geben. Sie übertragen sein Ich in die allgemeine Einheit, so daß der Einzelne sich nicht mehr als Einheit fühlt, sondern als Glied des Ganzen und nur noch als solches im Ganzen gesehen wird."[5]

Die im *Emile* betonte *allgemeine Einheit* entsteht als Rousseaus Republik aus dem *Contrat social*. In diesem Vertrag verzichten die Menschen nicht wie bei Thomas Hobbes auf ihre natürliche Freiheit. Vielmehr wird die *Freiheit* als *sittliche Freiheit* der Staatsbürger erst dadurch realisiert, dass sie umgewandelt wird: von der *indépendance naturelle* zur *liberté civile* (wenn man vom ursprünglichen Naturzustand ausgeht). Die *Freiheit* stellt für Rousseau die *Wesensbestimmung* des Menschen dar, sie ist die Voraussetzung für die Moralität der menschlichen Handlungen. In diesem Sinne zielt der Contrat social auf die „Versöhnung der notwendigen Herrschaft mit der als unaufgebbar empfundenen Freiheit" und nicht auf „Herrschaftslosigkeit oder Einschränkung der Herrschaft als solcher" – um

---

[5] Rousseau, Emile ou de l'éducation. Hier und im Folgenden nach der von Josef Esterhuis besorgten deutschen Übersetzung: Rousseau, Emil oder Über die Erziehung, 1963 (durchgehend zitiert: Rousseau 1963, S.)

das Problem der legitimen Herrschaftsordnung von Rousseaus Republik mit Iring Fetscher (1980, S. 73) zu formulieren.

Das damit verbundene Grundproblem, das der *Contrat social* lösen soll, wird von Rousseau (1977, S. 73) wie folgt umrissen: „Es muß eine *Gesellschaftsform* gefunden werden, die mit der gesamten gemeinsamen Kraft aller Mitglieder die Person und die Habe eines jeden einzelnen Mitglieds verteidigt und beschützt; in der jeder einzelne, mit allen verbündet, nur sich *selbst gehorcht* und so *frei bleibt wie zuvor.*" Die zentrale Bedingung des Vertrags deutet die Richtung für die Lösung des Problems an: Notwendig wird „die vollständige Überäußerung eines jeden Mitglieds mit all seinen Rechten an die Gemeinschaft. Wenn sich nämlich ... jeder ganz übereignet, ist die Bedingung für alle gleich; niemand hat ein Interesse, sie für die anderen drückend zu machen" (ebd.). Damit unterstreicht Rousseau (1977, S. 74) nachdrücklich, dass die Rechte nicht wie bei *Thomas Hobbes* einem *begünstigten Dritten* übertragen, sondern der Gesellschaft im Ganzen überantwortet werden: jenem *gesellschaftlichen Totum,* das die berühmte Formel anspricht: „Jeder von uns unterstellt gemeinschaftlich seine Person und seine ganze Kraft (puissance) der höchsten Leitung des Gemeinwillens (volonté générale), und wir empfangen als Körper jedes Glied als unzertrennlichen Teil des Ganzen." Was „jeder von uns" der höchsten Leitung des Gemeinwillens unterstellt, umschreibt Rousseau nochmals im Emile (1963, S. 546): „seine Güter, seine Person, sein Leben und seine ganze Kraft".

Mit dieser *Unterstellung* unter die höchste Leitung des Gemeinwillens verbindet sich eine wechselseitige Verpflichtung zwischen dem Gemeinwesen und dem Einzelnen, also eine *doppelseitige Selbstverpflichtung:* „als Mitglied des Souveräns gegenüber den Einzelindividuen und als Mitglied des Staates gegenüber dem Souverän", der bei Rousseau (1977, S. 75 f.) das *gesamte Volk* ist. Der Gesellschaftsvertrag besitzt, wie es im *Emile* heißt, eine besondere Natur dadurch, „daß das Volk ihn nur mit sich selbst abschließt, d. h. als Volkskörper, als Staatsoberhaupt, mit den einzelnen als Untertanen". In der Konsequenz der doppelseitigen Selbstverpflichtung hat der Einzelne als Souverän gemäß dem Gemeinwillen zu handeln und als Untertan diesem Gehorsam zu leisten. Insgesamt bedeutet dies die Veränderung des Wesens des Menschen (vom Gesellschafts- wie vom Naturzustand aus gesehen). Der Mensch wird als de-naturierter Mensch – von seiner ursprünglichen *physischen Existenz* – zum *Staatsbürger* (Citoyen) und damit zum *Glied eines être moral et collectif.* Rousseau hat den betreffenden Vorgang im Zweiten Buch des *Contrat social* näher beschrieben, wo er von der Umwandlung des natürlichen Menschen durch den Gesetzgeber (Législateur) spricht. Die von Marx in seiner Schrift *Zur Judenfrage* im Zusammenhang mit der menschlichen, speziell mit der politischen Emanzipation zitierte Passage lautet: „Wer es wagt, einem Volk eine Verfassung zu geben, muß auch wagen, sozusagen die menschliche Natur umzuwandeln. Jeden einzelnen, der ein in sich vollkommenes und selbständiges Ganzes ist, in einen Teil eines größeren Ganzen umzuformen, von dem diese Einzelwesen gewissermaßen ihr Sein und ihr Leben erhalten; die Verfassung des Menschen entstellen, um sie zu verstärken. Eine anteilige und moralische Existenz an die Stelle einer physischen und unabhängigen Existenz zu setzen, die wir von der Natur mitbekommen haben. Mit einem Wort, er muß dem Menschen seine ihm eigenen Kräfte nehmen, um ihm andere zu geben, die ihm fremd sind, und die er, ohne den Beistand der anderen, nicht zu nutzen versteht" (Rousseau 1977, S. 100).

Ohne hier auf die herausgehobene Erziehungsarbeit durch den *Législateur* einzugehen, lässt sich zusammenfassend sagen: Rousseaus Republik erstrebt *den moralischen Citoyen*, dessen relative Existenz in der und durch die Teilhabe am gesellschaftlichen Totum besteht. Diese Republik umfasst als *Souverän* und *Staat* (état) den aktiven *Citoyen* und das passive *Sujet* – je nachdem das Individuum „als Mitglied des Souveräns (der souveränen Volksversammlung) tätig ist oder als Staatsangehöriger den Gesetzen gehorcht" (Fetscher 1980, S. 112). Entgegen der Vergesellschaftung im *Zweiten Discours* – der Entstehung ökonomischer und politischer Ungleichheit, der Herrschaft von Menschen über Menschen, dem Verlust individueller Freiheit und der Selbstentfremdung des Einzelnen – zielt Rousseau im *Contrat social* auf eine neue geistig-politische Einheit. Es ist eine *unpersönliche* Form von Herrschaft, die auf der Grundlage tatsächlicher Gleichheit der Mitglieder des Gemeinwesens beruht – eines Gemeinwesens, das nach den Kriterien von Emile Durkheim und Ferdinand Tönnies mehr eine *Gemeinschaft* denn eine *Gesellschaft* darstellt (s. Möller 1985, S. 36 f.). Der *Contrat social* ist ein „Bund zur Ermöglichung einer Lebensform, in der Selbsterhaltung und Selbstbestimmung für alle miteinander vereinbar sind", um diesen Sachverhalt mit Ludwig Siep (1982, S. 138) zu formulieren. Im *Genfer Manuskript* des *Contrat social* wird dann auch der auf die menschliche Gattung bezogene „reine Akt der Urteilskraft" in jedem Individuum angesprochen, die „beim Schweigen der Leidenschaften" darüber zu befinden mag, „was der Mensch von seinesgleichen fordern und was seinesgleichen mit Recht von ihm fordern kann" (Rousseau 1955 b, S. 295).[6]

3 Gemeinwille und die hohe Einsicht des Gesetzgebers

Die erneut akzentuierte doppelseitige Selbstverpflichtung ist – wie das Iring Fetscher (1980, S. 103 ff.) herausgearbeitet hat – auf ein moralisches Reifestadium

---

6 Rousseau, Premières notions du corps social. Hier und im Folgenden nach der von Kurt Weigand besorgten deutschen Übersetzung: Rousseau, Schriften zur Kulturkritik, 1955, S. 295 (durchgehend zitiert: Rousseau 1955 b, S. 297).

der Menschen bezogen, das auch beim *Willen* der Rousseauschen Republik, also bei deren *Gemeinwillen* (volonté générale) vorausgesetzt wird. Der Gemeinwille stellt eine moralisch-metaphysische Wesenheit dar, er ist der *einige Wille* einer *politischen* Gemeinschaft, der dieses être moral et collectif strukturiert. Nur unter der Voraussetzung der Versittlichung und *Vergeistigung* des Menschen kann sich Rousseaus Republik entfalten. Und diese Umgestaltung vermag sich nur unter guten bzw. *gerechten* Gesetzen zu vollziehen, die als Wesensausdruck der volonté générale auf die Erhaltung der *bürgerlichen Gesellschaft* abzielen. Dies ist auch gemeint, wenn Rousseau im Genfer Manuskript des *Contrat social* (1955b, S. 297) davon spricht: „Wir beginnen erst eigentlich Menschen zu werden, nachdem wir *Bürger* geworden sind." Die *Bürger der Republik* verhalten sich zu ihr wie die Glieder eines Körpers zum Ganzen, und dieses gesellschaftliche bzw. gemeinschaftliche – moralische – Totum ist wie die volonté générale durch Generalität oder Allgemeinheit gekennzeichnet.

Nicht also den Willen der Mehrheit der Staatsbürger oder den Willen aller (volonté de tous), sondern den Willen der Gemeinschaft meint Rousseau. Nur dieser Gemeinwille zielt auf das *Gemeininteresse,* während der Gesamtwille – die *Summe der Einzelinteressen* – auf selbstsüchtige Partikularinteressen gerichtet ist. Dieser Unterschied entspricht dem zwischen amour de soi (Selbstliebe) und amour-propre (Selbstsucht). Auch deshalb darf der Wille, der in die volonté générale – durch ein ständiges Plebiszit – eingeht, nicht repräsentierbar sein. Der Gemeinwille kann nur dann *sprechen,* wenn keine partiellen Gruppen und Parteien existieren, die auf ihren eigenen Vorteil bedacht sind. Mit anderen Worten: Der auf *Generalität* bezogene Gemeinwille verliert seine legitimierende Richtigkeit, sobald er von Einzelgruppen ausgeht und eine mächtige Teilgruppe dem Ganzen ihren Willen aufzwingt.

Nur die auf das Gemeinwohl und -interesse gerichtete volonté générale zeichnet sich durch Unfehlbarkeit aus. Damit rückt (um dies etwas zu vertiefen) die Herrschaft des *Allgemeinen* über das *Besondere* in den Mittelpunkt der Argumentation. Vom Dualismus der Natur des Menschen ausgehend, davon also, dass der *besondere* Wille des Einzelnen neben seiner Besonderheit auch einen allgemeinen Willen in sich birgt, zielt Rousseau darauf ab, diesen Gemeinwillen in politisches Verhalten umzusetzen. Die Lehre von der volonté générale umschließt das Problem der Entgegengesetztheit von besonderem und allgemeinem Willen. Jeder besondere Wille beinhaltet stets auch ein Moment des Allgemeinen, das nur in Zeiten der Korruption als nicht existent angesehen wird. Das Allgemeine in jedem Besonderen beruht auf einer rudimentären Dialektik. Aus der mechanischen Zweiteilung resultiert die mögliche rationalistische Lösung: Durch ein Verfahren der *Abstimmung* kommt es zur *gegenseitigen Aufhebung* der besonderen Interessen und damit zur Geltung des allgemeinen Willens.

Dieses Abstimmungsverfahren bleibt allerdings dunkel. Durch die Addition der Stimmen heben sich nach Rousseau die Einzelinteressen auf. Übrig bleibt der Gemeinwille. Eine wechselseitige Neutralisierung der Differenzen wird also angenommen, die man im Sinne eines Läuterungsprozesses deuten kann. Näheres lässt sich hierzu nicht sagen. Denn darüber, wie man sich das Abstimmungsverfahren konkret vorzustellen hat, schweigt Rousseau. Er dachte an verschiedene günstige Voraussetzungen und erinnerte an eine gerechte Wirtschaftspolitik in Form einer angemessenen Steuerpolitik sowie an eine staatsbürgerlich-patriotische Erziehung. Die *Versittlichung* und *Vergeistigung* könne unterstützt, bisweilen sogar substituiert werden, wenn man erkenne, dass das materielle Wohl eines jeden vom Wohl des Ganzen abhänge, und wenn sich die Selbstliebe und die Selbstsucht zum *Patriotismus* ausweiteten. Dem staatsbürgerlich-patriotischen Erziehungsgedanken kommt eine bedeutsame Funktion zu. Rousseau (1977, S. 29) hat ihn mit den Worten herausgestellt: „Wenn wir wollen, daß die Völker tugendhaft werden, müssen wir damit beginnen, daß sie das Vaterland lieben lernen."

Darüber hinaus ist es vor allem die kurz angedeutete Erziehungsarbeit des Gesetzgebers (Législateur), der die reale Vereinheitlichung der Willen in den wirklichen Willen des corps politique von Rousseaus Republik bewirken soll. Er letztlich soll die Naturmenschen in Staatsbürger verwandeln bzw. – bei einer schon bestehenden bürgerlichen Gesellschaft – deren selbstsüchtige Mitglieder zu *moralischen Citoyens* umerziehen und den (künftigen) Bürgern *jene Gesetze* unterbreiten, die als Wesensausdruck des Gemeinwillens auf das Gemeinwohl bezogen sind und deshalb einen *allgemeinen Gegenstand* haben müssen. Im Emile beschreibt Rousseau diesen mit einer naturgesetzlichen Unausweichlichkeit der positiven Gesetze verbundenen Sachverhalt mit dem Hinweis auf die *Abhängigkeit von Dingen,* die nichts mit der *Abhängigkeit von Menschen* gemein habe und insofern nicht als freiheitsbeengend empfunden werde: „Es gibt zwei Arten von Abhängigkeiten, diejenige von den Dingen, die natürlich ist, und diejenige von den Menschen, die in der Gesellschaftsform beruht. Die Abhängigkeit von den Dingen ... schadet ... unserer *Freiheit* nicht und erzeugt auch keine Laster." Die Abhängigkeiten von den Menschen hingegen stammen „sämtlich aus unseren ungeordneten gesellschaftlichen Verhältnissen, Herr und Sklave verderben sich gegenseitig. Das einzige Mittel gegen dieses gesellschaftliche Übel besteht darin, daß man den ‚allgemeinen Willen' mit einer jeden Einzelwillen überragenden wirklichen Gewalt ausrüstet und den Menschen dem Gesetz unterordnet" (Rousseau 1963, S. 70).

Rousseaus Intention erscheint nachvollziehbar: Entgegen den intellektuell überlegenen Reichen des *Zweiten Discours,* deren Gesetzgebung eine Herrschaft von Menschen über Menschen beinhaltet, zielt das moralisch überlegene Volk des *Contrat social* (1977, S. 99) auf Gleichheit, auf eine den Naturgesetzen ähnliche – unausweichliche – Herrschaft von Dingen. Und während im *Discours sur l'inégalité* die schlechten Gesetzgeber in Gestalt der klugen Reichen selbstsüchtige Partikularinteressen verfolgen, stellt der *wahre Gesetzgeber* des *Contrat social* einen Erzieher und Führer dar, „der alle menschlichen Leidenschaften kennt und keiner unterworfen ist", der also nicht sein Privatinteresse über das Gemeinwohl erhebt. Dieser Législateur ist Rousseau zufolge in jeder Beziehung ein *außergewöhnlicher Mensch*. „Er ist es durch sein Genie und nicht weniger durch sein Amt, das weder Verwaltung noch Herrschaft ist" (Rousseau 1977, S. 101). Auch steht der Gesetzgeber – wie in der Antike, wo man bisweilen Fremde mit der Gesetzgebung beauftragte – außerhalb von Rousseaus Republik. „Er begründet die Republik, geht aber nicht in die Verfassung ein. Es ist ein besonderes und höheres Amt, das mit der menschlichen Herrschaft nichts gemein hat" (ebd.). Dementsprechend soll der Législateur die Verfassungsgesetze nur ausarbeiten und – wie nach Entstehung der Republik – dem souverän-gesetzgebenden Volk bzw. der Volksversammlung vorschlagen. Gleichwohl schmälert dieses *Vorschlagsrecht* nicht die übermenschliche Aufgabe, die dem Gesetzgeber zugewiesen wird, jenem Übergeist, der „mit unserer Natur keine Beziehung hat und sie dennoch von Grund auf kennt; dessen Glück von uns unabhängig ist und der sich dennoch mit unserem Glück befaßt; der auf späten Ruhm wartet und in einem Jahrhundert arbeitet, um in einem anderen zu ernten. Man brauchte Götter", so Rousseau (1977, S. 99), „um den Menschen Gesetze zu geben."

Iring Fetscher (1980, S. 146 ff.) hat in diesem Zusammenhang darauf verwiesen, dass Rousseaus Gesetzgeber letztlich nur der *Redakteur* der Gesetze sei und einem Experten mit Kompetenzen moralischer Natur gleiche. Sicherlich, dem Gesetzgeber obliegt es allein, die Verfassungsgesetze dem souveränen Volk zu unterbreiten. Aber, so erhebt sich die Frage, kann er nicht trotzdem die ihm anvertrauten Befugnisse missbrauchen? Diese Frage scheint umso berechtigter, wenn man sich vergegenwärtigt, dass ihm Rousseau das Recht zubilligt, *mit Hilfe der Religion* – und das heißt in diesem Kontext: mittels Ideologien – an die Gefühle der Menschen zu appellieren, da die *hohe Einsicht* des Gesetzgebers die Fassungskraft der einfachen Menschen übersteige. „Weil der Gesetzgeber weder Gewalt noch logisches Denken anwenden kann, muß er notwendigerweise auf eine Macht anderer Ordnung zurückgreifen, die ohne Zwang mitreißt und ohne Versicherung überzeugt". Das habe „die Väter aller Nationen zu allen Zeiten gezwungen, die Vermittlung des Himmels anzurufen und den Göttern ihre eigene Weisheit zuzuschreiben …" So lege auch der Législateur seine *hohe Einsicht* in den Mund der Unsterblichen, um durch die *göttliche Autorität* auf jene einzuwirken, die durch menschliche Klugheit nicht zu überzeugen seien. Es stehe freilich nicht jedem Menschen zu, „weder die Götter reden zu lassen, noch Glauben zu finden, wenn er sich als ihr Dolmetscher ausgibt". Wesentlich ist für Rousseau (1977, S. 102 f.):

„Das wahre *Wunder*, das die *Sendung* des Gesetzgebers beweisen muß, ist seine erhabene Seele."

Die Begriffe *Wunder* und *Sendung* erinnern an Max Webers Konzeption des *charismatischen Führers*, die im 5. Kapitel näher aufzuzeigen ist. Deshalb hier nur so viel: Das *Charisma* bedeutet nach Weber (1976, S. 140) „eine als außeralltäglich ... geltende Qualität einer Persönlichkeit ..., um derentwillen sie als mit übernatürlichen oder übermenschlichen oder mindestens spezifisch außeralltäglichen, nicht jedem andern zugänglichen Kräften oder Eigenschaften [begabt] oder als gottgesandt oder als vorbildlich und deshalb als ‚Führer' gewertet wird". In seinen höchsten Erscheinungsformen bedeutet das Charisma die „spezifisch ‚schöpferische' revolutionäre Macht der Geschichte" (Weber 1976, S. 658). Der charismatische Führer ergreift als *natürlicher* Leiter „in psychischer, physischer, ökonomischer, ethischer, religiöser, politischer Not" die ihm angemessene Aufgabe, Gehorsam verlangend kraft seiner *Sendung* (Weber 1976, S. 654). Diese von Weber als wertneutral verstandene Aussage erscheint heute, nach den Erfahrungen mit totalitären Systemen, bedenklich genug. Sicherlich, Rousseau bezieht die dem Gesetzgeber zugeordnete *Sendung* auf die *erhabene Seele*; und beide – Rousseau und Weber – wollten im Hinblick auf die konkrete Verfassungsordnung zweifellos nicht *negative* Charismaträger benannt wissen. Doch diese Intention vermag Charismaträger nicht daran zu hindern, ihre Sendung in Richtung einer totalitären Herrschaft zu missbrauchen.

So hat es dann an Interpreten nicht gefehlt, die wie Jacob I. Talmon das *Totalitäre* in Rousseaus Konzeption hervorheben. Jean-Jacques Rousseaus Souverän, so Talmon (1961, S. 39), stelle den „verkörperlichten Allgemeinen Willen" dar, im Wesentlichen dasselbe wie die „Natürliche harmonische Ordnung". „Durch Verbindung dieses Begriffs mit dem Begriff der Volkssouveränität und der Selbstbestimmung des Volkes macht Rousseau den Weg frei für die totalitäre Demokratie." Rousseaus Synthese beinhaltet nach Talmon bereits die Formulierung des Paradoxons der Freiheit, und dies in Bezug auf den „objektiven Willen, ohne Rücksicht darauf, ob er von irgend jemandem gewollt wird oder nicht". Noch völlig durchdrungen vom Vorbild der Antike, sei dies Rousseau nur noch nicht bewusst geworden. „In dem vordemokratischen Zeitalter konnte Rousseau sich nicht vorstellen, daß sich die ursprünglich vorbedachte Schöpfung des Menschen in einen Leviathan verwandeln könnte, der seine eigenen Schöpfer zertrümmert. Er sah nicht, daß totales und höchst gefühlsbetontes Aufgehen im kollektiven politischen Streben dazu angetan ist, alles Privatleben auszumerzen ..." (Talmon 1961, S. 42 f.).

Ohne in diesem Rahmen näher auf Talmons berechtigten Hinweis eingehen zu können, bleibt festzuhalten: In seiner Intention war Rousseau gewiß nicht totalitär, sein gesamtes Œuvre spricht gegen eine Deutung in diese Richtung. So hat sich Rousseau im Genfer Entwurf des *Contrat social* und in Briefen nicht nur für eine strikte Gesetzesbegrenzung ausgesprochen,[7] an zahlreichen Stellen finden sich darüber hinaus Appelle gegen den diktatorischen Machtmissbrauch, für ein *freies* Volk, das nur den Gesetzen untersteht. „Ein freies Volk gehorcht", so lautet eine charakteristische Briefstelle, „aber es dient nicht; es hat Führer, aber keine Herren; es gehorcht den Gesetzen, aber es gehorcht nur den Gesetzen, und weil es den Gesetzen gehorcht, gehorcht es nicht den Menschen" (Rousseau 1977 a, S. 224). Vor allem aber muss daran erinnert werden, dass der Législateur *außerhalb der Republik* und der *Verfassung* steht und Rousseau mehrmals auf Lykurg verweist, der zunächst als König abgedankt habe, bevor er seinem Land Gesetze gab (Rousseau 1977, S. 101), und der diese Gesetze „nur in die Herzen der Spartaner" habe schreiben wollen (Rousseau 1977 a, S. 224). Und schließlich ist zu bedenken, dass für Rousseau die Konstruktion des Gesetzgebers notwendig wurde, weil seine Konzeption keine *natürliche Entstehung* der gerechten politischen *Gemeinschaft* bzw. *Gesellschaft* kennt. Vor deren Gründung „fehlt den isoliert lebenden Naturmenschen hierzu die Vernunft, nach Beginn der Vergesellschaftung (ohne staatliche Ordnung) steht ihre Vernunft im Dienste der egoistischen Leidenschaften (amour propre), und erst aufgrund der durch den Staat und im Staat erfolgenden Versittlichung ist die Vernunft der meisten zur ‚droite de raison' geworden und hat die Befolgung des Gebotes der Sittlichkeit aufgehört, im Konflikt mit dem der Selbsterhaltung zu stehen". Damit hat Iring Fetscher (1980, S. 139) zugleich auf jenes Problem verwiesen, das in der – für die Errichtung des Rousseauschen Tugend-Staates vorausgesetzten – Transformation der Menschen enthalten ist und von dem Rousseau (1977, S. 102) im *Contrat social* sagt: „Damit ein Volk, das erst entsteht, Freude an gesunden politischen Maximen hat und den Grundregeln der Staatsvernunft folgt, müßte die Wirkung zur Ursache werden. Der Gesellschaftsgeist, der das Werk der Verfassung sein soll, müßte schon vor der Verfassung vorhanden sein. Die Menschen müßten schon vor den Gesetzen das sein, was sie durch sie erst werden sollen."

---

7   Rousseau, Fragments politiques. Hier und im Folgenden nach der von Ludwig Schmidts besorgten deutschen Übersetzung: Rousseau, Politische Schriften 1977 a, S. 224.

Kapitel 4
Karl Marx und Friedrich Engels –
Die kapitalistische Gesellschaftsformation

Die Situation

In diesem Kapitel geht es um Reflexionskategorien, in denen sich die Struktur der bürgerlichen Gesellschaft manifestiert. Das Konzept der reflektierten Gesellschaft nimmt in der Analyse und Kritik von Karl Marx und Friedrich Engels konkrete Gestalt an. Dies nicht von ungefähr: Die *kapitalistische Gesellschaftsformation* musste sich hinlänglich entwickelt haben, um Gegenstand einer geschlossenen Theorie zu werden, wie sie in den Werken von Marx und Engels zutage tritt. Beide Theoretiker zielen in ihren Interpretationen auf den Gesamtkomplex jener Gesellschaftsstrukturen, die in den voranstehenden Kapiteln aufgezeigt wurden, und markieren damit die *Grundproblematik* der *bürgerlichen Gesellschaft*, wie sie auch in den nachfolgenden Kapiteln sichtbar wird. Denn wenngleich die konkrete Mannigfaltigkeit der sozialökonomischen Machtstrukturen immer wieder Beachtung findet, so geht es Marx und Engels doch primär um die die kapitalistische Gesellschaftsformation als solche kennzeichnende Einheit.

Die auf diese Einheit bezogene Interpretationsweise darf nicht dahin gehend missverstanden werden, dass Marx und Engels mit abstrakten Prinzipien ihre Position vertreten hätten. Beide betonen immer wieder, wie sehr nur im Zusammenhang des *gesellschaftlichen Lebensprozesses* eine Intention geschichtlicher Wahrheit zu finden sei. „Die wahre Theorie muß innerhalb konkreter Zustände klargemacht und entwickelt werden", schreibt Marx 1842 an einen Herausgeber der *Rheinischen Zeitung*,[1] in der er in einem Aufsatz über das Rheinische Holzdiebstahlgesetz – also illustriert an einem sehr konkreten Fall – den Staat als Instrument des Privateigentums kennzeichnet. Auch befasst sich die Einleitung der Kritik der *Hegelschen Rechtsphilosophie* (1844) ganz mit den Problemen in Deutschland, wo die überfälligen bürgerlich-liberalen Reformen noch ausstanden, während die neuen Pro-

---

1 Karl Marx, Brief an D. Oppenheim, Bonn, den 25. 08. 1842, in Karl Marx/Friedrich Engels, Werke, Bde. 1–43, (durchgehend zitiert: MEW, Bd 27, S. 409).

bleme der Industriegesellschaft sich bereits ankündigten. Für den jungen Marx wurde in einer solchen Wende der Zeiten die *Emanzipation der Deutschen zur Emanzipation des Menschen* schlechthin.

Marx und Engels haben ihre Konzeption durchaus auf die Sozial- und Wirtschaftsgeschichte ihrer Zeit bezogen und daraus wesentliche Einsichten gewonnen. Stets erneut werden die theoretischen Darlegungen durch empirische Exkurse und Illustrationen unterbrochen. Die nachfolgende Interpretation verdeutlicht dies an den Untersuchungen zur französischen Geschichte, stellt aber in den anderen Passagen des Kapitels die auf die *gesamte kapitalistische Gesellschaft* bezogene Allgemeinheit der Aussagen in den Vordergrund. Dies gilt vor allem für den von Marx und Engels hervorgehobenen Widerspruch zwischen liberaler Theorie und Wirklichkeit, der sich durch den Gegensatz zwischen den rasch wachsenden Produktivkräften und der besitzlosen Klasse verschärfte. Trotz aller Parolen vom *Wohlstand der Nationen* blieb die große Masse des Volkes von diesem Wohlstand ausgeschlossen, sie geriet im Gegenteil immer stärker in sozialökonomische Abhängigkeit. Verständlich wird daraus die Motivation der Politökonomie von Marx: Hatte sich die klassische bürgerliche Ökonomie gegen die Feudalordnung gewandt, so richtet sich – vereinfacht formuliert – die von Marx ausgehende *Kritik der [bürgerlichen] Politischen Ökonomie* gegen das Bürgertum, die Bourgeoisie.

Die Theoretiker

Das Werk von Karl Marx (1818–1883) und von Friedrich Engels (1820–1892) setzt ein mit der Analyse des Widerspruchs zwischen der gesellschaftlichen Produktion und der privaten Aneignung der Produktionsmittel und befasst sich in diesem Zusammenhang mit dem Grundproblem, dass die Individuen der bürgerlich-kapitalistischen Gesellschaft trotz rechtlicher Freiheit in die Abhängigkeit von Marktmechanismen geraten. In der Epoche des „Widerspiels von progressiver Bewegung und restaurativer Beharrung" (Werner Conze) entstanden Marx' Frühschriften, die insbesondere die Problematik der *Emanzipation* und der *Entfremdung* behandeln. Die betreffenden Studien – *Zur Judenfrage* und die berühmten Pariser Ökonomisch-philosophischen Manuskripte – wurden im Jahre 1844 verfasst, in dem Marx in Paris die „Deutsch-Französischen Jahrbücher" (bedeutsame Dokumente der *Entstehung* der materialistischen Geschichtsauffassung) mitherausgab und die enge Zusammenarbeit mit Engels begann. Die von Marx redaktionell betreute „Rheinische Zeitung" war 1843 verboten worden, und Marx hatte Deutschland verlassen, wo er „nichts mehr beginnen konnte". In der gemeinsam mit Engels verfassten *Deutschen Ideologie* (1845/46) werden erstmals Grundgedanken der materialistischen Geschichtsauffassung *systematisch* dargelegt. Im Revolutionsjahr 1848 kehrte Marx noch einmal nach Deutschland zurück, um mit Engels publizistisch und praktisch an den Ereignissen teilzunehmen. Kurz zuvor war in Brüssel im Auftrag des „Bundes der Kommunisten" das *Manifest der Kommunistischen Partei* entstanden.

Inzwischen aus Frankreich und auch aus Belgien ausgewiesen, begann für Marx von 1849 an die Exilzeit in London, wo er im British Museum seine Studien zur politischen Ökonomie vertiefte. Von dieser Zeit an datieren die *vorrangig ökonomisch* ausgerichteten *Schriften* von Marx und Engels: vor allem die posthum erschienenen *Grundrisse der Kritik der Politischen Ökonomie* von 1859 (mit dem „Vorwort", das die materialistische Geschichtsauffassung skizziert), das unvollendet gebliebene *Kapital* und Engels' *Anti-Dühring* (1882) sowie – zwei Jahre darauf – dessen Schrift *Der Ursprung der Familie, des Privateigentums und des Staates*. Die nachfolgende Interpretation geht unter den Stichworten *Die materialistische Geschichtsauffassung* sowie *Die Ideologie der Tauschgesellschaft* auf diese Werke ein; hier sollen nur einige Grundgedanken der Staatstheorie des historischen Materialismus vorweggenommen werden.

Marx und Engels erklären – in verkürzter Formulierung – den Staat zum Machtinstrument in den Händen bestimmter Klassen. In groben Zügen wird dies in einem Zitat von Engels im *Anti-Dühring* deutlich: Der Staat wird betrachtet als „eine Organisation der jedesmaligen ausbeutenden Klasse zur Aufrechterhaltung ihrer äußeren Produktionsbedingungen, also namentlich zur gewaltsamen Niederhaltung der ausgebeuteten Klasse in den durch die bestehende Produktionsweise gegebenen Bedingungen der Unterdrückung (Sklaverei, Leibeigenschaft oder Lohnarbeit)". Er ist also der Staat derjenigen Klasse, „welche selbst für ihre Zeit die ganze Gesellschaft vertrat: im Altertum der Staat der sklavenhaltenden Staatsbürger, im Mittelalter des Feudaladels und danach der *Bourgeoisie*" (MEW Bd 20, S. 261). Der Staat ist mithin Klassenstaat und als solcher einseitig bestimmt. Es handelt sich auch in der bürgerlichen Gesellschaft um keinen neutralen Staat; in Marx' *Kritik des Hegelschen Staatsrechts* heißt es: „Welches ist also die Macht des politischen Staates über das Privateigentum? Die *eigne Macht des Privateigentums*, sein zu Existenz gebrachtes Wesen. Was bleibt dem politischen Staat im Gegensatz zu diesem Wesen übrig? Die *Illusion*, daß er bestimmt, wo er bestimmt wird" (MEW Bd 1, S. 304 f.). Die angebliche Neutralität des Staates stellt eine bürgerliche Ideologie dar. Am Klassencharakter der Staatsmacht ändert sich auch nichts durch die Entwicklung von *Republiken*, sofern keine grundlegende Veränderung in den Besitzverhältnissen eintritt.

Nach Marx und Engels dominieren mithin die ökonomischen Bedingungen – auch wenn insbesondere Engels immer wieder den wechselseitigen Einfluss von Politik und Ökonomie betont. Im *Vorwort* zur *Kritik der Politischen Ökonomie* legt Marx dar, dass „die Produktionsweise des materiellen Lebens ... den sozialen, politischen und geistigen Lebensprozeß überhaupt" bedinge und die „Gesamtheit der Produktionsverhältnisse" die „reale Basis" bilde, „worauf sich ein juristischer und politischer Überbau erhebt, und welcher bestimmte gesellschaftliche Bewußtseinsformen entsprechen". Wie hier deutlich wird, ist der historische Materialismus diejenige Methode der Geschichts- bzw. Gesellschaftswissenschaft, die von der materiellen Produktion ausgeht. Es ist nicht wie im Idealismus bei Hegel das „Bewußtsein der Menschen, das ihr Sein, sondern umgekehrt ihr gesellschaftliches Sein, das ihr Bewußtsein bestimmt" (MEW Bd 17, S. 8 f.).

1 Die menschliche Emanzipation

Eine besondere Thematik der Schriften des jungen Marx ist neben dem Phänomen der Entfremdung und der Hegelkritik die Frage der *Emanzipation* des Menschen, die hier im Zusammenhang mit der Betrachtung der bürgerlich-kapitalistischen Gesellschaft im Frühwerk angesprochen werden soll. Die Frage der menschlichen Emanzipation bestimmt vor allem den in den *Deutsch-Französischen Jahrbüchern* erschienenen Aufsatz *Zur Judenfrage* – einer Replik auf zwei Schriften des Junghegelianers Bruno Bauer, der sich mit der Forderung der deutschen Juden nach staatsbürgerlicher Emanzipation auseinandersetzte. Diese aktuelle Problematik diente Marx als Ausgangspunkt einer allgemeinen Erörterung über religiöse, politische und menschliche *Emanzipation*. Mit Bruno Bauer lehnt Marx eine besondere Emanzipation der Juden, aber auch deren bloße Gleichstellung mit den Christen im sogenannten christlichen Staat mit seinen Privilegien ab. Im Unterschied zu Bauer hält er es für unzureichend, den religiösen Gegensatz zwischen Juden und Christen durch Wissenschaft aufzuheben. Die „Judenfrage" müsse auf die prinzipielle Frage zurückgeführt werden: „*Von welcher Art der Emanzipation* handelt es sich? Welche Bedingungen sind im Wesen der verlangten Emanzipation begründet? Die Kritik der *politischen Emanzipation* selbst war erst die schließliche Kritik der Judenfrage und ihre wahre Auflösung in die *allgemeine Frage der Zeit*" (MEW Bd 1, S. 350).

Die Art der Emanzipation, um die es sich für Marx allein handeln kann, ist die menschliche Emanzipation, die die *bürgerlichen Revolutionen* proklamierte. In ihnen sieht Marx (MEW Bd 1, S. 353) durchaus einen Fortschritt, auch in Bezug auf die politische Aufhebung privilegierter Religionen. Andererseits aber erkennt Marx in den Menschen- und Bürgerrechten der Französischen Revolution nur die rechtliche Garantie des *bourgeoisen Privatinteresses*. Er begreift diese Rechte als Produkt der revolutionären Auflösung der Feudalgesellschaft durch das Bürgertum. „Die alte bürgerliche Gesellschaft hatte unmittelbar einen politischen Charakter, das heißt, die Elemente des bürgerlichen Lebens, wie z. B. der Besitz oder die Familie oder die Art und Weise der Arbeit, waren in der Form der Grundherrlichkeit, des Standes und der Korporation zu Elementen des Staatslebens erhoben. Sie bestimmten in dieser Form das Verhältnis des einzelnen Individuums zum *Staatsganzen*, das heißt sein *politisches* Verhältnis ..." (MEW Bd 1, S. 367f.). Waren im Feudalismus die gesellschaftlichen und politischen Elemente aufs Engste verbunden, so trennte die *Französische Revolution* als politische Revolution die Sphäre der Gesellschaft. „Sie zerschlug die bürgerliche Gesellschaft in ihre einfachen Bestandteile ... Sie entfesselte den politischen Geist, der gleichsam in die verschiedenen Sackgassen der feudalen Gesellschaft zerteilt, zerlegt, zerlaufen war; sie sammelte ihn aus dieser Zerstreuung, sie befreite ihn von seiner Vermischung mit dem bürgerlichen Leben und konstituierte ihn als die Sphäre des Gemeinwesens ..." (MEW Bd 1, S. 368). Von nun an stehen sich – so Marx – die Welt der gesellschaftlichen Arbeit und des *bourgeoisen Privatinteresses* auf der eine Seite und der *Staat* auf der anderen gegenüber.

Der bürgerliche *Staat* entstand, nachdem das individuell-egoistische und das vergesellschaftende Seinsprinzip auseinandergefallen waren. Mit anderen Worten: Der bürgerliche Staat wird zum historischen Ausdruck jener Gesellschaftsformationen, in denen sich das egoistische Prinzip im Bourgeois niederschlägt. So verbindet sich mit dem Auseinandertreten von Gesellschaft und Staat eine *Verdopplung* der bürgerlichen Existenz als *Bourgeois* einerseits und als *Citoyen* andererseits. Der Mensch führt ein doppeltes Leben: „das Leben im *politischen Gemeinwesen*, worin er sich als *Gemeinwesen* gilt, und das Leben in der *bürgerlichen Gesellschaft*, worin er als *Privatmensch* tätig ist, die anderen Menschen als Mittel betrachtet, sich selbst zum Mittel herabwürdigt und zum Spielball fremder Mächte wird" (MEW Bd 1, S. 355). Dem abstrakten Staatsbürger, dem Citoyen, tritt das egoistische Individuum in Gestalt des Bourgeois gegenüber. Dieser verkehrt den Staat als *Selbstzweck* zum *Mittel seiner Privatinteressen*. So ist der Staat, in einer Formulierung der *Deutschen Ideologie*, weiter nichts „als die Form der Organisation, welche sich die Bourgeois sowohl nach außen als nach innen hin zur gegenseitigen Garantie ihres Eigentums und ihrer Interessen notwendig geben" (MEW Bd 3, S. 62).

Marx erstrebt nun – ebenso wie Rousseau – die Überwindung der *Abstraktion* des politischen Menschen. Wie im 3. Kapitel erwähnt, hat Marx Rousseaus Analyse der *Abstraktion des politischen Menschen* in der bürgerlichen Gesellschaft beifällig zitiert. Rousseau versucht jedoch (nach Marx), das menschliche *Gattungswesen* als künstlichen Menschen, als moralische Person zu realisieren und die Überwindung der Spaltung des Menschen (in *Citoyen* und *Bourgeois*) in der bloß *politischen Emanzipation* zu erreichen. Für Marx hingegen vollzieht sich die wahre Aufhebung dieser Spaltung nicht, indem man, wie Rousseau, den Menschen ihre eigenen Kräfte nimmt und in der Gestalt der *politischen Kraft* organisiert, sondern erst dann, wenn der Mensch seine *forces propres* als tatsächlich *gesellschaftliche* erkennt und als solche, nicht als *ausschließlich politische,* organisiert – kurz: erst durch die *menschliche Emanzipation,* wie noch zu illustrieren ist. Ohne hier detailliert auf Vergleichsgesichtspunkte eingehen zu können, muss darauf verwiesen werden, dass Marx bei seiner Forderung nach (menschlicher) Emanzipation – im Unterschied zu Rousseau – von der Realität der bürgerlichen Gesellschaft und der der politischen Demokratie ausgeht, in der er trotz politischer Emanzipation (der Bourgeoisie) und politischer Aufhebung privilegierter Religionen die unüberbrückbare Grenze der politischen Emanzipation erkennt: Der Mensch erhielt die Religionsfreiheit, wurde aber nicht von der Religion befreit; er erlangte Eigentums- und Gewerbefreiheit, blieb jedoch an das Eigentum und den Egoismus des Gewerbes gebunden. So erscheint „die Grenze der politischen Emanzipation sogleich darin, daß der Staat sich von einer Schranke befreien kann, ohne daß der Mensch wirklich von ihr frei wäre, daß der Staat ein Freistaat sein kann, ohne daß der Mensch *ein freier Mensch* wäre" (MEW Bd 1, S. 353). Dementsprechend ist für Marx die politische Demokratie insoweit *christlich*, als in ihr „der Mensch, nicht nur ein Mensch, sondern jeder Mensch als souveränes, als höchstes Wesen gilt, aber der Mensch ..., wie er durch die ganze Organisation unserer Gesellschaft verdorben ist, sich selbst verloren, veräußert, unter die Herrschaft unmenschlicher Verhältnisse und Elemente gegeben ist" (MEW Bd 1, S. 360).

Die politische Emanzipation bedeutet also noch lange nicht menschliche Emanzipation. Und diese Unterscheidung zu beachten, war für all jene notwendig, für die damals die politische Emanzipation als das hohe Ziel galt. Vom allgemeinen und gleichen Wahlrecht erwartete man bedeutsame Wirkungen. Man sah in der Umwandlung der *Untertanen* in *Staatsbürger* die Verwirklichung der *unveräußerlichen Menschenrechte*. Dieser Neigung zur Verklärung musste die Entmenschlichung der nur politisch emanzipierten Gesellschaft entgegengehalten werden. Sicherlich, auch die politische Emanzipation bedeutete für Marx (MEW Bd 1, S. 356) einen *großen Fortschritt,* sie war „die letzte Form der menschlichen Emanzipation *innerhalb* der bisherigen Weltordnung". Aber diese Einsicht ist im Zusammenhang mit Marx' Betrachtung der Geschichte zu sehen: als *Fortschritt* auf dem Weg zur *Vermenschlichung* der Natur und der *Vernatürlichung* des Menschen. Sinn der Geschichte ist für ihn die Menschwerdung, die Aneignung des menschlichen *Gattungswesens* durch den Menschen (verstanden als Ensemble aus denkenden, sprechenden, liebenden und wollend aufeinander angewiesenen Menschen). In diesem Sinne endet dann auch der erste Teil von Marx' Abhandlung *Zur Judenfrage* mit der Deklaration, dass alle Emanzipation Zurückführung der menschlichen Welt auf den *Menschen selbst* sei. „Erst wenn der wirkliche individuelle Mensch den abstrakten Staatsbürger in sich zurücknimmt und als individueller Mensch in seinem empirischen Leben, in seiner individuellen Arbeit, in seinen individuellen Verhältnissen, *Gattungswesen* geworden ist, erst wenn der Mensch seine ‚forces propres' als *gesellschaftliche* Kräfte erkannt und organisiert hat und daher die gesellschaftliche Kraft nicht mehr in der Gestalt der *politischen* Kraft von sich trennt, erst dann ist die menschliche Emanzipation vollbracht" (MEW Bd 1, S. 370).

2 Marxens Hegelkritik

Marxens Forderung nach menschlicher Emanzipation leitet sich aus der Kenntnis der geschichtlichen Prinzipien ab, die auf Hegel zurückgehen. Im Zusammenhang mit Marxens Hegelkritik soll dem Grundprinzip der Betrachtungsweise von Marx kurz nachgegangen werden. Auch in der *Kritik des Hegelschen Staatsrechts* (1843) steht der Gegensatz von *bürgerlicher Gesellschaft* und *Staat* im Mittelpunkt der Darlegung. Diese Unterscheidung geht auf Hegel selbst zurück: Die bürgerliche Gesellschaft erscheint als das Resultat der modernen Revolution; bereits in § 182 von Hegels *Rechtsphilosophie*, mit dem die Darstellung der bürgerlichen Gesellschaft beginnt, wird die Enttraditionalisierung der alten bürgerlichen Gesellschaft deutlich von der Sache her, dem vereinzelten Einzelnen, aufgezeigt. Hier lässt sich der Privatbürger der von ihrer politischen Verfassung emanzipierten Gesellschaft mit ihrem Utilitätsprinzip erkennen: „Die konkrete Person, welche sich als *besondere* Zweck ist, als ein Ganzes von Bedürfnissen und eine Vermischung von Naturnotwendigkeit und Willkür, ist das *eine Prinzip* der bürgerlichen Gesellschaft, – aber die besondere Person als wesentlich in Beziehung auf andere solche Besonderheit, so daß jede durch die andere und zugleich schlechthin nur als durch die Form der *Allgemeinheit,* das andere Prinzip, vermittelt sich geltend macht und befriedigt".[2] Wesentlich ist die Entstehung eines eigenständigen Beziehungsgeflechts zwischen den Individuen, welches auf dem individuellen Interesse basiert. Es sind zwei Prinzipien der bürgerlichen Gesellschaft, die „ein System allseitiger Abhängigkeit" bewirken, wie es in § 183 heißt. Diese zwei Prinzipien sind der „selbstsüchtige Zweck in seiner Verwirklichung" und die Bedingung seiner Wirksamkeit, die *Allgemeinheit.* Und das „System allseitiger Abhängigkeit" wird dadurch belegt, „daß die Subsistenz und das Wohl des Einzelnen und sein rechtliches Dasein in die Subsistenz, das Wohl und Recht aller verflochten, darauf gegründet und nur in diesem Zusammenhang wirklich und gesichert ist" (Hegel Bd 7, S. 340). Wenn man die Aussage von § 183 im Zusammenhang mit § 187 betrachtet, dann wird das Wesen der bürgerlichen Gesellschaft deutlich. „Die Individuen", so die ersten beiden Sätze von § 187, „sind als Bürger dieses Staates *Privatpersonen,* welche ihr eigenes Interesse zu ihrem Zwecke haben. Da dieser durch das Allgemeine vermittelt ist, das ihnen somit als *Mittel erscheint,* so kann er von ihnen nur erreicht werden, insofern sie selbst ihr Wissen, Wollen und Tun auf allgemeine Weise bestimmen und sich zu einem *Gliede* der Kette dieses Zusammenhangs machen" (Hegel Bd 7, S. 343).

Mit dem System allseitiger Abhängigkeit bildet sich nach Hegel die moderne Gesellschaft heraus, das heißt ein Beziehungsgeflecht zwischen den Privatpersonen, das vom Staat unterschieden und auf der Basis von Bedürfnis und Arbeit erwachsen ist. Interessant ist hierbei die innere Gliederung der *Gesellschaft* durch das „System der Bedürfnisse" (§§ 189–208), das durch die „Rechtspflege"

---

2 Hegel: Grundlinien der Philosophie des Rechts, in: Ders., Werke Bd 7, 1973, § 182, S. 339 (durchgehend zitiert: Hegel Bd 7, S. 339).

(§§ 209–229) reguliert und organisiert sowie durch „Polizei und Korporation" (§§ 230–256) politisch-sittlich in den Staat integriert wird. Die rechtlich, sittlich und politisch geordnete und zusammengehaltene bürgerliche Gesellschaft ist von der Sache her als die „Differenz" zwischen Staat und Familie bestimmt: „Die bürgerliche Gesellschaft", so heißt es im „Zusatz" zu § 182 (S. 339), „ist die Differenz, welche zwischen die Familie und den Staat tritt, wenn auch die Ausbildung derselben später als die des Staates erfolgt; denn als die Differenz setzt sie den Staat voraus, den sie als Selbständiges vor sich haben muß, um zu bestehen." In der vollzogenen Differenz zwischen bürgerlicher Gesellschaft und Staat bzw. Familie und bürgerlicher Gesellschaft erblickt Hegel die Emanzipation des Staats von der Gesellschaft und der Gesellschaft vom Staat, die sich beide erst damit in ihr wahres Verhältnis setzen.

Im Zusammenhang mit dem letzten Hegel-Zitat lässt sich bereits Marxens Kritik aufzeigen. Marx erhebt gegen Hegel den Vorwurf, dass er im Gegensatz zur empirischen Entwicklung Familie und bürgerliche Gesellschaft nicht als die Voraussetzungen des Staates, sondern umgekehrt Familie und bürgerliche Gesellschaft als vom Staat gesetzt betrachte. Man müsse demgegenüber von *Familie* und *bürgerlicher Gesellschaft* als den wirklichen Daseinsweisen des Staates ausgehen. Hierbei erweise sich, dass Familie und bürgerliche Gesellschaft „sich selbst zum Staat" machen und nicht umgekehrt die Staatsgeschäfte „zu besonderen Personen kommen". Diese Argumentation ist vor allem deshalb wesentlich, weil sich am Beispiel des Verhältnisses zwischen Staat und bürgerlicher Gesellschaft Marx' Kritik am zentralen Glied der Hegelschen Dialektik konkretisieren lässt; gemeint ist die *Vermittlung* realer Extreme.

Insbesondere wendet sich Marx hierbei gegen Hegels Aussage in § 261 der Rechtsphilosophie, in dem Hegel das Verhältnis zwischen den Sphären der Familie und der bürgerlichen Gesellschaft als äußere, aber auch als innere Abhängigkeit vom „bestimmten Charakter des Staats" fasst. Familie und bürgerliche Gesellschaft erscheinen als *ideelle Sphären der Idee*. Die wirkliche Idee, der Geist, scheidet sich selbst in die zwei ideellen Sphären seines Begriffs: die Familie und die bürgerliche Gesellschaft. Familie und bürgerliche Gesellschaft, so folgert Marx, sind also *Begriffssphären des Staates,* denn es ist der Staat als Geist, der sich in diese besonderen, endlichen Sphären scheidet, und zwar, um in sich zurückzukehren. Nach Hegel teilt die Idee, der Geist, diesen Sphären auch das „Material seiner endlichen Wirklichkeit" zu, das heißt die Geschäfte des Staates. Marx stellt dem entgegen, dass das Staatsmaterial unter die einzelnen Staatsbürger, als Familienmitglieder und Glieder der bürgerlichen Gesellschaft, durch die „Umstände, die Willkür und die eigene Wahl der Bestimmung" verteilt sei. Familie und bürgerliche Gesellschaft sind für Marx (Bd 1, S. 207) „wirkliche Staatsteile, wirkliche geistige Existenzen des Willens, sie sind Daseinsweisen des Staates; Familie und bürgerliche Gesellschaft machen *sich selbst* zum Staat. Sie sind das Treibende". Nach Hegel sei es dagegen nicht „ihr eigener Lebenslauf, der sie von sich distanziert hat". Und indem Hegel das Bestehende des Staates als eine „Tat der Idee, als eine ‚Verteilung', die sie mit ihrem eigenen Material vornimmt", hinstelle, würden die wirklichen Subjekte zu *unwirklichen*. Hierin sieht Marx (ebd.) das „ganze Martyrium der Rechtsphilosophie niedergelegt und der Hegelschen Philosophie überhaupt".

Marx' Hegelkritik zeigt sich vor allem in der Aussage: „Wichtig ist, daß Hegel überall die Idee zum Subjekt macht und das eigentliche, wirkliche Subjekt, wie die ‚politische Gesinnung', zum Prädikat" (MEW Bd 1, S. 209). Hegel wird dabei zu Recht zur Last gelegt, dass er sein Denken „nicht aus dem Gegenstand" entwickele, „sondern den Gegenstand nach einem … mit sich fertig gewordenen Denken" (MEW Bd 1, S. 213). Hegel erhebe also die Idee oder Substanz zum Subjekt konkreter Bestimmungen. Nicht die Logik der Sache, sondern die Sache der Logik sei für Hegel das philosophische Moment. Der Staat diene ihm daher zum Beweis der Logik und die Logik zum Beweis des Staates. Dasselbe gelte für die Staatsverfassung: „Es handelt sich nicht darum, die bestimmte Idee der politischen Verfassung zu entwickeln, sondern es handelt sich darum, der politischen Verfassung ein Verhältnis zur abstrakten Idee zu geben, sie als ein Glied ihrer Lebensgeschichte (der Idee) zu rangieren, eine offenbare Mystifikation" (ebd.).

Immer wieder verweist Marx darauf, dass Hegel einerseits die Trennung von bürgerlicher Gesellschaft und politischem Staat offen ausspreche und als „Widerspruch" empfinde, andererseits aber die Trennung als ein „notwendiges Moment der Idee" betrachte. Demzufolge fasse er den Widerspruch zwischen Staat und bürgerlicher Gesellschaft als eine rein äußere Erscheinung, nicht als die „Erscheinung des Wesens" auf. Anstatt die Extreme in ihrer Unversöhnlichkeit manifest zu machen, suche Hegel sie begrifflich zu vermitteln, indem er beispielsweise durch die politische Konstitution der bürgerlichen Stände die Trennung zwischen politischem Staat und bürgerlicher Gesellschaft in einer höheren „Einheit" aufzuheben bestrebt sei. Marx geht ausführlich auf diese „Stände" ein, die in Hegels System den Zweck erfüllen, den eigenen Willen der bürgerlichen Gesellschaft „in Beziehung auf den Staat zur Existenz" zu bringen (Hegel Bd 7, S. 471). An dieser Bestimmung setzt Marx mit seiner Kritik ein: „Die Stände sind *Synthese zwischen Staat und bürgerlicher Gesellschaft*. Wie die Stände es aber anfangen sollen, zwei widersprechende Gesinnungen in sich zu vereinen, ist nicht angegeben" (MEW Bd 1, S. 270). Hegel selbst fasse die Stände der bürgerlichen Gesellschaft als *Privatstände* auf. Als solche komme ihnen aber keine politische Bedeutung zu. Der Privatstand könne „nur nach dem Ständeunterschied der bürgerlichen Gesellschaft in die politische Sphäre treten" (MEW Bd 1, S. 275); dann bedeuteten diese Stände aber einen Dualismus im Staat, seien sie ein *Staat im Staate*.

Diese Auffassung Hegels hält Marx (ebd.) für insgesamt widerspruchsvoll. Er unterstreicht den Unterschied zwischen den mittelalterlichen und den modernen Ständen. Im Mittelalter waren „die *Stände der bürgerlichen Gesellschaft* überhaupt und die *Stände in politischer Bedeutung* identisch". Inzwischen sei die historische Entwicklung jedoch fortgeschritten. Bereits in der absoluten Monarchie sei diese Identität erschüttert worden; und schließlich habe die Französische Revolution „die Verwandlung der *politischen* Stände in *soziale*" abgeschlossen, sie machte Marx zufolge (MEW Bd 1, S. 284) die Ständeunterschiede der bürgerlichen Gesellschaft „zu nur *sozialen* Unterschieden, zu Unterschieden des Privatlebens, welche in dem politischen Leben ohne Bedeutung sind. Die Trennung des politischen Lebens und der bürgerlichen Gesellschaft war damit vollendet".

Hegel hatte diese Trennung auch gesehen, blieb aber Marx zufolge in Widersprüchen verhaftet. Da er „*keine* Trennung des *bürgerlichen und politischen Lebens*" wolle, vergesse er den von ihm statuierten Gegensatz, mache er die „bürgerlichen Stände als solche zu politischen Ständen, aber wieder nur nach der Seite der gesetzgebenden Gewalt hin, so daß ihre Wirksamkeit selbst der Beweis der Trennung ist" (MEW Bd 1, S. 277). Marx erkennt Hegels Fehler darin, dass er eine alte Weltanschauung im Sinne einer neuen zu interpretieren unternehme, wodurch ein Komplex absurder Widersprüche entstehe. Die logischen Ungereimtheiten sind für Marx nicht zu übersehen: Hegel macht „das *ständische Element* zum Ausdruck der *Trennung,* aber zugleich soll es der Repräsentant einer Identität sein, die nicht vorhanden ist. Hegel weiß die Trennung der bürgerlichen Gesellschaft und des politischen Staats, aber er will, daß innerhalb des Staats die Einheit desselben ausgedrückt sei, und zwar soll dies dergestalt bewerkstelligt werden, daß die Stände der bürgerlichen Gesellschaft zugleich als solche das *ständische* Element der gesetzgebenden Gesellschaft bilden" (ebd.).[3]

Verweist Marx also zum einen auf die logischen Widersprüche in der Hegelschen Konzeption, so erhebt er zum anderen mit Feuerbach gegen Hegel den Vorwurf, er begehe so etwas wie eine Vertauschung von Subjekt und Prädikat. So erscheine das Subjekt, nämlich der *wirkliche* Mensch, mit seinen Interessen usw., bei Hegel als das bloße Prädikat des *Geistes* oder gar als das Prädikat eines seiner Prädikate. Der wirkliche Mensch ist es dann auch, den Marx im Zusammenhang

---

3   Für Georg Lucács (1965, S. 32) zeigt sich an dieser Stelle der unversöhnliche Gegensatz zwischen Hegel und Marx. Während bei Hegel die Stände sich als volle Realität der modernen Staatsentwicklung darstellen, bedeuten sie für Marx allein deren ersten Anfang. „Nach Hegel repräsentieren sie eine Synthese zwischen Staat und bürgerlicher Gesellschaft – und sei es selbst um den Preis einer logisch unhaltbaren Konstruktion, die nur durch den Mystizismus der idealistischen Dialektik scheinbar verdeckt wird; nach Marx sind sie der gesetzte Widerspruch zwischen Staat und bürgerlicher Gesellschaft. So ist die Gesamtauffassung Hegels eine konservative, die von Marx eine oppositionelle, revolutionäre".

mit der Stände-Problematik in Betracht zieht. Marx stellt hier das Charakteristikum heraus, „daß die *Besitzlosigkeit* und der *Stand der unmittelbaren* Arbeit, der konkreten Arbeit, weniger einen Stand der bürgerlichen Gesellschaft als den Boden bilden, auf dem ihre Kreise ruhen und sich bewegen" (MEW Bd 1, S. 284). Es folgt der Vergleich zwischen der mittelalterlichen Ständeordnung und der modernen Form der „sozialen Stände": Das Mittelalter ist für Marx „die *Tiergeschichte* der Menschheit, ihre Zoologie". Die moderne bürgerliche Zivilisation hingegen begeht den umgekehrten Fehler: „Sie trennt das gegenständliche Wesen des Menschen als ein nur äußerliches, materielles von ihm. Sie nimmt nicht den Inhalt des Menschen als seine wahre Wirklichkeit" (MEW Bd 1, S. 285). Dazu gehört auch, dass die bürgerliche Zivilisation nicht – wie noch die mittelalterliche Ständeordnung – „als ein Gemeinwesen das Individuum hält", sondern es zumeist dem Zufall überlässt, „ob es sich in seinem Stande hält oder nicht" (MEW Bd 1, S. 284).

3 Der ökonomische Antagonismus und die Entfremdung

Das Phänomen der menschlichen Entfremdung ist eng mit dem Privateigentum verbunden, das Engels in den *Umrissen zu einer Kritik der Nationalökonomie* (1844) in kritischer Intention herausstellt. In diesen *Umrissen*, die Marx (Bd 13, S. 10) eine „geniale Skizze zur Kritik der ökonomischen Kategorien" nennt, findet sich eine Kampfansage an das *System des Privateigentums* und seine nationalökonomischen Apologeten. Engels (MEW Bd 1, S. 523) bringt immer neue Beweise dafür, „zu welcher tiefen Degradation das Privateigentum den Menschen gebracht hat". Insgesamt erscheint es als ein einziger großer Verrat am menschlichen Gattungswesen. Das Privateigentum hat „den Menschen zu einer Ware gemacht, deren Erzeugung und Vernichtung auch nur von der Nachfrage abhängt" (MEW Bd 1, S. 520). Damit ist bereits in dieser Frühschrift von Engels die *individualistische Warenproduktion* angesprochen, aus der Leo Kofler zufolge – durch einen widerspruchsvollen Vorgang vermittelt – „jener differenzierte und nicht ohne weiteres durchschaubare Proze[resultiert], der sich unter dem Begriff der Entfremdung subsummieren läßt". Das Phänomen der Entfremdung bildet sodann das Hauptthema der 1844 verfassten Ökonomischen-philosophischen Manuskripte (Pariser Manuskripte), die Marx' erste kritische Analyse der kapitalistischen Produktionsweise – von Privateigentum und Lohnarbeit – in vorwiegend anthropologischen Begriffen darstellt.

In diesen *Pariser Manuskripten* sucht Marx (MEW Bd 40, S. 511) den grundlegenden Zusammenhang zwischen dem Privateigentum, der Habsucht, der Trennung von Arbeit, Kapital und Grundeigentum, von Austausch und Konkurrenz, von Wert und Entwertung der Menschen, von Monopol und Konkurrenz usw.,

„von dieser ganzen Entfremdung mit dem *Geldsystem* zu begreifen". Dabei steht das *Geldsystem* stellvertretend für die kapitalistische Wirtschaft. In ihr werden alle Produkte zu Waren, deren Wert sich in Geld ausgedrückt findet. Wie schon von Engels betont, wird auch der Mensch zur Ware: Die Nationalökonomie beinhaltet die Deklarationen, „daß der Arbeiter zur Ware und zur elendesten Ware herabsinkt, daß das Elend des Arbeiters in umgekehrtem Verhältnis zur Macht und zur Größe seiner Produktion steht, daß das notwendige Resultat der Konkurrenz die Akkumulation des Kapitals in wenigen Händen, also die fürchterlichere Wiederherstellung des Monopols ist, daß endlich der Unterschied von Kapitalist und Grundrentner wie von Ackerbauer und Manufakturarbeiter verschwindet und die ganze Gesellschaft in die beiden Klassen der *Eigentümer* und eigentumslosen *Arbeiter* zerfallen muß". Diesem ganzen Komplex liegt nach Marx (Bd 40, S. 510) das Wesensverhältnis der entfremdeten Arbeit zugrunde.

Im zitierten Komplex zeigt sich die *Verwirklichung der Arbeit* (ihre Vergegenständlichung) als „*Entwicklung* des Arbeiters, die Vergegenständlichung als *Verlust* und *Knechtschaft* des *Gegenstandes,* die Aneignung als *Entfremdung*…" (MEW Bd 40, S. 512). Diese Entfremdung äußert sich in vier Formen: Marx zeigt, wie die Arbeit im Kapitalismus den Arbeiter vom Produkt seiner Arbeit entfremdet, wie sie den Arbeiter von der Arbeit entäußert, wie sie den Menschen sich selbst und wie sie die Menschen untereinander entfremdet. Im Zuge der Analyse dieser Entfremdung wird der Begriff des Privateigentums immer klarer: Es ist „das Produkt, das Resultat, die notwendige Konsequenz der entäußerten Arbeit, des äußerlichen Verhältnisses des Arbeiters zu der Natur und zu sich selbst" (MEW Bd 40, S. 520).

Die *erste* der vier Formen der Entfremdung – die des Arbeiters vom *Produkt* seiner Arbeit – besagt, dass sich das Produkt ihm gegenüber als ein *fremder Gegenstand* verhält. „Je mehr der Arbeiter sich ausarbeitet, um so mächtiger wird die fremde, gegenständliche Welt, die er sich gegenüber schafft, um so ärmer wird er selbst, seine innere Welt, um so weniger gehört ihm zu eigen" (MEW Bd 40, S. 510). Diese Entfremdung des Arbeiters vom Produkt seiner Arbeit bedeutet zugleich eine Entfremdung des Arbeiters von seiner *Arbeit*. Denn „das Produkt ist ja nur das Resümee der Tätigkeit, der Produktion. Wenn also das Produkt der Arbeit die Entäußerung ist, so muß die Produktion selbst die tätige Entäußerung sein. In der Entfremdung des Gegenstandes der Arbeit resümiert sich nur die Entfremdung, die Entäußerung in der Tätigkeit der Arbeit selbst" (MEW Bd 40, S. 514). Die Entfremdung von der produktiven Tätigkeit verhindert wiederum, dass die Arbeit (als vergegenständlichendes Tun) eine Wesensäußerung des Menschen ist; der Arbeiter fühlt sich in seiner Arbeit nicht bejaht, sondern verneint, nicht wohl, sondern unglücklich. Daher ist die Arbeit auch nicht, was sie nach Marx sein müsste: „die Befriedigung seines Bedürfnisses"; sie ist vielmehr „nur eine *Mittel,* um Bedürfnisse außer ihr zu befriedigen".

Daraus folgt, dass sich das Lebensinteresse des Arbeiters umkehrt, dass es sich – um einen modernen Terminus zu gebrauchen – auf die Sphäre des Konsums verlagert, kurz, dass sich der Arbeiter *erst außer der Arbeit bei sich* und *in der Arbeit außer sich* fühlt. „Zu Hause ist er, wenn er nicht arbeitet und wenn er arbeitet, ist er nicht zu Haus." Das Leben in der entfremdeten Arbeit erscheint also nur als *Lebensmittel.* Die Tätigkeit des Arbeiters ist nicht seine Selbsttätigkeit, sie gehört einem andern, „sie ist der Verlust seiner selbst". Hierin zeigt sich die *Selbstentfremdung* des Menschen. Ihre Bedeutung erschließt sich, wenn man an die erwähnte Vergegenständlichung des menschlichen Wesens erinnert und eine spätere Darlegung der *Pariser Manuskripte* (Bd 40, S. 539) zu Hilfe nimmt: „Der Mensch eignet sich sein allseitiges Wesen auf eine allseitige Art an, also als ein totaler Mensch. Jedes seiner menschlichen Verhältnisse zur Welt, Sehen, Hören, Riechen, Schmecken, Fühlen, Denken, Anschauen, Empfinden, Wollen, Tätigsein, Lieben, kurz alle Organe seiner Individualität, wie die Organe, welche unmittelbar in ihrer Form als gemeinschaftliche Organe sind, sind in ihrem *gegenständlichen* Verhalten oder in ihrem *Verhalten zum Gegenstand* die Aneignung desselben."

Als eine *letzte Konsequenz* der Entfremdung des Menschen von seinem Produkt, von seiner Lebenstätigkeit und von sich selbst nennt Marx (Bd 40, S. 518) schließlich die *Entfremdung des Menschen vom anderen Menschen.* Dass der Mensch seinem Gattungswesen entfremdet ist, bedeutet, „daß ein Mensch dem andern, wie jeder von ihnen dem menschlichen Wesen entfremdet ist". Die Entfremdung des Menschen, die in der entfremdeten Arbeit ihren Ursprung hat, zeigt hierin ihre volle Auswirkung. Die Entfremdung des *Verhältnisses zwischen den Menschen,* macht all das zunichte, was die menschliche Vergesellschaftung kennzeichnet. Menschlich ist für Marx (MEW Bd 40, S. 535) die Vergesellschaftung, wenn ein Mensch dem andern als Mensch und um seiner selbst willen zum Bedürfnis geworden ist, was am eindrucksvollsten am Verhältnis der Geschlechter aufgezeigt wird: „Aus dem Charakter dieses Verhältnisses folgt, inwieweit der Mensch als *Gattungswesen,* als *Mensch* sich geworden ist und erfasst hat …, inwieweit er in seinem individuellsten Dasein zugleich Gemeinwesen ist."

Die beschriebene Entfremdung verlangt nach ihrer Aufhebung. Um den Weg hierzu anzudeuten, argumentiert Marx 1844 wie folgt: Das entfremdete Verhältnis zum Produkt der Arbeit impliziert die Verfügung eines Fremden über diese Arbeit und dies analog zur religiösen Entfremdung, die die Macht eines fremden, transzendenten Wesens über das Geschick der Menschen erzeugt. Nicht mehr als Grund, sondern als Produkt der entfremdeten Arbeit erscheint das Privateigentum, „wie auch die Götter ursprünglich nicht die Ursache, sondern die Wirkung der menschlichen Verstandesverirrung sind". Der nachfolgende Satz deutet die weitere Richtung an: „Später schlägt dieses Verhältnis in Wechselwirkung um." Indem Marx die Frage nach dem Ursprung des Privateigentums in die Frage nach dem Verhältnis der *entäußerten Arbeit* zum Entwicklungsgang der Menschheit verwandelt, verweist er auf die Lösung des Problems. „Denn wenn man von *Privateigentum* spricht, so glaubt man es mit einer Sache außer dem Menschen zu tun zu haben. Wenn man von der *Arbeit* spricht, so hat man es unmittelbar mit dem Menschen selbst zu tun. Diese neue Stellung der Frage ist inklusive schon ihre Lösung" (MEW Bd 40, S. 521 f.). Die entfremdete Gesellschaft kann nur durch den Arbeiter überwunden werden; nur beim Arbeiter erscheint sie „als Tätigkeit der Entäußerung, der Entfremdung", während sie beim Bourgeois „als Zustand der Entäußerung, der Entfremdung, erscheint."

Damit ist das Proletariat aufgerufen, die entfremdete Wirtschaftsgesellschaft des Kapitalismus aufzuheben und – um an den oben erläuterten Emanzipationsgedanken zu erinnern – die allgemein menschliche, nicht bloß politische Emanzipation, die Befreiung des Menschen aus seiner Selbstentfremdung, zu vollbringen. Dies ist derselbe Gedanke, den Marx in der *Einleitung* zur *Kritik der Hegelschen Rechtsphilosophie* ausspricht, die zur gleichen Zeit wie die *Pariser Manuskripte* entstand. Auch hier verweist Marx darauf, dass die allgemein menschliche Emanzipation nur von dem Teil der bürgerlichen Gesellschaft, der Klasse ausgehen könne, in der sich alle Mängel der Gesellschaft gewissermaßen konzentrieren. Die Möglichkeit einer allgemeinen Selbstbefreiung sei erst gegeben „in der Bildung einer Klasse mit *radikalen Ketten,* einer Klasse der bürgerlichen Gesellschaft, welche keine Klasse der bürgerlichen Gesellschaft ist, eines Standes, der die Auflösung aller Stände ist, einer Sphäre, welche einen universellen Charakter durch ihre universellen Leiden besitzt und kein *besonderes Recht* in Anspruch nimmt, weil kein *besonderes Unrecht,* sondern das *Unrecht schlechthin* an ihr verübt wird, ... einer Sphäre endlich, welche sich nicht emanzipieren kann, ohne sich von allen übrigen Sphären der Gesellschaft und damit alle ihre übrigen Sphären der Gesellschaft zu emanzipieren, welche mit einem Wort der *völlige Verlust* des Menschen ist, also nur durch die *völlige Wiedergewinnung des Menschen* sich selbst gewinnen kann. Diese Auflösung der Gesellschaft als ein besonderer Stand ist das *Proletariat*" (MEW Bd 1, S. 390).

4 Die Klassenkämpfe in Frankreich

„Die theoretischen Sätze der Kommunisten", heißt es im *Manifest der Kommunistischen Partei* von 1848, „sind nur allgemeine Ausdrücke tatsächlicher Verhältnisse eines existierenden Klassenkampfes, einer unter unsern Augen vor sich gehenden geschichtlichen Bewegung" (MEW Bd 4, S. 475). Dies festzuhalten ist wesentlich: Es gibt für Marx und Engels keine geschichtliche Bewegung ohne Klassenkampf; die *Bewegung* ist *Klassenkampf.* Und das bekannteste Diktum des *Kommunisti-*

schen Manifests: „Die Geschichte aller bisherigen Gesellschaft ist die Geschichte von Klassenkämpfen", muss aus dem Gefüge der materialistischen Geschichtsauffassung verstanden werden. Dem Klassenkampf der Bourgeoisie folgt hiernach der des Proletariats (mit dessen Machtergreifung die Geschichte der Klassenherrschaft beendet ist). So war es dann auch die – bald offensive – Klassenkampfbewegung des sich herausbildenden Proletariats, die Marx und Engels immer wieder theoretisch und vor allem empirisch erörterten.

Namentlich Marx hat sich ausführlich mit den *Ereignissen in Frankreich* befasst, wo nach Engels (Bd 8, S. 561 f.) die „geschichtlichen Klassenkämpfe mehr als anderswo jedesmal bis zur Entscheidung durchgefochten wurden" und „der Kampf des aufstrebenden Proletariats gegen die herrschende Bourgeoisie … in einer, anderswo unbekannten, akuten Form" auftrat. Insbesondere der nachfolgend zu behandelnde Zeitraum von der Julimonarchie Louis-Philippes (1830–1848) bis zum Dezember 1851, dem Staatsstreich Louis Bonapartes, zeigte Marx die parteipolitischen Aspekte des Klassenkampfes, die besonderen Formen des kapitalistischen Staates und die konkrete Gestalt der Einheit *mehrerer Klassenfraktionen der Bourgeoisie*, die sich der Exekutivgewalt als Machtinstrument bedienten. Darüber hinaus konnte sich die Exekutivgewalt auch *verselbstständigen;* die ökonomisch herrschende Klasse bzw. Klassenfraktion brauchte also nicht zugleich die politisch herrschende Klasse bzw. Klassenfraktion zu sein. Besonders deutlich wird dies im französischen Bonapartismus.

Überblickt man die Geschichte Frankreichs von 1789–1871, so fällt auf, dass der Großen Revolution von 1789 vier weitere folgten: die Julirevolution von 1830, die Februar- und Junirevolution von 1848 und der *Bürgerkrieg* von 1870. Dieser Sachverhalt verweist auf zwei Faktoren. Zum einen zeigt sich der enge Zusammenhang der revolutionären Ereignisse mit den verschiedenen Etappen der industriellen Revolution, in deren Ergebnis die entsprechenden Klassenfraktionen der Bourgeoisie einander in der Machtausübung ablösten. Während der dreißiger und vierziger Jahre des 19. Jahrhunderts kam es zum Durchbruch der industriellen Revolution, fast zwanzig Jahre später als in England und nahezu zwanzig Jahre früher als in Deutschland. Der industrielle Aufschwung Frankreichs, das Eindringen der maschinellen Produktion in die Manufakturen, kurz: die Entfaltung des französischen Fabriksystems und die damit verbundene wirtschaftliche Konzentration bildeten die Grundlagen. Zum Zweiten muss das Phänomen beachtet werden, dass es den Volksmassen, wie Marx (Bd 5, S. 134) im Hinblick auf die Februarrevolution von 1848 schrieb, um die Beseitigung des „Kapitals auf dem Throne", um die Beseitigung der gekrönten Herrschaft einer Klassenfraktion ging.

Die Klassenfraktion, die unter der konstitutionellen Monarchie Louis Philippes dominierte, war die Finanzaristokratie. „Nicht die französische Bourgeoisie herrschte unter Louis Philippe, sondern *eine Fraktion* derselben, Bankiers, Börsenkönige, Eisenbahnkönige, Besitzer von Kohle- und Eisenbergwerken und Waldungen, ein Teil des mit ihnen ralliierten Grundeigentums – die sogenannte *Finanzaristokratie*. Sie saß auf dem Throne, sie diktierte in den Kammern Gesetze, sie vergab die Staatsstellen vom Ministerium bis zum Tabaksbüro" (MEW Bd 7, S. 12). Wie Marx im *Achtzehnten Brumaire* vermerkt, bestand neben dieser Finanzaristokratie gleichwohl eine zweite Bourgeoisiefraktion, die der großen Industriellen. Beide Fraktionen bildeten eine besondere politische Einheit, die der konstitutionellen Monarchie als Staatsform entsprach.

Marx stellt derart eine Beziehung zwischen einer Staatsform und der konkreten Gestalt der Einheit mehrerer herrschender Fraktionen her – eine Beziehung, die auch bei der weiteren Betrachtung der französischen Ereignisse zu konstatieren ist. Nicos Poulantzas hat in diesem Zusammenhang den Begriff des *Machtblocks* eingeführt, den er an die Stelle der von Marx gebrauchten Termini wie „Bündnis", „Koalition", „Vereinigung" und „Verschmelzung" setzt. Dieser Begriff des Machtblocks bezeichnet Poulantzas (1974, S. 243) zufolge die aus den politisch herrschenden Klassen und Fraktionen gebildete widersprüchliche Einheit in ihrem Verhältnis zu einer besonderen Form des kapitalistischen Staates. „Der Machtblock bezieht sich auf die Periodeneinteilung der kapitalistischen Gesellschaftsformation in typische Stadien. Er umfaßt ... die konkrete Gestalt der Einheit dieser Klassen und Fraktionen in den Stadien der Gesamtheit der Instanzen, welche durch eine spezifische Gliederung und einen eigenen Rhythmus gekennzeichnet sind" (Poulantzas 1974, S. 243). Sie bilden eine von inneren Widersprüchen gekennzeichnete Einheit unter dem Schutz der hegemonialen Fraktion. Die Interessengegensätze werden nicht aufgehoben, der Klassenkampf bleibt ständig gegenwärtig (Poulantzas 1974, S. 247).

Mit der Februarrevolution von 1848 kam es zu einer Regierung, die sich aus verschiedenen Parteien zusammensetzte, unter denen sich der Sieg verteilte. Sie konnte nach Marx (Bd 7, S. 16 f.) „nichts anderes sein als ein *Kompromiß der verschiedenen Klassen*, die gemeinsam den Julithron umgestürzt, deren Interessen sich aber feindlich gegenüberstanden. Ihre *große Majorität* bestand aus Vertretern der Bourgeoisie. Das republikanische Kleinbürgertum vertreten in Ledru-Rollin und Flocon, die republikanische Bourgeoisie in den Leuten vom ‚National', die dynastische Opposition in Crémieux, Dupont de l'Eure usw. Die Arbeiterklasse besaß nur zwei Repräsentanten, Louis Blanc und Albert. Lamartine endlich in der provisorischen Regierung, das war zunächst kein wirkliches Interesse, keine bestimmte Klasse, das war die Februarrevolution selbst, die gemeinsame Erhebung mit ihren Illusionen, ihrer Poesie, ihrem eingebildeten Inhalt und ihren Phrasen."

Die von Marx herausgestellten Phrasen sollten sich alsbald als solche enthüllen. Bereits nach den Maiwahlen 1848 trat eine Nationalversammlung zusammen, in der Lamartines gemäßigte Republikaner 500 Sitze und die vereinigten Monarchisten – Orleanisten und Legitimisten – 300 Sitze einnahmen, während sich die Sozialisten und ihre Verbündeten mit weniger als 100 Sitzen begnügen mussten. Diese Nationalversammlung brach sofort, so Marx, „mit den sozialen Illusionen der Februarrevolution, sie proklamierte rundheraus die *bürgerliche Republik*, nichts als die bürgerliche Republik". Louis Blanc und Albert wurden aus der von ihr ernannten Exekutivkommission ausgeschlossen; der Vorschlag eines besonderen Arbeitsministeriums wurde verworfen. Und mit stürmischen Beifallsrufen empfing man die „Erklärung des Ministers Trélat: ‚Es handle sich nur noch darum, *die Arbeit auf ihre alten Bedingungen zurückzuführen*'" (MEW Bd 7, S. 30). Damit war der ersten Periode vom 24. Februar oder dem Sturz Louis Philippes bis zum 4. Mai 1848, dem Zusammentritt der konstituierenden Versammlung, die zweite Periode gefolgt, die „Periode der Konstituierung, Begründung der bürgerlichen Republik" (MEW Bd 8, S. 121). Sie dauerte bis Ende Mai 1848.

Es kam zur *Junirevolution* von 1848, in der die Bourgeoisie die Forderungen des Proletariats „widerlegte" und dabei den Massakern Cavaignacs akklamierte. Was in der Februarrevolution noch verschleiert blieb, enthüllte die Junirevolution, entsprechend den Worten Marxens (Bd 7, S. 32): „Die Februarrevolution war die *schöne* Revolution, die Revolution der allgemeinen Sympathie, weil die Gegensätze, die in ihr gegen das Königtum eklatierten, *unentwickelt,* einträchtig nebeneinander schlummerten, weil der soziale Kampf, der ihren Hintergrund bildete, nur eine luftige Existenz gewonnen hatte, die Existenz der Phrase, des Worts. Die *Junirevolution* ist die *häßliche* Revolution, die abstoßende Revolution, weil an die Stelle der Phrase die Sache getreten ist, weil die Republik das Haupt des Ungeheuers selbst entblößte, indem sie ihm die schirmende und versteckende Krone abschlug."

Zweierlei sollte sich verdeutlichen: Zum Ersten war der Charakter der *bürgerlichen Republik* zutage getreten. Die Niederlage der Juni-Insurgenten hatte nach Marx (Bd 8, S. 122) gezeigt, dass es sich in Europa um andere Fragen handelte als um die Alternative Republik oder Monarchie. Sie hatte offenbart, „daß *bürgerliche Republik* hier die uneingeschränkte Despotie einer Klasse über andere Klassen bedeute[te]". Zum Zweiten war deutlich geworden, wie wenig es bisher zu scharfen Klassengegensätzen gekommen war. Eingangs wurde auf jenen Zusammenhang der revolutionären Ereignisse mit den verschiedenen Etappen der industriellen Revolution verwiesen, in deren Gefolge Klassenfraktionen der Bourgeoisie einander in der Machtausübung ablösten. Drei Bourgeoisiefraktionen traten in Erscheinung: Während die eine Fraktion, die *großen Grundeigentümer,* unter dem älteren Zweig der Bourbonen bis 1830 dominiert hatte, herrschten die beiden weiteren – vom Marx zumeist als Einheit bezeichneten – Fraktionen, die *Finanzaristokraten* und die *großen Industriellen,* unter dem *Bürgerkönigtum*; beide Fraktionen waren orléanistisch ausgerichtet. Nun, in der parlamentarischen Republik, die weder den Namen Bourbon noch den Namen Orléans trug, sondern, so Marx

(Bd 8, S. 131), den Namen Kapital, hatten alle drei Fraktionen „die Staatsform gefunden, worunter sie *gemeinsam* herrschen konnten".

Die von Marx hervorgehobene *gemeinsame Herrschaft* täuscht nur oberflächlich über jenes Phänomen hinweg, das man im Anschluss an Poulantzas mit dem Begriff des Machtblocks umschreiben kann. Zwar heißt es bei Marx (Bd 7, S. 59): „*Bourbon* war der königliche Name für den überwiegenden Einfluß der Interessen der einen Fraktion, Orléans der königliche Name für den überwiegenden Einfluß der Interessen der anderen Fraktion – das *namenlose Reich der Republik* war das einzige, worin beide Fraktionen in gleichmäßiger Herrschaft das gemeinsame Klasseninteresse behaupten konnten, ohne ihre wechselseitige Rivalität aufzugeben". Während also mit dem Hinweis auf den überwiegenden Einfluss der Interessen der einzelnen Fraktionen deren jeweilige Dominanz während der Restauration und der Monarchie Louis Philippes angesprochen wird, scheint die parlamentarische Republik des dominanten Elements zu entbehren. Und doch stellte der Machtblock der parlamentarischen Republik keine Herrschaft mit gleicher Machtverteilung, keine *Verschmelzung* der Fraktionen dar. Als Beleg hierfür kann Marx' Hinweis gelten, dass „die Republik vom ersten Tage ihres Bestehens an die Finanzaristokratie nicht stürzte, sondern befestigte" (MEW Bd 7, S. 77). In der Tat beruhte der Machtblock der parlamentarischen Republik auf der Hegemonie der Finanzfraktion. Der Staat bildete auch hier den „Faktor der politischen Einheit des Machtblocks unter dem Schutz der herrschenden Klasse oder Fraktion" (Poulantzas 1974, S. 311).

5 Der Bonapartismus

Im Dezember 1848 wurde Louis Napoleon zum Präsidenten der Republik gewählt, der bis 1851 die von Marx beschriebenen Kräfte für eine *bonapartistische Diktatur* auf sich vereinte. Die Ereignisse dieser Zeitspanne waren durch weiter wachsende Rivalitäten der einzelnen Bourgeoisie-Fraktionen und durch einen „Vereinzelungseffekt" bestimmt, der sich im ökonomischen Klassenkampf ausprägte und auf Privatinteressen gründete. Marx erkannte zunächst eine wachsende Differenz zwischen der bürgerlichen Masse und ihren Repräsentanten im Parlament, die er mit einer Differenz in jedem einzelnen Bourgeois selbst verknüpft sah. Diese Differenz war die zwischen dem Privatinteresse am reibungslosen Fortgang der Geschäfte und dem öffentlichen Interesse an der politischen Macht. Marx zufolge offenbarte sich hierin vor allem die bourgeoise Aversion gegen die parlamentarischen Diskussionen, die sich außerhalb des Parlaments in den debattierenden Klubs fortsetzten. Die an die Volksmeinung appellierenden Repräsentanten berechtigten die Bevölkerung, in Petitionen ihre wirkliche Meinung zu sagen. All dies war dazu angetan, das auf die kapitalistische Wirtschaftsweise bezogene Privatinteresse zu stören. Die Bourgeoisie verketzerte nach Marx nun als „sozialistisch", was sie früher als „liberal" gefeiert hatte, sie gestand ein, „daß ihr eigenes Interesse gebietet, sie der Gefahr des *Selbstregierens* zu überheben, daß, um die Ruhe im Lande herzustellen, vor allem ihr Bourgeoisparlament zur Ruhe gebracht, um ihre *gesellschaftliche Macht* unversehrt zu erhalten, ihre politische Macht gebrochen werden müsse; daß die *Privatbourgeois* nur fortfahren können, die andern Klassen zu exploitieren und sich ungetrübt des Eigentums, der Familie, der Religion und der Ordnung zu erfreuen, unter der Bedingung, daß ihre Klasse neben den andern Klassen zu gleicher politischer Nichtigkeit verdammt werde; daß, um ihren Beutel zu retten, die Krone ihr abgeschlagen und das Schwert, das sie beschützen solle, zugleich als Damoklesschwert über ihr eigenes Haupt gehängt werden müsse" (MEW Bd 8, S. 154).

Dieser Hinweis auf das Privatinteresse ist wichtig; innerhalb der ökonomischen Gesellschaftsverhältnisse lässt sich eine Vereinzelung zwischen und innerhalb verschiedener Klassenfraktionen feststellen. Eine solche Vereinzelung führt zu einer allgemeinen Vereinzelung des ökonomischen Kampfes, für die Marx den Ausdruck *privat* verwendet. Die Vereinzelung ist eng mit dem Privatinteresse verbunden. Und was den bürgerlichen Staat betrifft, so steht er in Beziehung zu den ökonomischen Gesellschaftsverhältnissen in der Form, wie sie in ihrer Vereinzelung erscheinen. Dies darum, weil – wie Nicos Poulantzas (1974, S. 135) zu Recht vermerkt – „die ökonomischen Gesellschaftsverhältnisse aus Formen der Klassenpraxis bestehen, das heißt aus [Formen] des wirksamen und bereits überdeterminierten Handelns der auf die gesellschaftlichen Klassen verteilten Produktionsagenten im ökonomischen Bereich. Diese Praxis ist selber keineswegs ‚rein', sondern in ihrer konkreten Realität stets überdeterminiert. Der kapitalistische Staat ist daher bestimmt durch seine Funktion gegenüber dem ökonomischen Klassenkampf: gegenüber der Art und Weise, wie dieser ökonomische Klassenkampf infolge des ... Vereinzelungseffekts auftritt".

Derart erscheint der bürgerliche Staat als die „eigentlich politische *Einheit* eines ökonomischen Kampfes, der seiner Natur nach diese Vereinzelung aufweist" (ebd.). Der Staat übernimmt hierbei gegenüber den ökonomischen Gesellschaftsverhältnissen eine spezifische, autonome Rolle, nämlich die eines politischen Körpers, dessen Existenz auf der Vereinzelung in den ökonomischen Gesellschaftsverhältnissen beruht. Vor allem gegenüber der Bourgeoisie wird dies deutlich: Sie bewies Marx (Bd 8, S. 183) zufolge, „daß der Kampf um die Behauptung ihres öffentlichen Interesses, ihres eigenen *Klasseninteresses,* ihrer *politischen* Macht, sie als Störung des Privatgeschäfts nur belästige und verstimme".

In der konkreten geschichtlichen Situation Frankreichs breitete sich damit eine Tendenz zur *Verselbständigung der Exekutivgewalt* aus, die im Grunde vom

Bürgertum initiiert war und in der Folgezeit weiter vorangetrieben wurde. Vor allem angesichts der Handelskrise von 1851 und des Wiederauflebens der revolutionären Agitation sprach sich die *Masse* der außerparlamentarischen und damit *wirklichen Bourgeoisie* für Bonaparte gegen ihr eigenes Parlament aus, wobei sie „ihr allgemeines Klasseninteresse, das heißt ihr politisches Interesse dem borniertesten, schmutzigsten Privatinteresse aufopferte ..." (MEW Bd 8, S. 185). Der französische Bourgeois – mitten in einer Handelskrise von „Gerüchten über Staatsstreiche und Herstellung des allgemeinen Wahlrechts, von dem Kampfe zwischen Parlament und Exekutivgewalt" und vielem mehr betäubt – schrie, so Marx (Bd 8, S. 187) seiner parlamentarischen Republik zu: „Lieber ein Ende mit Schrecken als ein Schrecken ohn' Ende!", und Bonaparte verstand diesen Schrei.

Die Bourgeoisie bildete mithin eine der sozialen Grundlagen des Bonapartismus. Zwecks Durchsetzung klasseneigener Forderungen sehnte sie sich nach einer Periode, „wo sie herrschte, ohne verantwortlich für ihre Herrschaft zu sein; wo eine Scheinmacht, zwischen ihr und dem Volke stehend, für sie handeln und ihr zugleich als Versteck dienen mußte; wo sie sozusagen einen gekrönten Sündenbock besaß, auf den das Proletariat losschlug, sobald es sie treffen wollte, gegen den sie sich selbst mit dem Proletariat verband, so oft er ihr lästig wurde und sich als Macht für sich festsetzen wollte" (MEW Bd 5, S. 449). Diese frühe Aussage von Marx in der *Neuen Rheinischen Zeitung* vom November 1848 stellt bereits eine Vorwegnahme der Lage von 1850/51 dar. In ihr verdeutlicht sich die unentschlossene Haltung der Arbeiterschaft, die, wie Marx (Bd 8, S. 157) im *Achtzehnten Brumaire* vermerkt, auf die Ehre verzichtete, „eine erobernde Macht zu sein", die sich ihrem Schicksal unterwarf und bewies, „daß die Niederlage vom Juni 1848 sie für Jahre kampfunfähig gemacht" hatte.

Eine drückende Niederlage des Proletariats in einer sozialen Krise trug mithin ebenso zum Entstehen des Bonapartismus bei wie die genannten Gründe der Bourgeoisie. Und dabei sollte nicht vergessen werden, dass die Kluft innerhalb der Bourgeoisie über die erwähnten ökonomischen Ursachen hinaus wiederum aus der Wirkung der Februar- und der Junirevolution verstanden werden muss. *Bonaparte* erschien nun als der ersehnte Repräsentant des *gemeinsamen Interesses* der in sich gespaltenen *Bourgeoisie*, die aus sich heraus eine Einheit nicht mehr zustande brachte. Engels hat hierzu bemerkt: „Konnte das Proletariat [1848] noch nicht Frankreich regieren, so konnte die Bourgeoisie es schon nicht mehr ... Ihre inneren Zänkereien erlaubten dem Abenteurer Louis Bonaparte, alle Machtposten – Armee, Polizei, Verwaltungsmaschinerie – in Besitz zu nehmen und am 2. Dezember 1851 die letzte feste Burg der Bourgeoisie, die Nationalversammlung, zu sprengen" (MEW Bd 22, S. 190 f.).

Neben den erwähnten sozialen Grundlagen des Bonapartismus existierte eine *breite soziale Wurzel* der Diktatur Bonapartes: die der Parzellenbauern. „Die zahlreichste Klasse der französischen Gesellschaft, die Parzellenbauern", bildete eine genuine Massenbasis für das neue Regime. Es handelte sich hierbei um die *konservativen* Parzellenbauern, also um all jene, die ihr bäuerliches Privateigentum gegen die proletarische Revolution erhalten und verteidigt wissen wollten. Sie und nicht die *revolutionären* Parzellenbauern, die sich gegen die bürgerlichen Eigentumsverhältnisse richteten, bildeten jene *Addition gleichnamiger Größen*, die ihr Interesse nicht durch ein Parlament oder einen Konvent selbst geltend machen konnten, sondern sich vertreten lassen mussten. Ihren besten Repräsentanten vermeinten sie im Neffen jenes Kaisers zu sehen, der sie einst zu freien Bauern gemacht hatte.

Für den Bonapartismus waren schließlich noch zwei weitere Kräfte bedeutsam: Marx nennt zum einen die *Klasse der Kleinbürger* (Ladenbesitzer, Handwerker usw.), die in den Junitagen für die Rettung des Eigentums und die Wiederherstellung des Kredits gekämpft, sich im Frühjahr 1849 jedoch mit den Sozialisten zur *Sozialdemokratischen Partei* vereint hatten. Als Gesamtklasse sind sie für Marx sowohl revolutionär als auch reaktionär. Sie stehen auf der Seite der Arbeiter, wenn die Bourgeoisie die republikanischen Einrichtungen bedroht; aber sie wenden sich gegen die Arbeiter, sobald diese die Abschaffung des Privateigentums fordern. Daraus erklärt sich ihre ambivalente Haltung, die Bonaparte zugutekam. Und zum andern war es die *Gesellschaft des zehnten Dezember*, welche die organisatorische Stütze Louis Bonapartes ausmachte. Sie bestand aus dem „Auswurf, Abfall, Abhub aller Klassen" – dem „Pariser Lumpenproletariat, in geheimen Sektionen organisiert, jede Sektion von bonapartistischen Agenten geleitet, an der Spitze des Ganzen ein bonapartistischer General" (MEW Bd 8, S. 160 f.).

Marx' Interpretation trifft zu. Es waren Deklassierte aller „Klassen", aus denen sich die Parteiorganisation Louis Bonapartes zusammensetzte, sozial und wirtschaftlich entwurzelte Randschichten. Mit Recht hat August Thalheimer (1974, S. 17) darauf hingewiesen, dass es sich hier um „Fleisch vom Fleische der bürgerlichen Gesellschaft" gehandelt habe, und zwar im folgenden Sinne: „Der bekannte Proudhonsche Satz: ‚La propriété c'est le vol', ‚das Eigentum ist Diebstahl', gilt also auch umgekehrt: ‚le vol c'est la propriété', ‚Diebstahl ist das Eigentum'. Und so sind diese Deklassierten aller Klassen zugleich Fleisch vom Fleische, Bein vom Beine des Privateigentums, der bürgerlichen Gesellschaft, und also fähig, indem sie auf ihre politische Herrschaft verzichtet, ihre soziale Herrschaft zu verteidigen und zu schützen gegenüber der Klasse und den Klassen, die die revolutionäre Aufhebung der bürgerlichen Gesellschaft, die gesellschaftliche Aufhebung des individuellen bürgerlichen Eigentums, vertreten, des industriellen Proletariats und der proletarisierten Teile des Bauerntums."

Damit sind die vielfältigen sozialen Grundlagen aufgezeigt, die für Marx den Staatsstreich des 2. Dezember 1851 und das bonapartistische Regime verursachten.

Drei Phänomene traten zutage: das der *scheinbaren, gleichwohl auch existenten* Verselbständigung der *Exekutivgewalt* gegenüber den gesellschaftlichen Klassen, das der stufenförmigen Transformation der *bürgerlichen Republik* in die Diktatur sowie das Phänomen des Strukturwandels von Herrschaftssystemen als Funktion des sich verschiebenden Kräfteverhältnisses der mit der *bürgerlichen Gesellschaft* gegebenen Klassen bzw. Klassenfraktionen. Insgesamt stellte der Bonapartismus gemäß der Marxschen Definition (Bd 7, S. 516) im *Bürgerkrieg in Frankreich* die „einzige mögliche Regierungsform zu einer Zeit" dar, „wo die Bourgeoisie die Fähigkeit, die Nation zu beherrschen, schon verloren und wo die Arbeiterklasse diese Fähigkeit noch nicht erworben hatte".

6   Die materialistische Geschichtsauffassung

Die Interpretation wendet sich der materialistischen Geschichtsauffassung zu, deren Grundlagen Marx und Engels in der Auseinandersetzung mit dem Junghegelianismus und der Feuerbachschen Anthropologie entwickelten. So ist für Marx die Ideenproduktion nicht, wie viele Junghegelianer meinten, das demiurgische Wirken eines autarken Geistes oder einer alles durchwaltenden Vernunft. Die Ideenproduktion stellt nur die Bewusstseinsform dar, in der die Energien des „wirklichen, empirisch anschaulichen Entwicklungsprozesses" oder „tätigen Lebensprozesses" ihren Ausdruck finden. Und gegen Feuerbach und dessen anschauenden Materialismus richtet sich Marx (Bd 3, S. 5) in den *Thesen über Feuerbach,* in deren erster es heißt: „Der Hauptmangel alles bisherigen Materialismus (den Feuerbachschen mit eingerechnet) ist, daß der Gegenstand, die Wirklichkeit, Sinnlichkeit nur unter der Form des *Objekts oder der Anschauung* gefaßt wird, nicht aber als *sinnlich menschliche Tätigkeit, Praxis.*" Der *anschauende Materialismus* unterschätze damit, dass der Mensch in seiner Wirklichkeit das *Ensemble der gesellschaftlichen Verhältnisse* sei, was jener Feuerbach-Kritik entspricht, die Marx (Bd 1, S. 37) bereits in der *Einleitung zur Kritik der Hegelschen Rechtsphilosophie* dahin gehend zusammenfasst: „... der Mensch, das ist kein abstraktes, außer der Welt hockendes Wesen. Der Mensch, das ist *die Welt des Menschen,* Staat, Sozietät". Entgegen Feuerbachs Materialismus wie entgegen der spekulativen Philosophie der Junghegelianer erstreben Marx und Engels die wirkliche, positive Wissenschaft. Diese beginne mit den auf rein empirischem Wege konstatierbaren materiellen Lebensbedingungen der wirklichen Individuen, wie dies Walter Euchner (1983, S. 58 ff.) treffend zusammengefasst hat.

Die *materiellen Lebensbedingungen* werden in der materialistischen Geschichtsauffassung mit den zentralen – analytischen – Begriffen der *Produktivkräfte* und der *Produktionsverhältnisse* (bzw. ursprünglich: *Verkehrsform*) erfasst.

Unter den *Produktivkräften*, die die Menschen in ihrem Kampf mit der Natur ständig zu entwickeln bemüht sind, versteht Marx (so in einem Brief an Annenkow) das „Resultat der angewandten Energie der Menschen" (MEW Bd 27, S. 451), sie sind die Gesamtheit der subjektiven und gegenständlichen Faktoren des Produktionsprozesses sowie deren Zusammenwirken bei der Güterproduktion und dürfen nicht als einzelne Produktionsmittel, -instrumente oder -techniken verstanden werden. Die *Produktionsverhältnisse* bilden „die verfestigten Strukturen des zwischenmenschlichen Verkehrs, die teilweise rechtsförmig geordnet sind, wie die Eigentums-, Familien- und Standesverhältnisse, letztlich auch die Formen der politischen Herrschaft" (Euchner 1983, S. 61). Beide – Produktivkräfte und Produktionsverhältnisse – werden in ihrer Entwicklung durch die *Teilung der Arbeit* beeinflusst, welche die gesellschaftlichen Strukturen primär erzeugt und die als Terminus mit dem des *Privateigentums* identisch ist. „In dem Einen wird in Beziehung auf die Tätigkeit dasselbe ausgesagt, was in dem Andern in bezug auf das Produkt der Tätigkeit ausgesagt wird" (MEW Bd 3, S. 32).

Nach dieser Begriffsdefinition der Produktivkräfte und der Produktionsverhältnisse kann jene klassische Fassung der materialistischen Geschichtstheorie im *Vorwort zur Kritik der Politischen Ökonomie* (1859) zitiert werden, in dem Marx (Bd 13, S. 8f.) den Gang seiner Studien und deren allgemeinstes Resultat herausstellt: „In der gesellschaftlichen Produktion ihres Lebens gehen die Menschen bestimmte, notwendige, von ihrem Willen unabhängige Verhältnisse ein, Produktionsverhältnisse, die einer bestimmten Entwicklungsstufe ihrer materiellen Produktivkräfte entsprechen. Die Gesamtheit dieser Produktionsverhältnisse bildet die ökonomische Struktur der Gesellschaft, die reale Basis, worauf sich ein juristischer und politischer Überbau erhebt, und welcher bestimmte gesellschaftliche Bewußtseinsformen entsprechen. Die Produktionsweise des materiellen Lebens bedingt den sozialen, politischen und geistigen Lebensprozeß überhaupt. Es ist nicht das Bewußtsein der Menschen, das ihr Sein, sondern umgekehrt ihr gesellschaftliches Sein, das ihr Bewußtsein bestimmt. Auf einer gewissen Stufe ihrer Entwicklung geraten die materiellen Produktivkräfte der Gesellschaft in Widerspruch mit den vorhandenen Produktionsverhältnissen oder, was nur ein juristischer Ausdruck dafür ist, mit den Eigentumsverhältnissen, innerhalb derer sie sich bisher bewegt hatten. Aus Entwicklungsformen der Produktivkräfte schlagen diese Verhältnisse in Fesseln derselben um. Es tritt dann eine Epoche sozialer Revolution ein. Mit der Veränderung der ökonomischen Grundlage wälzt sich der ganze ungeheure Überbau langsamer oder rascher um. In der Betrachtung solcher Umwälzungen muß man stets unterscheiden zwischen der materiellen, naturwissenschaftlichen treu zu konstatierenden Umwälzung in den ökonomischen Produktionsbedingungen und den juristischen, politischen, religiösen, künstlerischen oder philosophischen, kurz, ideologischen Formen, worin sich die Menschen dieses Konflikts bewußt werden und ihn ausfechten ... Eine Gesellschaftsformation geht nie unter, bevor alle Produktivkräfte entwickelt sind, für die sie weit genug ist, und neue höhere Produktionsverhältnisse treten nie an die Stelle, bevor die materiellen Existenzbedingungen derselben im Schoß der alten Gesellschaft ausgebrütet worden sind."

Die materialistische Geschichtsauffassung, die in diesem Zitat zum Ausdruck kommt, greift also auf die ökonomische Struktur der Gesellschaft zurück. Das gesellschaftliche Leben der Menschen ist in allen seinen Bereichen ökonomisch bedingt. Es hängt von der Gestaltung der Produktionsverhältnisse ab, so dass *Produktion* und *Distribution* die Grundlage jeder Gesellschaftsformation bilden. Im *Anti-Dühring* hat Engels diesen Kerngedanken auf die These zurückgeführt, dass die Basis jedweder Gesellschaftsordnung einschließlich ihrer sozialen Gliederung in Klassen oder Stände durch die *Art der Produktion* und die *Verteilung der Produkte* bestimmt werde, es also darum gehe, was und wie produziert und ausgetauscht werde (MEW Bd 30, S. 248). Und wenige Jahre nach der Drucklegung dieser Aussage, in seiner Rede am Grab von Marx, hat Engels (Bd 19, S. 335) den anthropologischen Grund dieser determinativen Kraft der Ökonomie dahin gehend umschrieben, „daß die Menschen vor allen Dingen zuerst essen, trinken, wohnen und sich kleiden müssen, ehe sie Politik, Wissenschaft, Kunst, Religion usw. treiben können".

Den von Engels angesprochenen Grundgedanken des ökonomischen Determinismus hat Marx, wie im Einzelnen noch aufzuzeigen ist, im Zusammenhang mit dem *Herrschafts- und Knechtschaftsverhältnis* stets erneut hervorgehoben, wobei er auf jene Mehrarbeit verweist, die sich im *Mehrwert* vergegenständlicht.[4] Im Dritten Band des *Kapitals* (Bd 25, S. 799 f.) heißt es: „Die spezifische ökonomische Form, in der unbezahlte Mehrarbeit aus den unmittelbaren Produzenten ausgepumpt wird, bestimmt das Herrschafts- und Knechtschaftsverhältnis, wie es unmittelbar aus der Produktion selbst hervorwächst und *seinerseits bestimmend auf sie zurückwirkt*. Hierauf aber gründet sich die ganze Gestaltung des ökonomischen, aus den Produktionsverhältnissen selbst hervorwachsenden Gemeinwesens und damit zugleich seine spezifische politische Gestalt. Es ist jedesmal das unmittelbare Verhältnis der Eigentümer der Produktionsbedingungen zu den unmittelbaren Produzenten ..., worin wir das innerste Geheimnis, die verborgene Grundlage der ganzen gesellschaftlichen Konstruktion und daher auch der politischen Form des Souveränitäts- und Abhängigkeitsverhältnisses, kurz der jedesmaligen spezifischen Staatsform finden."

---

4 Der Mehrwert umfasst diejenigen Werte, die in dem Teil vom Arbeitstag produziert werden, der über jene Arbeitszeit hinausreicht, die zur Erneuerung der Arbeitskraft notwendig ist. Ihn eignet sich der Produktionsmittelbesitzer an.

Nicht von ungefähr wurde der Text an einer Stelle hervorgehoben. Für Marx und Engels ist der *wechselseitige Einfluss* von *Politik* und Ökonomie bedeutsam. Vor allem Engels ist es, der in seinen späten Briefen immer wieder eine einseitige Ableitung kritisiert. In einem dieser Briefe schreibt Engels: „Nach materialistischer Geschichtsauffassung ist das in letzter Instanz bestimmende Moment in der Geschichte die Produktion und Reproduktion des wirklichen Lebens ... Die ökonomische Lage ist die Basis, aber die verschiedenen Momente des Überbaus ... üben auch ihre Einwirkung auf den Verlauf der geschichtlichen Kämpfe aus und bestimmen in vielen Fällen vorwiegend deren *Form*. Es ist eine Wechselwirkung aller dieser Momente, worin schließlich durch alle die unendliche Menge von Zufälligkeiten ... als Notwendiges die ökonomische Bewegung sich durchsetzt" (MEW Bd 37, S. 463). Die ökonomische Determination ist also keine total durchgängige, sie lässt vielmehr Raum für eine regionale Autonomie der nicht-ökonomischen Tätigkeitsbereiche. Trotz ihrer gesellschaftlichen Bedingtheit sind die ideologischen Anschauungsformen nicht ohne Bedeutung. Sie können durchaus auf die Produktivkräfte und die Produktionsverhältnisse zurückwirken. Doch *in letzter Instanz* bestimmen die sich entfaltenden Produktivkräfte und der Widerspruch zwischen ihnen und den hemmenden Produktionsverhältnissen die krisen- und konflikthaft verlaufende Richtung der Bewegung. Für Marx und Engels ist damit ein Gesetz der historischen Entwicklung entdeckt, das bereits in der *Deutschen Ideologie* (Bd 3, S. 73) angedeutet wurde: „Alle Kollisionen der Geschichte haben ... nach unsrer Auffassung ihren Ursprung im Widerspruch zwischen den Produktivkräften und der Verkehrsform."

Im Hinblick auf die historische Entwicklung im Kontext der zitierten materialistischen Geschichtsauffassung hat man immer wieder eine *strukturtheoretische* Interpretation der Beziehung von Produktivkräften und Produktionsverhältnissen (bzw.: Verkehrsformen) verfolgt. Eine solche einseitige Interpretation erweist sich jedoch schon in Bezug auf die Klassenkampflehre als verfehlt, wie sie im *Kommunistischen Manifest* herausgestellt wird. Um den Widerspruch von wachsenden Produktivkräften und hemmenden Produktionsverhältnissen adäquat beurteilen zu können, müssen vor allem auch die Kategorien der Wert- und Kapitalanalyse beachtet werden, die Marx zur Untersuchung der Krisenzusammenhänge in der Herausbildung und der Entwicklung der kapitalistischen Gesellschaftsformation verwendet und die im nächsten Unterkapitel näher zu erörtern sind.

Besonders in den *Grundrissen der Kritik der Politischen Ökonomie* und dem *Kapital* werden die Krisenzusammenhänge und die Kategorien der Wert- und Kapitalanalyse in einem Maße herausgearbeitet, das auch eine *wert- und kapitaltheoretische* Interpretation der Beziehung von Produktivkräften und Produktionsverhältnissen nahelegt. Dem widerspricht nicht, dass Marx am Ende des Dritten Bandes des primär aus wert- und kapitaltheoretischen Darstellungen bestehenden

Kapitals in seiner strukturtheoretisch formulierten Zusammenfassung des Widerspruchs von wachsenden Produktivkräften und hemmenden Produktionsverhältnissen darauf verweist: „Auf einer gewissen Stufe der Reife angelangt, wird die bestimmte historische Form abgestreift und macht einer höheren Platz. Daß der Moment einer solchen Krise gekommen, zeigt sich, sobald der Widerspruch und Gegensatz zwischen den Verteilungsverhältnissen, daher auch der bestimmten historischen Gestalt der ihnen entsprechenden Produktionsverhältnisse einerseits und den Produktivkräften, der Produktionsfähigkeit und der Entwicklung ihrer Agentien andererseits, Breite und Tiefe gewinnt. Es tritt dann ein Konflikt zwischen der materiellen Entwicklung der Produktion und ihrer gesellschaftlichen Form ein" (MEW Bd 25, S. 891). Richtig erscheint die von Walter Euchner (1983, S. 67) vertretene Auffassung, dass Marx sowohl die *strukturtheoretische* als auch die *wert- und kapitaltheoretische Variante* der materialistischen Geschichtsauffassung „für ohne weiteres ineinander überführbare theoretische Formulierungen derselben sozio-ökonomischen Problemlage hielt".

Der Widerspruch zwischen den vorwärtstreibenden *Produktivkräften* und den einengenden und fesselnden *Produktionsverhältnissen,* der die materialistische Geschichtsauffassung durchzieht, kann nicht dazu verführen, eine dogmatisch-monokausale Erklärung vorzunehmen. Vielmehr sind die beiden genannten Varianten zusammen zu sehen. Und wenn man aus Marx' *Betrachtung der französischen Geschichte vier zentrale Zitatstellen* heranzieht, so zeigt sich die – die strukturelle Interpretation stark modifizierende – Akzentuierung der Klassenkämpfe ebenso wie der – die materialistische Geschichtsauffassung kennzeichnende – allmähliche krisenreiche Entwicklungsprozess der kapitalistischen Gesellschaft und die besondere Funktion des bürgerlichen Staates: „Die zentralisierte Staatsmacht", so heißt es im *Bürgerkrieg in Frankreich* (Bd 17, S. 593), „mit ihren allgegenwärtigen Organen – stehende Armee, Polizei, Bürokratie, Geistlichkeit, Richterstand, Organe, geschaffen nach dem Plan einer systematischen und hierarchischen Teilung der Arbeit – stammt her aus den Zeiten der absoluten Monarchie, wo sie der entstehenden Bourgeoisiegesellschaft als eine mächtige Waffe in ihren Kämpfen gegen den Feudalismus diente … Der riesige Besen der Französischen Revolution des 18. Jahrhunderts fegte alle diese Trümmer vergangener Zeiten weg und reinigte so gleichzeitig den gesellschaftlichen Boden von den letzten Hindernissen, die dem Überbau des modernen Staatsgebäudes im Wege gestanden." Damals wurde „jedes gemeinsame Interesse … sofort von der Gesellschaft losgelöst, als höheres, *allgemeines Interesse* ihr gegenübergestellt, der Selbsttätigkeit der Gesellschaftsglieder entrissen und zum Gegenstand der Regierungstätigkeit gemacht" (MEW Bd 8, S. 97). Damit gab sich die Staatsmacht jedoch nur „einen Anschein von Unparteilichkeit … Sie hielt die bestehende Unterordnung der Massen als unveränderliche Ordnung der Dinge und gesellschaftliche Tatsache aufrecht ... Mit dem Eintritt der Gesellschaft selbst in eine neue Phase, die Phase des Klassenkampfes, mußte sich der Charakter ihrer organisierten öffentlichen Gewalt, der Staatsmacht, ebenfalls verändern ... und mehr und mehr ihren Charakter als Werkzeug der Klassenherrschaft entwickeln, als die politische Maschine, die die Unterdrückung der Hervorbringer des Reichtums durch seine Aneigner, die ökonomische Herrschaft des Kapitals über die Arbeit mit Hilfe von Gewalt verewigt" (MEW Bd 17, S. 593). Und nicht zuletzt die Erfahrungen der Pariser Kommune veranschaulichten den bürokratischen und militärischen Machtapparat des modernen Staates als eine „abscheuliche Maschine der Klassenherrschaft", die es „selbst zu zerbrechen" gelte (MEW Bd 17, S. 541).

Die Erfahrungen der Pariser Kommune von 1871 waren es auch, die Marx und Engels dazu veranlassten, Aussagen des *Kommunistischen Manifests* zu ergänzen und zu revidieren. Im *Manifest* (MEW Bd 4, S. 481) ist „der erste Schritt in der Arbeiterrevolution die Erhebung des Proletariats zur herrschenden Klasse, die Erkämpfung der Demokratie". Im Zusammenhang mit der Machtzentralisation der Bourgeoisie wächst ja auch die Macht des Proletariats als Klasse. „Das Proletariat", so Engels (Bd 4, S. 396 f.), „weit entfernt davon, hierdurch benachteiligt zu sein, wird vielmehr erst durch diese Zentralisation in den Stand gesetzt, sich zu vereinigen, sich als Klasse zu fühlen, sich in der Demokratie eine angemessene politische Anschauungsweise anzueignen und endlich die Bourgeoisie zu besiegen." Dies blieb freilich auch weiterhin proklamiertes Ziel, aber wenn man unter dem Motto *Eroberung der politischen Macht durch das Proletariat* (Bd 4, S. 474) ursprünglich meinte, die bestehende Staatsmaschine könne mit der Erhebung des Proletariats zur herrschenden Klasse in deren Besitz übergehen, so sah man sich inzwischen durch die Ereignisse des Kommuneaufstandes in Frankreich belehrt. Es galt dort – und gilt für Marx und Engels nun allgemein –, „nicht die fertige Staatsmaschine einfach in Besitz [zu] nehmen und sie für ihre [der herrschenden Klasse des Proletariats] eigenen Zwecke in Bewegung [zu] setzen". Sie ist vielmehr „zu zerbrechen, und dies ist die Vorbedingung jeder wirklichen Volksvertretung *auf dem Kontinent*" (MEW Bd 17, S. 336). Im Vorwort des *Kommunistischen Manifests von 1872* steht dann auch zu lesen: „Gegenüber der immensen Fortentwicklung der großen Industrie in den letzten 25 Jahren und der mit ihr fortschreitenden Parteiorganisation der Arbeiterklasse, gegenüber den praktischen Erfahrungen, zunächst der Februarrevolution und noch weit mehr der Pariser Kommune, wo das Proletariat zum ersten Mal zwei Monate lang die politische Gewalt innehatte, ist heute dieses Programm [das Kommunistische Manifest] stellenweise veraltet. Namentlich hat die Kommune den Beweis geliefert, dass ‚die Arbeiterklasse nicht die fertige Staatsmaschine einfach in Besitz nehmen und sie für ihre eigenen Zwecke in Bewegung setzen kann'" (MEW Bd 18, S. 95 f.).

7 Die Ideologie der Tauschgesellschaft

Die skizzierte materialistische Geschichtsauffassung steht in engstem Zusammenhang mit Marx' Politökonomie, die sich in den posthum herausgegebenen *Grundrissen der Kritik der Politischen Ökonomie* (aus den Jahren 1857/1858) sowie vor allem in den drei Bänden des *Kapitals* (veröffentlicht von 1867 bis zur Zeit nach dem Tod von Marx 1883) findet und hier – verbunden mit Marx' Ideologiekritik – unter dem Aspekt der *Tauschgesellschaft* aufgezeigt werden soll. Wie der Titel der *Grundrisse* veranschaulicht, handelt es sich bei dieser Politökonomie zunächst um eine Kritik der politischen Ökonomie an der vorherrschenden Auffassung der Nationalökonomie. Deren Fehler erkennt Marx vornehmlich darin, dass sie entweder das Verhältnis zwischen dem Arbeitsaufwand zur Herstellung von Waren und zu deren Tauschwert in seiner tatsächlichen Beschaffenheit nicht aufzuzeigen vermochte – wie David Ricardo – oder dass sie – wie Samuel Bailey – eine solche Beziehung leugnete. Marx erstrebt demgegenüber, den wesentlichen Zusammenhang zwischen dem *Wert der Waren* und der *für deren Herstellung* durchschnittlich aufgewandten *Arbeitszeit* wissenschaftlich zu ergründen. Dieser Zusammenhang wird durch das Geld vermittelt; Geld, *die Inkarnation der zur Warenproduktion aufgewandten Arbeit*, stellt sich in der bürgerlichen Tauschgesellschaft notwendig als *Kapital* dar, „das in seinem Zwang zur profitablen Verwertung die lebendige Arbeit ständig ausbeutet" (Euchner 1983, S. 82). Marx' Kritik der politischen Ökonomie ist daher auch eine Theorie des Kapitals. Dessen Begriff beinhaltet das schöpferische Arbeitsvermögen der Menschen, das allerdings in der kapitalistischen Gesellschaft eine *verkehrte* Form annimmt – entsprechend deren elementaren Strukturen und Prozessen: der Kapitalproduktion und -verwertung.

Diesen Bewegungsprozess des Kapitals – das unterhalb der *Oberfläche* der kapitalistischen Produktionsweise sich vollstreckende ökonomische Bewegungsgesetz der modernen Gesellschaft – sucht Marx namentlich im *Kapital* zu enthüllen. Im Dritten Band, in dem der *Lebenslauf des Kapitals* in seinen konkreten Formen aufgezeigt und auf die Einheit von Produktions- und Zirkulationsprozess zurückvermittelt wird, wie sie Marx schrittweise im Ersten und Zweiten Band des *Kapitals* darstellt: „Im ersten Buch wurden die Erscheinungen untersucht, die der kapitalistische *Produktionsprozeß*, für sich genommen, darbietet, als unmittelbarer Produktionsprozeß, bei dem noch von allen sekundären Einwirkungen ihm fremder Umstände abgesehen wurde. Aber dieser unmittelbare Produktionsprozeß erschöpft nicht den Lebenslauf des Kapitals. Er wird in der wirklichen Welt ergänzt durch den *Zirkulationsprozeß,* und dieser bildete den Gegenstand der Untersuchung des zweiten Buchs. Hier zeigte sich, namentlich im dritten Abschnitt, bei Betrachtung des Zirkulationsprozesses als Vermittlung des gesellschaftlichen Reproduktionsprozesses, daß der kapitalistische Produktionsprozeß, im ganzen betrachtet, Einheit von Produktions- und Zirkulationsprozeß ist." Nun, im Dritten Band (Bd 25,S. 33), gehe es darum, „die konkreten Formen aufzufinden und darzustellen, welche aus dem *Bewegungsprozeß des Kapitals, als Ganzes betrachtet*, hervorwachsen. In ihrer wirklichen Bewegung treten sich die Kapitale in solchen konkreten Formen gegenüber, für die die Gestalt des Kapitals im unmittelbaren Produktionsprozess, wie seine Gestalt im Zirkulationsprozess, nur als besondere Momente erscheinen. Die Gestaltungen des Kapitals, wie wir sie in diesem Buch entwickeln, nähern sich also schrittweise der Form, worin sie auf der Oberfläche der Gesellschaft, in der Aktion der verschiedenen Kapitale aufeinander, der Konkurrenz, und im gewöhnlichen Bewusstsein der Produktionsagenten selbst auftreten".

Im Kontext des zitierten kapitalistischen Produktionsprozesses im Ersten Band des *Kapitals* (Bd 23, S. 12) geht Marx von der einfachsten ökonomischen Kategorie aus, von der her für ihn die bürgerlich-kapitalistische Gesellschaft und ihre politischen und ideologischen Ausdrucksformen aufzuschlüsseln sind. Gemeint ist die *Warenform des Arbeitsprodukts oder die Wertform der Ware*. Die Ware besitzt einen Doppelcharakter: Sie ist Gebrauchswert und zugleich Äquivalent eines bestimmten Quantums gesellschaftlich notwendiger Arbeitszeit. Während also die Waren einerseits als *Gebrauchswerte* je individuelle, zumeist körperlich fassbare Dinge darstellen, treten sie andererseits als Tauschwerte in Erscheinung, die sich nach der zu ihrer Produktion durchschnittlich aufgewandten Arbeitszeit bemessen. Hierin zeigt sich für Marx (Bd 42, S. 170) bereits die bürgerliche Ideologie in ihrer Doppelbödigkeit: Der „Austausch von Tauschwerten ist die produktive, reale Basis aller *Gleichheit und Freiheit*", doch „gerade das Gegenteil der antiken *Freiheit und Gleichheit*". Als *reine Ideen* gefasst, wie sie faktisch vorherrschen, sind sie *bloß idealisierte Ausdrücke* des Austauschs von Tauschwerten. „Entwickelt in juristischen, politischen, sozialen Beziehungen sind sie nur diese Basis in einer anderen Potenz."

Die Ideologiekritik wie die Kritik der politischen Ökonomie muss also mit den Erscheinungsformen des Äquivalententauschs beginnen. Denn was als eine *Natur*eigenschaft der Ware in ihrem Doppelcharakter erscheint, ist in Wirklichkeit eine *gesellschaftliche* Eigenschaft, ein Produktionszusammenhang von Privatarbeiten. Diese gesellschaftlich miteinander verbundenen Privatarbeiten treten in waren- und geldvermittelte Beziehungen, die in Wirklichkeit keine Privat-, sondern gesellschaftliche Beziehungen darstellen. Hierin verdeutlicht sich die Eigenart der Ware. Der besondere, *geheimnisvolle* Charakter der Ware zeigt sich darin, „daß sie den Menschen die gesellschaftlichen Charaktere ihrer eigenen Arbeit als gegenständliche Charaktere der Arbeitsprodukte selbst, als gesellschaftliche Natureigenschaften dieser Dinge zurückspiegelt ... Durch dieses Quidproquo werden die Arbeitsprodukte Waren, sinnlich übersinnliche oder gesellschaftliche Dinge" (MEW Bd 23, S. 86). Die Warenform und das Wertverhältnis der Arbeitsprodukte, worin sich die Warenform darstellt, sind mit ihrer physischen Natur und den daraus entspringenden dinglichen Beziehungen absolut nicht identisch. Es ist Marx zufolge allein das bestimmende gesellschaftliche Verhältnis der Menschen selbst, das hier für sie die *phantasmagorische Form* eines Verhältnisses von Dingen annimmt. Um eine Analogie zu finden, müsse man in die Nebenreligionen der religiösen Welt ausweichen. Wie dort die Produkte des menschlichen Kopfes als selbstständige Gestalten mit *eigenem Leben* erfüllt scheinen, so seien es in der Warenwelt die Produkte der menschlichen Hand. Marx spricht diesbezüglich vom *Fetischismus*, der den „Arbeitsprodukten anklebt, sobald sie als Waren produziert werden, und der daher von der Warenproduktion unzertrennlich ist" (MEW Bd 23, S. 86 f.). Dieser *Fetischismus der Warenwelt* entspringt aus dem eigentümlichen gesellschaftlichen Charakter der Arbeit, die Waren produziert.

Die vom Menschen erzeugten, aber nicht beherrschten Produktionszusammenhänge erscheinen mithin dem Produzenten „nicht als unmittelbar gesellschaftliche Verhältnisse der Personen in ihren Arbeiten selbst, sondern vielmehr als sachliche Verhältnisse der Personen und gesellschaftliche Verhältnisse der Sachen" (MEW Bd 23, S. 87). Erst innerhalb ihres Austauschs erhalten die Arbeitsprodukte eine von ihrer sinnlich verschiedenen *Gebrauchsgegenständlichkeit* getrennte gesellschaftlich gleiche *Wertgegenständlichkeit*. Dies hat für den Arbeiter insofern negative Folgen, als er formell zwar als freier Arbeiter, de facto aber als Verkäufer seiner Arbeitskraft auf dem Markt vom Produktionsmittelbesitzer abhängig ist. Zur vollen Ausprägung gelangt dieses Verhältnis erst in der kapitalistischen Epoche. Diese ist dadurch charakterisiert, „daß die Arbeitskraft für den Arbeiter selbst die Form einer ihm gehörigen Ware, seine Arbeit daher die Form der Lohnarbeit erhält". Erst von diesem Augenblick an verallgemeinere sich die *Warenform* der *Arbeitsprodukte* (MEW Bd 23, S. 184). Dementsprechend bezeichnet Marx die Warenform auch als die historisch-spezifische Form der kapitalistischen Produktionsweise, als deren Zellenform. Wie Josef Esser (1975, S. 151) zu Recht vermerkt, geht Marx' Kapitalanalyse davon aus, „daß in der Warenform des Produkts die Grundlage der sich entwickelnden kapitalistischen Struktur bereits angelegt sei".

Namentlich der entwickelte Kapitalismus bildet Marx zufolge die Grundlage einer warenproduzierenden Gesellschaft, welche beständig Rechts-, Gleichheits- und Freiheitsvorstellungen erzeugt, hinter denen sich jedoch das Phänomen der *Mehrarbeit* des „freien" Arbeiters verbirgt, die sich im *Mehrwert* vergegenständlicht. Der Mehrwert umfasst diejenigen Werte, die in dem Teil vom Arbeitstag produziert werden, der über jene Arbeitszeit hinausreicht, die zur Reproduktion der Arbeitskraft notwendig ist. Um diesen Sachverhalt zu illustrieren, verweist Marx detailliert darauf, dass der Wert der Arbeitskraft wie der jeder Ware durch die Arbeitszeit gemessen werde, die zu ihrer Produktion durchschnittlich notwendig sei. Wenn man einmal annehme, der entsprechende Wert könnte in sechs Stunden gebildet worden sein, der Arbeiter aber habe seine Arbeitskraft z. B. für zwölf Stunden an den Kapitalisten verkauft, dann offenbare sich, dass er eine notwendige Arbeit von sechs und eine Mehrarbeit von weiteren sechs Stunden erbringe. Die Arbeit von sechs Stunden, die über das Reproduktionserfordernis (für die Arbeitskraft) hinaus geleistet worden ist, vergegenständlicht sich im Mehrwert. „Durch die Betätigung der Arbeitskraft wird also nicht nur ihr eigener Wert reproduziert, sondern ein überschüssiger Wert produziert. Dieser Mehrwert bildet den Überschuß des Produktenwerts über den Wert der verzehrten Produktbildner, d. h. der Produktionsmittel und der Arbeitskraft" (MEW Bd 23, S. 223).

Durch seine z. B. sechs Stunden dauernde Mehrarbeit fügt also der Arbeiter dem Arbeitsprodukt einen entsprechenden Mehrwert hinzu, aus dem der vom Kapitalisten erzielte *Profit* resultiert. Für den Arbeiter bedeutet die Mehrwertproduktion hingegen *Exploitation* oder *Ausbeutung,* für die eine der kapitalistischen Produktionsweise eigentümliche Disproportionalität zwischen toter Arbeit und lebendiger Arbeitskraft verantwortlich zeichnet. Im Ersten Band des *Kapitals* zielt Marx auf den Nachweis, dass der Mehrwert allein aus der lebendigen Arbeitskraft erwächst; im Dritten Band (Bd 25, S. 51 ff.) steht die Erwartung des Kapitalisten im analytischen Mittelpunkt, dass das vorgeschossene Kapital höchstmöglichen Profit erbringt. Im Zuge der Profitsteigerung kommt es zu einer Verkürzung der notwendigen Arbeitszeit aufgrund gesteigerter Arbeitsproduktivität, was eine Intensivierung der Produktionstechnik bedeutet. Damit wächst der aus *konstantem Kapital* (Produktionsmittel) bestehende Teil des Gesamtkapitals, während der Kapitalanteil, der in Arbeitskraft umgesetzt wird (variables Kapital), abnimmt.

Die auf die Mehrwertproduktion zurückzuführende Ausbeutung der Lohnarbeiter wird durch das erwähnte Vertragsverhältnis zwischen diesen und den Kapitalisten ebenso verschleiert wie die anderen Bewegungsprozesse des Kapitals, auf die hier nur hingewiesen, aber nicht eingegangen werden konnte. Gemäß Marx' Intention, das ökonomische Bewegungsgesetz der modernen Gesellschaft zu ergründen, analysiert er bis ins einzelne die als falsch erkannten Theoreme der bürgerlichen Ökonomie, um sie als bürgerliche Ideologien herauszustellen. Die Ideologiekritik bezieht sich dann auch immer wieder auf den *Arbeitslohn* als die wohl wichtigste ideologische Daseins- und Bewusstseinsform der kapitalistischen Gesellschaft. Marx (Bd 23, S. 562) unterstreicht „die entscheidende Wichtigkeit der Verwandlung von Wert und Preis der Arbeitskraft in die Form des Arbeitslohns oder in Wert und Preis der Arbeit selbst. Auf dieser Erscheinungsform, die das wirkliche Verhältnis unsichtbar macht und gerade sein Gegenteil zeigt, beruhen alle Rechtsvorstellungen des Arbeiters wie des Kapitalisten, alle Mystifikationen der kapitalistischen Produktionsweise, alle ihre Freiheitsillusionen, alle apologetischen Flausen der Vulgärökonomie."

Hier zeigen sich mithin die liberalen und demokratischen Ideologien des Kapitalismus. Sie sind allein Überbau und idealer Schein der ökonomisch bestimmten Klassenherrschaft; und diese wiederum hat ihre reale Grundlage in den Austauschformen der Warenbesitzer. Sie sind *frei* und *gleich,* wenn man den *Zirkulationsschein* des Äquivalententauschs, d. h. den *demokratischen Schein* kapitalistischer Klassenherrschaft, nicht durchschaut. Und gerade dieser demokratische Schein besitzt als liberale und demokratische Ideologie des Kapitalismus eine *sinnstiftende* gesellschaftliche Relevanz. So gilt für die Erscheinungsform *Wert und Preis der Arbeit* oder *Arbeitslohn* dasselbe, was für alle Erscheinungsformen und ihren verborgenen Hintergrund zutrifft: Sie reproduzieren „sich unmittelbar spontan, als gang und gäbe Denkformen ..." (MEW Bd 23, S. 564). Entsprechend solcher Denkkategorien löscht die Form des Arbeitslohns „jede Spur der Teilung des Arbeitstags in notwendige Arbeit und Mehrarbeit, in bezahlte und unbezahlte Arbeit aus. Alle Arbeit erscheint als bezahlte Arbeit" (MEW Bd 23, S. 562). Dementsprechend besitzt der Kauf von Arbeitskraft im Arbeitsvertrag allein den Charakter eines Äquivalententauschs: „Der Käufer gibt eine gewisse Geldsumme, der Verkäufer einen von Geld verschiedenen Artikel. Das Rechtsbewusstsein erkennt hier höchstens einen stofflichen Unterschied, der sich ausdrückt in den rechtlich äquivalenten Formeln: Do ut des, do ut facias, facio ut des, und facio ut facias (zu Deutsch: Ich gebe, damit du gibst; ich gebe, damit du tust; ich tue, damit du gibst und ich tue, damit du tust)" (MEW Bd 23, S. 563). Der äußerlich als Äquivalententausch erscheinende Austausch zwischen Kapital und Arbeit verkehrt ihn im Endresultat ins Gegenteil, nämlich zur *Rechtsbasis von Ausbeutung.*

Die bisher mit Zitaten aus dem *Kapital* belegte Deutung von Marx' Analyse findet sich auch in den *Grundrissen der Kritik der Politischen Ökonomie.* Hier ist durchgehend zu spüren, wie stark es Marx darauf ankommt, die Parolen der bürgerlichen Revolutionen in ihrer ideologischen Natur herauszustellen. Bestanden noch im Feudalismus eindeutige Machtstrukturen, so herrscht im Kapitalismus vorgeblich das Prinzip der *Gleichheit.* In den vorkapitalistischen Herrschafts- und Knechtschaftsbeziehungen griff man zur Gewalt, inzwischen dominiert die *Freiheit.* Entgegen dem mittelalterlichen Gewalthaber kennt der Kapitalismus nur noch *Rechtspersonen;* auch der Lohnarbeiter ist nun – wie der Kapitalist – ein Rechtssubjekt. Er ist im Unterschied etwa zum Sklaven ein „selbständiges Zentrum der Zirkulation, ein Austauschender, Tauschwertsetzender und [sich] durch den Austausch Erhaltender" (Bd 42, S. 332). – Doch all dies ist *purer Schein.* Denn der Austausch von Kapital und Arbeit ist kein Austausch von Äquivalenten, sondern vielmehr „Aneignung fremder Arbeit ohne *Austausch,* ohne Äquivalent" (MEW Bd 42, S. 421). So bleibt es bei der Aussage aus dem Dritten Band des *Kapitals* (MEW Bd 25, S. 421): „Die spezifische ökonomische Form, in der unbezahlte Mehrarbeit aus den unmittelbaren Produzenten ausgepumpt wird, bestimmt das

Herrschafts- und Knechtschaftsverhältnis, wie es unmittelbar aus der Produktion selbst hervorwächst und seinerseits bestimmend auf sie zurückwirkt. Hierauf aber gründet sich die ganze Gestaltung des ökonomischen, aus den Produktionsverhältnissen selbst hervorwachsenden Gemeinwesens und damit zugleich seine spezifische politische Gestalt."

Kapitel 5
Max Weber – Der Geist des Kapitalismus und die Führerdemokratie

Die Situation

Deutschland stellt – wie dies Helmuth Plessner (1957) treffend herausgearbeitet hat – eine *verspätete Nation* dar, und das in sozialökonomischer und institutioneller Hinsicht. Man braucht nur an die deutsche Absonderung vom Welthandel, die Kleinstaaterei mit ihren erheblichen Handelsbeschränkungen und die feudalistische Einbindung der Arbeitskraft zu denken, um den Begriff transparent werden zu lassen. Deutschland war im Gegensatz zu England bis in die zweite Hälfte des 19. Jahrhunderts hinein das „in der Halbheit steckengebliebene Land Europas", wie Leo Kofler (1948, S. 397) zu Recht vermerkt. Erst die Bismarcksche Reichsgründung von 1871 brachte mit der nationalen Einigung den sozialökonomischen Aufschwung. „Kein europäisches Land hat sich den führenden Mächten des 19. Jahrhunderts, der Wissenschaft und der Wirtschaft, mit einer so hemmungslosen Energie verschrieben wie Deutschland nach der Reichsgründung. Tempo und Ausdehnung der industriellen Entwicklung erreichten nur hier den amerikanischen Grad" (Plessner 1959, S. 83). Was indes blieb, war die institutionelle Rückständigkeit, wie sie sich in Verfassungsnorm und -wirklichkeit zeigte. Diese Rückständigkeit, die dann vor allem in der nachbismarckschen Ära augenscheinlich und nach dem Ersten Weltkrieg zum Problem wurde, in Richtung auf eine Demokratisierung zu überwinden, war eines der großen Anliegen Max Webers.

Nicht von ungefähr erhob Weber als *klassenbewusster Bourgeois* (wie er sich selbst charakterisierte) dabei die Forderung nach einer kraftvollen bürgerlichen Entwicklung, waren doch in Deutschland die revolutionären Ereignisse von 1848/49 unvollendet geblieben. Die revolutionären Intentionen scheiterten vor allem an der Haltung der großen bürgerlichen Mehrheit, die keine Revolution wollte. Vom Erbe dieser unvollendeten bürgerlichen Revolution blieben die Leistungen der Frankfurter Nationalversammlung, die in nahezu einjährigen Verhandlungen unter erheblichen Schwierigkeiten innen- und außenpolitischer Art die erste gesamtdeutsche Verfassung schuf. Das Kernstück der Verfassung – der Katalog der Grundrechte – hat zweifellos in den modernen Verfassungsvorstellungen fortgewirkt. Die dem deutschen Volk zugestandenen Grundrechte zogen einen Schlussstrich unter den kleinstaatlichen Landesabsolutismus der Vergangenheit. In der ländlichen Sozialverfassung beseitigten sie die rechtlichen Überreste von Leib-, Grund- und Gerichtsherrschaft. Insgesamt entstand ein Maßstab, an dem sich die zukünftigen Landesverfassungen orientieren konnten. Doch diese Leistungen sollten nicht überdecken, dass die Zielsetzung der Frankfurter Paulskirche scheiterte. Es gab dafür außen- wie innenpolitische Gründe: Außenpolitisch machte sich der Widerstand der Großmächte, vor allem Englands und Russlands, geltend. Innenpolitisch dominierte die historische Tatsache, dass die nationale Verfassung nicht zugleich eine freiheitliche sein konnte. Einheit und Freiheit: das eine war nicht ohne das andere zu bewerkstelligen, der liberale Verfassungsstaat war nicht realisierbar ohne den Nationalstaat.

Dieser Nationalstaat – die verspätete Nation des Deutschen Kaiserreichs von 1871 – ist nicht nur im Zuge der preußischen militärischen *Revolution von oben* aus drei Kriegen innerhalb von sechs Jahren hervorgegangen, sondern auch in einer Zeit etabliert worden, die zugleich mit dem Abschluss der deutschen Agrarrevolution den Durchbruch der deutschen *industriellen Revolution* erlebte. Damit erscheint die Nationalstaatsgründung als Ergebnis eines erneuten „Vabanquespiels großpreußischer Risikopolitik", als Bestätigung jenes Verfassungskonflikts der sechziger Jahre, durch dessen Ausgang die „politische Ohnmacht des Bürgertums bis 1918" besiegelt wurde (Hans-Ulrich Wehler). Die konservative Fundierung des deutschen Nationalstaats sollte endgültig erfolgen, und das *liberale Bürgertum* wurde aus seiner Rolle des ohnehin nur einflussarmen Juniorpartners entlassen. Was immer an freiheitlichen Zielsetzungen geblieben war, wurde inzwischen überschattet von der *Befürchtung einer sozialen Umwälzung*. Denn es zählt zu den Paradoxien der Revolutionszeit, dass die lohnabhängigen Schichten, die Niederlage auf Niederlage erfuhren, ihre (Klassen-)Interessen, wenn auch nur in reformistischer Ausprägung, erkannten, während das *Bürgertum*, nachdem es wesentliche finanz- und wirtschaftspolitische Ziele erreicht hatte, die Identität mit sich selbst verlor und aus den Ereignissen von 1848/49 vielfach den Schluss zog, dass man mit dem allgemeinen Wahlrecht gefährlicher lebe als in der Obhut des preußischen Obrigkeitsstaates.

Darin zeigte sich der *unhistorische* und *unpolitische Geist* des deutschen *Bürgertums*, den Max Weber (1958, S. 20 ff.) in seiner *Freiburger Antrittsrede* von 1895 brandmarkte: „Ich bin ein Mitglied der bürgerlichen Klassen, fühle mich als solches und bin erzogen in ihren Anschauungen und Idealen. Allein es ist der Beruf gerade unserer Wissenschaft, zu sagen, was ungern gehört wird – nach oben, nach unten und auch der eigenen Klasse –, und wenn ich mich frage, ob das Bürgertum Deutschlands heute reif ist, die politisch leitende Klasse der Nation zu sein, so vermag ich *heute* nicht diese Frage zu bejahen. Nicht aus eigener Kraft des Bürgertums ist der deutsche Staat geschaffen worden, und als er geschaffen war, stand an der Spitze der Nation jene Cäsarengestalt aus anderem als bürgerlichem Holze … Und nachdem so die Einheit der Nation errungen war und ihre politische ‚Sättigung' feststand, kam über das aufwachsende erfolgstrunkene und friedensdurstige Geschlecht des deutschen Bürgertums ein eigenartig ‚unhistorischer' und unpolitischer Geist ... Nur allzu offenkundig sehnt sich ein Teil des Großbürgertums nach dem Erscheinen eines neuen Cäsar, der sie schirme: nach unten gegen aufsteigende Volksmassen, nach oben gegen sozialpolitische Anwandlungen, deren ihnen die deutschen Dynastien verdächtig sind. Und ein anderer Teil ist längst versunken in jener politischen Spießbürgerei, aus welcher die breiten Schichten des Kleinbürgertums noch niemals erwacht sind."

Der Theoretiker

Immer wieder haben Interpreten wie Karl Löwith auf Gemeinsamkeiten zwischen Karl Marx und Max Weber hingewiesen: in Bezug auf das Problem der „kapitalistischen" Verfassung der modernen Wirtschaft und Gesellschaft – eines Gebiets, das „den gegenwärtigen *Menschen im Ganzen seiner Menschlichkeit* in sich befaßt" (Löwith 1960, S. 1). Nun ist Webers Kapitalismus-Analyse – vor allem ihre anthropologische Komponente – durchaus nicht so weit von Marx entfernt, wie Weber dies vielfach betonte. Seine Frage, wie unter den gesellschaftlichen Bedingungen des industriellen Kapitalismus die Würde des Menschen erhalten bleiben könnte, zeigt eine gewisse Ähnlichkeit zu Marx' Analyse der *Entfremdung* des Menschen im Lebens- und Arbeitsprozess. Gleichwohl bleiben die tief greifenden Unterschiede in beider Konzeptionen bestehen. Diese Unterschiede sind – vereinfacht formuliert – weniger darauf zurückzuführen, dass Marx die Sache des Proletariats vertrat, während der *klassenbewusste Bourgeois* Weber ein machtbewusstes *Bürgertum* forderte. Viel eher lässt sich das unterschiedliche – leitende – Erkenntnisinteresse daran illustrieren, dass Marx auf den Klassenkampf des internationalen Proletariats gegen eine internationale Bourgeoisie zielte, während es Weber auf die deutsche Weltmachtpolitik im Kampf der Nationen ankam. Die nachfolgende Interpretation wird sich u. a. im Zusammenhang mit Webers Protestantismus-Kapitalismus-These näher mit der Gemeinsamkeit und vor allem mit dem Unterschied zwischen beiden Denkern befassen.

Hier soll allein der Hinweis auf die von Weber erstrebte deutsche Weltmachtpolitik ein wenig weiter verfolgt werden. Georg Lukács hat diesbezüglich behauptet, für Max Weber sei sein Bemühen um eine – plebiszitäre – (Führer-)Demokratie nur ein solches um eine „technische Maßnahme zugunsten eines besser funktionierenden Imperialismus" gewesen. Das Urteil ist überspitzt, aber es trifft in gemäßigter Form einen wahren Kern: Zum Ersten hat Weber der *verspäteten Nation* Deutschland immer wieder einen imperialistischen Kapitalismus angeraten, und zwar seit seiner *Freiburger Antrittsrede* von 1895. Zum Zweiten entsprach die plebiszitäre Ausrichtung der Demokratie, die Weber im Nachkriegsdeutschland verwirklicht wissen wollte, in vielem der Verfassungswirklichkeit Großbritanniens, das ja Kernland eines immensen Weltreiches war und in dessen imperialistischer Expansion Weber das politische Vorbild für Deutschland sah. Die parlamentarische – mit stark plebiszitären Elementen durchsetzte – Demokratie schien die geeignete Form, um die internen Voraussetzungen für eine deutsche Weltmachtpolitik zu schaffen. Im Zusammenhang mit dieser Zielsetzung erkannte Weber in Gladstones großem Welterfolg vom Jahre 1886 das erste eindrucksvolle Beispiel für die Wendung zur plebiszitären Führerwahl in der modernen Massendemokratie. Der Herrschaft des *Diktators des Wahlschlachtfeldes*, wie Weber den englischen Premier bezeichnete, schien die Zukunft zu gehören. Weber forderte die „plebiszitäre Führerdemokratie" charismatischen Charakters.

Die nachfolgende Interpretation geht auf die Demokratiekonzeption Webers näher ein; hier soll ihre *charismatische* Legitimitätsherleitung aus dem ersten Teil seines unvollendeten Werkes *Wirtschaft und Gesellschaft* aufgezeigt werden. Die drei *reinen* Typen legitimer Herrschaft unterscheiden sich durch ihre jeweilige Legitimitätsgeltung. Diese kann „primär sein: 1. rationalen Charakters: auf dem Glauben an die Legalität gesatzter Ordnungen und des Anweisungsrechts der durch sie zur Ausübung der Herrschaft Berufenen ruhen (legale Herrschaft), – oder 2. traditionalen Charakters: auf dem Alltagsglauben an die Heiligkeit von jeher geltender Traditionen und die Legitimität der durch sie zur Autorität Berufenen ruhen (traditionale Herrschaft), – oder endlich 3. charismatischen Charakters: auf der außeralltäglichen Hingabe an die Heiligkeit oder die Heldenkraft oder die Vorbildlichkeit einer Person und der durch sie offenbarten oder geschaffenen Ordnung [ruhen] (charismatische Herrschaft)" (1976, S. 124).

Die von Weber derart herausgearbeiteten *reinen* Typen legitimer Herrschaft stellen *Idealtypen* dar. Mit ihnen sollen sich gesellschaftliche Phänomene gleich welchen historischen Ursprungs denkend ordnen lassen. Entscheidend ist, durch „einseitige Steigerung eines oder mehrerer Gesichtspunkte" Idealtypen jeweils so zu bilden, dass damit bestimmte für signifikant erachtete Eigenschaften von empirischen Erscheinungen dargestellt werden können. Diese Idealtypen, die als Systeme von Idealtypen aufeinander bezogen sind, bringen in ihrer Gesamtheit zentrale Probleme von allgemeiner Signifikanz auf die Begriffe. Die idealtypische Methode soll zudem das noch zu erörternde Prinzip der *Werturteilsfreiheit* der Wissenschaft lösen, und zwar durch logisch eindeutige Unterscheidung zwischen *wertenden* und *wertbeziehenden* Urteilen. Auch wenn die gedankliche Steigerung bestimmter Elemente der Idealtypen entsprechend der *Kulturbedeutung* des Forschungsgegenstandes besonders betont wird, tangiert dies das Prinzip der *Werturteilsfreiheit* schon deshalb nicht, weil die Idealtypen nach Weber nur ein nominalistisches Gepräge aufweisen und damit keine materielle Seinsaussage präjudizieren. Deutlich wird dies in Webers Worten: „Denn welchen Inhalt immer der rationale Idealtypus hat: ob er eine ethische, rechtsdogmatische, ästhetische oder religiöse Glaubensnorm oder eine technische oder ökonomische oder eine rechtspolitische oder sozialpolitische oder kulturpolitische Maxime oder eine in eine möglichst rationale Form gebrachte ‚Wertung' welcher Art immer darstellt, stets hat seine Konstruktion innerhalb empirischer Untersuchungen nur *den* Zweck: die empirische Wirklichkeit mit ihm zu ‚vergleichen', ... um sie so *mit möglichst eindeutig verständlichen Begriffen* beschreiben und kausal zurechnend verstehen und erklären zu können" (1968, S. 535 f.).

Das in diesem Zusammenhang angesprochene Prinzip der „Werturteilsfreiheit" zielt auf die von Weber geforderte „Scheidung von empirischer Feststellung und praktischer Wertung". Es handelt sich hierbei um die Abgrenzung der (Sozial-)Wissenschaft gegenüber den Ansprüchen von Politik und Gesellschaft einerseits und um das „Bekenntnis zu einem prinzipiellen Pluralismus der Wertpositionen im vorwissenschaftlichen Raum andererseits" (Wolfgang J. Mommsen). Die Wissenschaft ist außerstande, aus sich heraus Werturteile zu produzieren, wie Weber 1904 in seinem bekannten Aufsatz über *Die Objektivität sozialwissenschaftlicher und sozialpolitischer Erkenntnisse* betont: „Das Schicksal einer Kulturepoche, die vom Baum der Erkenntnis gegessen hat, ist es, wissen zu müssen, daß wir den Sinn des Weltgeschehens nicht aus dem noch so vervollkommneten Ergebnis seiner Durchforschung ablesen können, sondern ihn selbst zu schaffen imstande sein müssen, daß ‚Weltanschauungen' niemals Produkt fortschreitenden Erfahrungswissens sein können ..." (1968, S. 154). Wissenschaft kann die technischen Hilfsmittel für die erstrebten Ideale bereitstellen, sie kann die Ideale auf ihre innere Widerspruchsfreiheit hin überprüfen und die dem Wollen zugrunde liegenden Axiome zum Bewusstsein bringen. Damit werden aber in der Forschung – wie vielfach vermeint – die Werte als solche nicht eliminiert; vielmehr bestimmt Weber die Kultur- und Sozialwissenschaften als an Werten orientierte Wirklichkeitswissenschaften. Für ihn stellen Erkenntnisinteresse und Wertideen die „Wertbeziehung" zwischen Forscher und Forschungsgegenstand her. Die jeweiligen Wertideen, die zur forschungs- und erkenntnisleitenden Bedeutung ausgewählt werden, sind an bestimmte Kulturwertideale gebunden, die als Bewertungskriterien freilich der Rechenschaftspflicht unterliegen. „*Was* Gegenstand der Untersuchung wird, und wie weit diese Untersuchung sich in die Unendlichkeit der Kausalzusammenhänge erstreckt, das bestimmen die den Forscher und seine Zeit beherrschenden Wertideen" (1968, S. 184). Die so bestimmte Auswahl forschungsleitender Ideen und Interessen unterliegt einem permanenten Wandlungsprozess. „Die Geschichte der Wissenschaften vom sozialen Leben ist und bleibt ... ein steter Wechsel zwischen dem Versuch, durch Begriffsbildung Tatsachen gedanklich zu ordnen, ... und der Neubildung von Begriffen ... Nicht etwa das Fehlerhafte des Versuchs, Begriffssysteme überhaupt zu bilden, spricht sich darin aus ..., sondern *der* Umstand kommt darin zum Ausdruck, daß in den Wissenschaften von der menschlichen Kultur die Bildung der Begriffe von der Stellung der Probleme abhängt, und daß diese letztere wandelbar ist mit dem Inhalt der Kultur selbst" (1968, S. 207).

1 Die Protestantische Ethik

Deutschland manifestierte sich als verspätete Nation auch im *ideellen Bereich*, in dem es sich seit dem 17. Jahrhundert vom Westen zu entfremden begonnen hatte. Während in England und Frankreich Institutionen und Verhaltensformen der Bürgerlichkeit frühzeitig entstehen konnten, verhielt es sich in Deutschland anders, komplizierter. Unbeeinflusst von der gesamteuropäischen Tradition rechtspolitischen Denkens, blieb Deutschland der moderne Rechtsgedanke innerlich fremd, ihm kam so gut wie kein Anteil an der Ausbildung des neuzeitlichen Staatsrechts zu. Mit Helmuth Plessner (1959, S. 42 und S. 80) lässt sich sagen: „Die Idee eines Staates, der die Freiheit der Bürger schützt und um des Schutzes der Freiheit willen Rechtsstaat ist, hat wohl auch deutsche Vorkämpfer, findet aber in Deutschland nur begrenzte Aufnahme. Preußen entwickelt eine staatliche Haltung und Gesinnung, jedoch gebunden an das Gottesgnadentum. Militär und Beamtenschaft geben dem Staat das Gepräge. Wo also sich in Deutschland zwischen einem im Grunde gutsherrschaftlichen Abhängigkeitsverhältnis zum Landesherrn und dem in dieser Zeit schon durch diese Abhängigkeit sehr gelockerten Schutzverhältnis zum Kaiser ein Gefühl für den Staat ausbildet, verstärkt es nur den Sinn für das Formale wie Disziplin, Unterordnung, Gehorsam, ohne zu fragen warum, für die Apparatur der Verwaltung, Organisieren und Organisiertwerden."

Das obrigkeitsstaatliche Element, wie es sich namentlich in Preußen ausgeprägt hatte, wurde nicht zuletzt durch den *deutschen Protestantismus* mit seiner zwangsstaatskirchlichen Organisation verstärkt. Während das Heilige Römische Reich Deutscher Nation zerfiel, wirkte sich die lutherische Reformation voll aus. Der Zerfall des Reiches ermöglichte nicht nur die Vormachtstellung Frankreichs als katholische Nation und die der Niederlande und Englands als protestantische Nationen. Mit dem Aufstieg Preußens kam es auch zu einer Verschiebung der Kräfte innerhalb Deutschlands von Wien nach Berlin. Das deutsche *Machtzentrum* verlagerte sich auf die Gebiete nordöstlich der Rhein-Donau-Linie, in denen der vorwiegend *protestantische* Bevölkerungsteil lebte. Mit dieser Veränderung, begleitet und begünstigt von der *landesfürstlichen Organisation* des deutschen Protestantismus (und Katholizismus), verlor Deutschland erneut den Anschluss an die westliche Staatenentwicklung. Denn der nun vorherrschende politische Protestantismus – das politisch indifferente Luthertum mit seiner landesfürstlichen Herrlichkeit – unterschied sich wesentlich von dem der Niederlande und vor allem Englands, wo Max Weber die aus calvinistisch-puritanischer Gesinnung resultierende *innerpolitische Askese* bewunderte, die er in der deutschen Nation vermisste: „... daß unsere Nation die Schule des harten Asketismus niemals, in *keiner* Form, durchgemacht hat, ist ... der Quell alles Desjenigen, was ich an ihr (wie an mir selbst) hassenswert finde", schrieb er 1906 in einem Brief an Adolf von Harnack (1974, S. 100). Ganz anders als in Deutschland war in den Niederlanden und in England – was Weber in seinen Studien *Die protestantische Ethik und der Geist des Kapitalismus* (in zwei 1904/05 erschienenen Aufsätzen unter einer Vielzahl weiterer Studien zur Religionssoziologie) ergründete – aus dem Geiste puritanischer Religiosität jene spezifische *rationale Lebensführung* entsprungen, die den modernen Kapitalismus hatte mitentstehen lassen.

In den beiden religionssoziologischen Aufsätzen, deren Inhalt Weber 1918 unter dem Titel *Positive Kritik der materialistischen Geschichtsauffassung* vortrug, geht er vom Geist des modernen Kapitalismus aus, um dann die erwähnten religiösen Grundlagen der innerweltlichen Askese darzulegen, auf die es in diesem Zusammenhang ankommt. Der *Geist des Kapitalismus* erklärt sich aus einer spezifischen Auffassung beruflicher Arbeit heraus, die sich in einer bestimmten Epoche der westeuropäisch-amerikanischen Geschichte entwickelt und massenhaft verbreitet hat. Arbeit wurde zum Beruf, der seinen Sinn als ethische Verpflichtung in sich trägt, diesen also nicht mehr aus externen Zwecken bezieht. Es handelt sich hierbei um eine *ethisch* ausgerichtete Maxime der Lebensführung, um eine „der Eigenart des Kapitalismus angepasste Art der [rationalen] Lebensführung und Berufsauffassung", die Weber u. a. an einem Dokument von Benjamin Franklin zur Anleitung junger Kaufleute veranschaulicht.[1] „Die ‚kapitalistische' Form einer Wirtschaft und der Geist, in dem sie geführt wird, stehen zwar generell im Verhältnis ‚adäquater' Beziehung, nicht aber in dem einer ‚gesetzlichen' Abhängigkeit voneinander. Und wenn wir trotzdem für diejenige Gesinnung, welche *berufsmäßig* systematisch und rational legitimen Gewinn ... erstrebt, hier ... den Ausdruck ‚Geist des (modernen) *Kapitalismus*' gebrauchen, so geschieht dies aus dem historischen Grunde, weil jene Gesinnung in der modernen kapitalistischen Unternehmung ihre adäquateste geistige Triebkraft gefunden hat" (Weber 1986, S. 49).

Die erörterte ethisch bedingte Vorstellung des *Berufs* – betrachtet als *Berufung* – ist für Max Weber ein Produkt der Reformation. Deren Leistung wird zunächst darin gesehen, dass entgegen der katholischen Auffassung der „sittliche Akzent und die religiöse *Prämie* für die innerweltliche, beruflich geordnete Arbeit mächtig schwoll". Auf welche Weise sich der mit der Reformation verbundene Berufs-Gedanke weiter entwickelt habe, das sei von „der näheren Ausprägung der Frömmigkeit" abhängig gewesen, „wie sie ... in den einzelnen Reformationskirchen sich entfaltete" (1986, S. 74). Im Zuge dieser Entfaltung habe sich schließlich die *Berufsethik des asketischen Protestantismus* herausgebildet, dessen geschichtlichen Träger Weber (1986, S. 87 f.) namentlich im Calvinismus erkennt – in jenem Glauben, „um welchen in den kapitalistisch höchst entwickelten Kulturländern ... im 16. und 17. Jahrhundert die großen politischen und Kulturkämpfe geführt worden sind".

Weber wendet sich in diesem Zusammenhang insbesondere dem calvinistischen Dogma der Gnadenwahl, dem Kern der Prädestinationslehre, zu, nach dem jeder Mensch verpflichtet ist, sich als auserwählt zu betrachten und durch rast-

---

[1] Weber, Die protestantische Ethik und der Geist des Kapitalismus, in: ders., Gesammelte Aufsätze zur Religionssoziologie 1986 (durchgehend zitiert: Weber 1986, S. 32 ff.)

lose Berufsarbeit *Selbstgewissheit* hierüber zu erlangen. Der Calvinismus hatte alle magischen Mittel der Heilssuche zurückgewiesen, dadurch konnte der Gläubige „nicht hoffen, Stunden der Schwäche und des Leichtsinns durch erhöhten guten Willen in anderen Stunden wettzumachen ... Von dem katholischen, echt menschlichen Auf und Ab zwischen Sünde, Reue, Buße, Entlastung, neuer Sünde oder von einem durch zeitliche Strafen abzubüßenden, durch kirchliche Gnadenmittel zu begleichenden Saldo des Gesamtlebens war keine Rede. Die ethische Praxis des Alltagsmenschen wurde so ihrer Plan- und Systemlosigkeit entkleidet und zu einer konsequenten *Methode* der ganzen Lebensführung ausgestaltet ... Denn nur in einer fundamentalen Umwandlung des Sinnes des ganzen Lebens in jeder Stunde und jeder Handlung konnte sich das Wirken der Gnade als einer Enthebung des Menschen aus dem status naturae in den status gratiae bewähren" (1986, S. 114 f.). Die soziale Arbeit des Calvinismus in der Welt ist die in *majorem dei gloriam*, und die Systematisierung der ethischen Lebensführung und deren *rationaler Charakter*, der mit dem eines *Geschäftsbetriebs* vergleichbar ist, führt zu einer planmäßigen Reglementierung des Lebens. „Diese Rationalisierung ... gab der reformierten Frömmigkeit ihren spezifischen *asketischen* Zug ..." (1986, S. 115 f.).

Ebenso wie gegen den katholischen Glauben hebt sich der Calvinismus gegen die lutherische Kirche ab. Die *lutherische Frömmigkeit* mit ihrem Glauben, dass Gottes Gnade stets durch bußfertige Reue wiedergewonnen werden könne, steht in entschiedenem Gegensatz zur puritanischen Lehre von der Selbstgewissheit, die durch rastlose Berufsarbeit zu erlangen sei. Hier liegt dann auch für Weber der tiefe Unterschied zwischen der *sentimentalen Religiosität* der Deutschen und der Selbstbesinnung der Engländer, die aus der innerweltlichen Askese des Calvinismus herrühre. England war nicht von ungefähr zum Ursprungsland der kapitalistisch-industriellen Revolution geworden. Hier hatten *wirtschaftliche* und *religiöse* Momente gemeinsam die Entwicklung einer frühbürgerlichen Konkurrenzgesellschaft vorangetrieben. Der Calvinismus erwies sich durch seinen *asketischen Zug* mit dem *Geist des Kapitalismus* verbunden: *Gewinn* und *Reichtum* sind sittlich nur dann verwerflich, wenn sie zu Müßiggang und Ausschweifung führen; sie sind jedoch geboten, wenn sie aus der Berufserfüllung resultieren. So musste „die religiöse Wertung der rastlosen, stetigen, systematischen, weltlichen Berufsarbeit als schlechthin höchsten asketischen Mittels und zugleich sicherster und sichtbarster Bewährung des wiedergeborenen Menschen und seiner Glaubensechtheit ... der denkbar mächtigste Hebel der Expansion jeder Lebensauffassung sein", die Weber (1986, S. 192) als den *Geist des Kapitalismus* bezeichnet. Die innerweltliche protestantische Askese wirkte „mit voller Wucht gegen den unbefangenen *Genuß* des Besitzes, sie schnürte die *Konsumtion*, speziell die Luxuskonsumtion, ein. Dagegen *entlastete* sie im psychologischen Effekt den *Gütererwerb* von den Hemmungen der traditionalistischen Ethik, sie sprengte die Fesseln des *Gewinnstrebens,* indem sie es nicht nur legalisierte, sondern ... direkt als gottgewollt ansah" (S. 190).

Damit hat Max Weber dem erörterten *Geist des Kapitalismus* einen eigenständigen Anteil an der Entstehung des sozialen Systems des Kapitalismus eingeräumt. Aber ein Geist des *Kapitalismus* existiert für Weber nur insofern, als eine von der bürgerlichen Gesellschaftsschicht getragene allgemeine Tendenz zu rationaler Lebensführung, die „innere Wahlverwandtschaft begründet zwischen kapitalistischer Wirtschaft einerseits und protestantischem Ethos andererseits", wie dies Karl Löwith (1960, S. 649) formuliert hat. Mit anderen Worten: Das historische Zusammentreffen der *strukturellen Form* kapitalistischer Wirtschaft und der ihr *adäquaten* geistigen *Triebkraft* führt zur *kapitalistischen* Kultur. Es geht mithin – entgegen manchen anderslautenden Interpretationen – Weber nicht darum, das Verhältnis von *Basis* und Überbau (im Sinne von Marx) umzustülpen. Am Schluss seiner religionssoziologischen Untersuchung macht er selbst auf diesen Sachverhalt aufmerksam. Es sei nicht seine Absicht, „anstelle einer einseitig ,materialistischen' eine ebenso einseitig spiritualistische kausale Kultur- und Geschichtsschreibung zu setzen". Man müsse auch berücksichtigen, „wie die protestantische Askese ihrerseits durch die Gesamtheit der gesellschaftlichen Kulturbedingungen, insbesondere auch der ökonomischen, in ihrem Werden und ihrer Eigenart beeinflußt worden ist" (1986, S. 205). Nimmt man diese Aussage mit der der *Einleitung* der Abhandlung *Die Wirtschaftsethik der Weltreligionen* zusammen, dann verdeutlicht sich Webers erkenntnistheoretische Haltung (1986, S. 252): „Interessen (materielle und ideelle), nicht Ideen, beherrschen unmittelbar das Handeln der Menschen. Aber: die ,Weltbilder', welche durch ,Ideen' geschaffen wurden, haben sehr oft als Weichensteller die Bahnen bestimmt, in denen die Dynamik der Interessen das Handeln fortbewegte."

Neben den *materiellen* Interessen existieren mithin die *ideellen* Interessen und die von *Ideen* geschaffenen *Weltbilder,* jede Analyse des historischen Prozesses hat Weber zufolge diese Faktorengruppe zu beachten. Es wäre deshalb verfehlt, Max Webers Betrachtungen der gesellschaftlichen Entwicklung vorschnell der von Karl Marx strikt entgegenzustellen, um diesen Aspekt wenigstens zu streifen. In manchem Ausgangspunkt ist Webers (Kapitalismus-)Analyse nicht so weit von Marx entfernt, wie er dies selbst angenommen hat. Über die kulturellen Grundmerkmale der kapitalistischen Gesellschaft (Gewinnmaximierung usw.) z. B. sind sich Marx und Weber einig. Auch stimmen beide darin überein, dass die kapitalistische Wirtschaftsordnung über den rein ökonomischen Bereich hinaus weitgehende Konsequenzen für die Würde des Menschen besitzt (wobei Weber die Ursache der *Entfremdung* allerdings nicht in den Eigentumsverhältnissen, sondern in den übermächtigen bürokratischen Herrschaftsstrukturen sieht). Weber hat vor allem das theoretische Werk von Marx gebührend anerkannt. Eduard Baumgarten (1964, S. 554f.) berichtet, Weber habe zu einem seiner Studenten gesagt: „Die Redlichkeit eines heutigen Gelehrten und vor allem eines heutigen Philosophen, kann man daran messen, wie er sich zu Nietzsche und Marx stellt. Wer nicht zugibt, dass er gewichtige Teile seiner eigenen Arbeit nicht leisten könnte, ohne die Arbeit, die diese beiden getan haben, beschwindelt sich selbst und andere. Die Welt, in der wir selber existieren, ist weitgehend eine von Marx und Nietzsche geprägte Welt."

Wolfgang J. Mommsen hat zu Recht darauf verwiesen, dass Weber zu seinem eigenen geistigen Standort in einer permanenten geistigen Auseinandersetzung mit diesen beiden – völlig gegensätzlichen – Denkern fand. Und es ist Mommsen auch in Bezug auf den *konzeptionellen Unterschied* zwischen Marx und Weber zuzustimmen, wenn er davon spricht, dass Weber die materialistische Geschichtsauffassung von Marx mit der ihr inhärenten Abfolge verschiedener Produktionsweisen im Sinne einer *Systematisation von idealtypischen Hypothesen* betrachtet hat, keineswegs aber als objektiv gültige Erkenntnis. Hier beginnt die durch Webers stark divergierenden Standpunkt bedingte Demarkationslinie (gegenüber der freilich recht undifferenziert interpretierten Konzeption von Marx), die er (1968, S. 166f.) in seinem Aufsatz *Die „Objektivität" sozialwissenschaftlicher und sozialpolitischer Erkenntnis* deutlich zieht: „Frei von dem veralteten Glauben, daß die Gesamtheit der Kulturerscheinungen sich als Produkt oder als Funktion ‚materieller' Interessenkonstellationen *deduzieren* lasse, glauben wir unsererseits doch, daß die *Analyse der sozialen Erscheinungen und Kulturvorgänge* unter dem spezifischen Gesichtspunkt ihrer ökonomischen Bedingtheit und Tragweite ein wissenschaftliches Prinzip von schöpferischer Fruchtbarkeit war und, bei umsichtiger Anwendung und Freiheit von dogmatischer Befangenheit, auch in aller absehbarer Zeit noch bleiben wird. Die sogenannte ‚materialistische Geschichtsauffassung' als ‚Weltanschauung' oder als Generalnenner kausaler Erklärung der historischen Wirklichkeit ist auf das Bestimmteste abzulehnen ..."

2 Imperialistische Machtpolitik

Ebenso sehr wie Max Weber intern auf eine Wirtschaftspolitik zielte, die ähnlich der puritanisch-asketischen Wirtschaftsgesinnung der ökonomischen Expansion den höchstmöglichen Anreiz bot, unterstrich er extern eine *imperialistische Machtpolitik*. Er beschrieb den modernen Kapitalismus als eine schlechthin revolutionäre Macht und unterstützte jede Stärkung der dynamischen Faktoren innerhalb der *kapitalistischen Wirtschaft* auf dem Binnen- wie auf dem Weltmarkt. Deutschlands aktive Teilnahme am *weltweiten Expansionsprozess* des Kapitalismus erschien ihm notwendig, wenn es nicht zu einer zweitrangigen Nation herabsinken sollte. Es galt, den Außenhandel zu forcieren und ihn, entsprechend Webers nationalistischer Grundhaltung, mit einer aktiven *Weltmachtpolitik* zu verbinden. Eine entschlossene Außenpolitik musste der deutschen Wirtschaft Märkte und Investitionsmöglichkeiten öffnen. Die Entwicklung des nationalen Machtstaates in einer Welt erbitterter ökonomischer Konkurrenz und imperialistischer Expansion war die große Zukunftsaufgabe deutscher Politik und – was Weber bereits in seiner *Freiburger Antrittsrede* (1958, S. 23) hervorgehoben hatte – die geschichtliche Konsequenz der Reichsgründung: „Wir müssen begreifen, daß die Einigung Deutschlands ein Jugendstreich war, den die Nation auf ihre alten Tage beging und seiner Kostspieligkeit halber besser unterlassen hätte, wenn sie der Abschluß und nicht der Ausgangspunkt einer deutschen Weltmachtpolitik sein sollte."

Das Zitat verdeutlicht, dass es sich bei Weber um eine *imperialistische Machtpolitik* handelt, die für den Imperialismus den *Primat pragmatischer Politik* – verstanden als Kampf um die Gewinnung und Ausdehnung von *Macht* – betont. Die Thesen der Freiburger Antrittsrede: *Weltmachtpolitik als Mittel der Behauptung der Nation in der Welt* und *Nation als oberster Wert der Volkswirtschaftspolitik* weisen auf diese Verzahnung hin. Sie fanden nachhaltigen Widerhall vor allem in den Kreisen um Friedrich Naumann und Hans Delbrück. Naumann brachte in der von ihm herausgegebenen *Hilfe* (14.7.1895) einen detaillierten Bericht über Webers *Freiburger Antrittsrede,* in dem es heißt: „Hat er nicht recht? Was nützt uns die beste Sozialpolitik, wenn die Kosaken kommen. Wer innere Politik treiben will, der muß erst Volk, Vaterland und Grenzen sichern, er muss für nationale *Macht* sorgen." Unter Webers Einfluss wandelte sich Naumann vom christlichen Sozialpolitiker mit sozialistischen Neigungen zu einem nationalen Machtpolitiker und Imperialisten. Die *Hilfe* entwickelte sich mehr und mehr zu einem führenden Organ imperialistischen Denkens – ähnlich den *Preußischen Jahrbüchern* (Bd 81, S. 390) unter Delbrücks Leitung. Auch hier strahlte von Weber eine Initialzündung aus. Delbrück schreibt: „Nichts edleres als eine so große Macht wie Deutschland, die ihr Ziel in die Erhaltung des Friedens setzt. Aber die Politik eines großen Volkes darf sich darin nicht erschöpfen." Auf Max Webers Antrittsrede bezogen, stellt er die Frage: „Wo ist sie, diese deutsche Weltmachtpolitik?", und er meint: „In den eigentlichen Wettbewerb der Weltpolitik, die einem großen Volke Befriedigung gewähren kann und der Nachkommenschaft einmal eine große Zukunft sichert, in eine solche Weltpolitik sind wir noch gar nicht eingetreten."

Die Weltpolitik bzw. die imperialistische Machtpolitik, in die Deutschland nach Weber, Naumann und Delbrück eintreten sollte, begann sich alsbald abzuzeichnen. Seit den achtziger Jahren des 19. Jahrhunderts war der vom *Bürgertum* und der alten Führungsschicht gleichermaßen geteilte *Wille zur Weltmacht* immer deutlicher geworden. Er stellt – einmal ungeachtet des noch recht weiten Schritts bis zur Kriegsauslösung – einen nicht zu unterschätzenden Faktor im Zusammenhang des Ersten Weltkriegs dar. Er ist vor allem *binnenwirtschaftlich* verwurzelt, und so soll zunächst die der Weltmachtpolitik vorausgehende binnenwirtschaftliche Entwicklung gesondert betrachtet werden. Hier wirkte sich Deutschlands Eigenschaft als *verspätete Nation* (1959, S. 80) dahin gehend aus, dass, wie eingangs erwähnt, ein inzwischen immenses Nachholbedürfnis den industriellen Entwicklungsprozess vorantrieb. Der Fortschrittsglaube des wissenschaftlichen und industriellen Spezialismus substituierte in Deutschland „den Mangel eines politischen Fortschrittsglaubens. Versagte einmal die Wirtschaft, so mußte sich zeigen, daß Deutschland der Industrialismus zum geistigen Schicksal geworden war".

Dieser Industrialismus im Rahmen der damals einsetzenden Monopolisierungs- bzw. Oligopolisierungsphase des Kapitalismus lässt sich mit wenigen Worten skizzieren: Von 1873 bis zur Mitte der neunziger Jahre war die deutsche Wirtschaft durch ein schleppendes Wachstum in der Landwirtschaft, eine verzögerte Zuwachsrate der Gesamtindustrieerzeugung und durch eine Intensivierung der Produktionsgüterindustrie gekennzeichnet. Seit 1873 fiel die Preisentwicklung merklich ab. Die deutsche Wirtschaft unternahm Rationalisierungsmaßnahmen, um die Kosten möglichst niedrig zu halten und um mit dem Ausland konkurrieren zu können. Im Laufe dieser Entwicklung verringerte sich die Zahl der Industriebetriebe, während ihre Produktion und ihre Belegschaft zunahm. Mittel- und Kleinbetriebe vor allem wurden konkurrenzunfähig oder mussten sich zusammenschließen. Zu ersten *Betriebszusammenfassungen* kam es vor allem auch bei den Zechen, Hütten, Walzwerken und der Verwertungsindustrie. Bereits Ende der achtziger Jahre waren die ersten Konzerne und Kartelle entstanden.

Schaltzentrale des Konzentrationsprozesses bildeten die *Banken*. Ihr Einfluss auf die wirtschaftliche Entwicklung basierte auf dem großen Kapitalbedarf der Industrie. Die Banken als „Führer des Unternehmergeistes" (Georg von Siemens) konnten auf dem Wege der Obligations-, der Kommunal- und der Staatsanleihevermittlung der Industrie Kapital zuführen. Das Verhältnis von Banken und Industrie verstärkte sich, und die Konzentration im Bankgewerbe nahm ebenso zu wie die Expansion der Großunternehmen. Nun war es einigen wenigen Unternehmen möglich geworden, technische Entwicklungen sofort zu nutzen. *Universalbanken* und große *Unternehmen* also, die sich den Investitions- und Kapitalbeschaffungsproblemen zu stellen vermochten, bestimmten die Wirtschaft der Zeit. Es zeigte sich jene *Vereinheitlichung* der früher getrennten Formen des *Industrie- und Bankkapitals* in der Form des *Finanzkapitals*. Der Übergang vom Kapitalismus der freien Konkurrenz zum *organisierten Kapitalismus* hatte begonnen. Und dieser brauchte einen starken Staat, „der überall in der Welt eingreifen kann, um die ganze Welt in Anlagesphären für sein Finanzkapital verwandeln zu können. Das Finanzkapital braucht ... einen Staat, der stark genug ist, um Expansionspolitik treiben und neue Kolonien sich einverleiben zu können" (Hilferding 1955, S. 456 f.).

Das, was der österreichische Marxist und spätere deutsche Sozialdemokrat Hilferding in kritischer Intention herausstellte, entsprach der bejahenden Einschätzung Webers. Der deutsche Staat ist – wie angedeutet – dazu aufgerufen, den Kapitalismus im eigenen Land und auf dem Weltmarkt zu fördern. Weber verbindet damit die Überzeugung, dass die beständige Zunahme gemeinwirtschaftlicher oder staatlich garantierter monopolistischer Formen von Produktion und Handel den Kapitalismus in *imperialistische Bahnen* dränge. Der imperialistische Kapitalismus habe „zu allen Zeiten die weitaus größten Gewinnchancen geboten, weit größer, als, normalerweise, der auf friedlichen Austausch mit den Angehörigen anderer politischer Gemeinschaften gerichtete Exportgewerbebetrieb."[2] Dementsprechend begrüßt Weber die „Tendenz der politisch gestützten ökonomischen Expansion und des Wettbewerbs der einzelnen politischen Gemeinschaften, deren Beteiligte anlagefähiges Kapital zur Verfügung haben". Damit trete die Bedeutung der bloßen *offenen Tür* für den Güterimport in den Hintergrund. „Da nun die sicherste Garantie für die Monopolisierung dieser an der Gemeinwirtschaft des fremden Gebiets haftenden Gewinnchancen zugunsten der eigenen politischen Gemeinschaftsgenossen die politische Okkupation oder doch die Unterwerfung der fremden politischen Gewalt in der Form des ‚Protektorats' oder ähnlichen [Formen] ist, so tritt auch diese ‚imperialistische' Richtung der Expansion wieder zunehmend an die Stelle der pazifistischen, nur ‚Handelsfreiheit' erstrebenden", so Weber in einer wohl 1911 verfassten Passage in *Wirtschaft und Gesellschaft* (1976, S. 211). „Das universelle Wiederaufleben des ‚imperialistischen' Kapitalismus" sei „kein Zufallsprodukt", für absehbare Zeit müsse „die Prognose zu seinen Gunsten lauten".

In Webers Hinweis auf die *Tendenz der politisch gestützten* ökonomischen Expansion zeigt sich erneut, dass sich in seinem Imperialismusverständnis wirtschaftliche und machtpolitische Komponenten in der Weise verbinden, dass die *politischen* zumeist das *auslösende Moment* darstellen. Den bereits erwähnten Primat der Politik teilt Weber in seiner Konzeption mit der von Leopold von Ranke, und dementsprechend heißt es in *Wirtschaft und Gesellschaft* (1976, S. 211): „Weder die Handels- noch die Bankpolitik der modernen Staaten, also die am engsten mit den Zentralinteressen der heutigen Wirtschaftsform verknüpften Richtungen der Wirtschaftspolitik, sind nach Genesis und Verlauf ohne jene sehr eigenartige politische Konkurrenz- und ‚Gleichgewichts'-Situation der europäischen Staatenwelt des letzten halben Jahrtausends zu verstehen, welche schon Rankes Erstlingsschrift als das ihr welthistorisch Spezifische erkannt hat." Die po-

---

2   Weber, Wirtschaft und Gesellschaft (durchgehend zitiert: Weber 1976, S. 525).

litische Konkurrenzsituation der Staaten bemisst sich aber an ihrer ökonomischen Leistungsfähigkeit. Und insofern gewinnen für die imperialistische Expansion die wirtschaftlichen Faktoren wiederum eine kaum zu überschätzende Bedeutung. So betont Max Weber (1976, S. 525 f.) immer wieder die ökonomischen Mächte, die „an dem Entstehen kriegerischer Konflikte als solcher, einerlei welchen Ausgang sie für die eigene Gemeinschaft nehmen, interessiert sind". Er meint damit die „Banken, welche Kriegsanleihen finanzieren, und ... große Teile der schweren Industrie". Das imperialistische Expansionsstreben dieser und anderer ökonomischer Mächte zeuge für das Wachstum in der Binnenwirtschaft. Hier könnten staatlich garantierte Formen von Produktion und Handel die Entwicklung für die imperialistische Expansion vorantreiben. Unter diesem Aspekt schließt sich der Kreis. Weber, der das Deutsche Reich als Weltmacht zu sehen wünschte, begrüßte „das universelle Wiederaufleben des *imperialistischen Kapitalismus*, welcher von jeher die normale Form der Wirkung kapitalistischer Interessen auf die Politik war".

3 Bürokratisierung und die charismatische Führerdemokratie

Hatte der Staat bereits seit den neunziger Jahren des 19. Jahrhunderts zunehmend in die deutsche Wirtschaft eingegriffen, so kam es während der Kriegs- und Inflationsjahre von 1914 bis 1923 zu einer noch engeren *Verschränkung von Staat und Ökonomie*. Bis zum Vorabend des Ersten Weltkriegs waren die Bereiche von Post und Telefon, die Gas- und Wasserwerke, die Straßen- und Eisenbahnen, die Reichsbank, das Sparkassenwesen und zahlreiche Gruben in staatlichen Besitz übergegangen oder öffentlicher Aufsicht unterstellt worden. Erwähnt wurde bereits die Interessenverbindung von Staat und Rüstungsindustrie. Nun, im Ersten Weltkrieg, stieg mit den weiteren Rüstungsaufträgen nicht nur die staatliche Auftragsvergabe an die Industrie. Es machte sich allgemein eine außerordentliche Steigerung der *Macht der öffentlichen Hand* bemerkbar, die auch die Nachkriegsjahre kennzeichnete. Die Konzentration von Kapital und technischen Mitteln in großen Unternehmen – verbunden mit einer Trennung von Eigentum und Verfügungsgewalt – hatte weiter zugenommen. Insgesamt kam es zu einer Durchdringung von öffentlichem und privatem Sektor. Die deutsche Wirtschafts- und Gesellschaftsordnung wurde *durchrationalisiert*. Kurz, es zeigte sich hier jene *Rationalität*, die Weber als Ausdruck der modernen Welt bezeichnete.

Doch ebenso sehr wie Max Weber ursprünglich die kapitalistische Rationalität als die methodische Bändigung des *irrationalen Erwerbsbetriebs* begrüßt hatte, beängstigte ihn nun – in der beginnenden Nachkriegszeit – die *durchtraditionali-*

sierte, bürokratisch-stationäre Wirtschafts- und Gesellschaftsordnung. Diese stand im Gegensatz zu dem von ihm befürworteten dynamischen Kapitalismus, hier war der Anfang vom Sieg der Bürokratie in der Wirtschaft, aber auch im Staat zu erkennen. Weber sah in dieser *rationalen Legitimität* jenen Typ legitimer Herrschaft ausgeprägt, der in *Wirtschaft und Gesellschaft* neben die *reinen* Typen der *traditionalen* und der *charismatischen* Legitimität tritt. Im Unterschied zur charismatischen Legitimität, von der noch zu sprechen ist, und der traditionalen Legitimität, mit der Weber die patriarchalische bzw. patrimoniale Herrschaftsordnung beschreibt, subsumiert er unter *rationaler Legitimität* die legale Herrschaft kraft Satzung. „Reinster Typus ist die bürokratische Herrschaft. Grundvorstellung ist: daß beliebiges Recht durch formal korrekt gewillkürte Satzung geschaffen und abgeändert werden kann. Der Herrschaftsverband ist entweder gewählt oder bestellt, er selbst und alle seine Teile sind *Betriebe.*"[3] Entsprechend dem privat-wirtschaftlichen *Betrieb* in Form einer *Fabrik* stellt auch der *Staat* einen *Betrieb* dar: „Ein ‚Betrieb' ist der moderne Staat, gesellschaftswissenschaftlich angesehen, ebenso wie eine Fabrik: das ist gerade das ihm historisch Spezifische" (1976, S. 825). Beide, Fabrik und Staat, stehen im *Zeichen bürokratischer Herrschaft,* beide dienen „einem unpersönlichen *sachlichen Zweck*" (1976, S. 553).

Bürokratische Herrschaft ist nach Max Weber (1976, S. 128, 551) die formal-rationale Herrschaftsform kraft ihrer „Präzision, Stetigkeit, Disziplin, Straffheit und Verläßlichkeit, also: Berechenbarkeit". Sie überträgt die aufs Höchste gesteigerte Leistungsfähigkeit des Industriebetriebes auf die Gesellschaft als Ganzes. Voll entwickelt zeigt sie sich „in den fortgeschrittensten Gebilden des Kapitalismus". Rationalität wird hierin zur Bedingung von Rentabilität, die ihrerseits an systematischer, methodischer Kalkulation, an *Kapitalrechnung* ausgerichtet ist. „Wo kapitalistischer Erwerb rational erstrebt wird, da ist das entsprechende Handeln orientiert an Kapital*rechnung*", heißt es in Webers Vorbemerkung zur *Religionssoziologie* (1986, S. 4 f.). Formale Rationalität wird zur *kapitalistischen* Rationalität. Diese bildet den Knotenpunkt der Wirklichkeit privater Unternehmen – und mittlerweile auch des bürokratischen Interventionsstaates. So war proportional zur fortschreitenden Industrialisierung *bürokratische Herrschaft* entstanden, hatte der Kapitalismus zur bürokratisch-stationären Wirtschafts- und Gesellschaftsordnung geführt. Hierin sah Weber eine kaum zu überschätzende Gefahr. Er erkannte, wie sehr die rationale, arbeitsteilige, auf fester Kompetenzabgrenzung basierende bürokratische Herrschaft im Gefolge des modernen, rationalen und arbeitsteiligen Kapitalismus in der Wirtschaft und parallel dazu im Staat vordrang. Damit hatte ein universaler Prozess der Bürokratisierung begon-

---

3   Weber, Wirtschaft und Gesellschaft 1956, S. 551. In die Ausgabe von 1976, nach der hier zitiert wird, wurde diese Passage nicht aufgenommen.

nen, der jegliche *individualistische Bewegungsfreiheit* bedrohte. Wie in der Wirtschaft beginne auch im Staat die bürokratische Organisation, „das Gehäuse jener Hörigkeit der Zukunft herzustellen, in welche vielleicht dereinst die Menschen sich, wie die Fellachen im altägyptischen Staat, ohnmächtig zu fügen gezwungen sein werden, wenn ihnen eine *rein technisch gute* und das heißt: *eine rationale Beamtenverwaltung und -versorgung* der letzte und einzige Wert ist, der über die Art der Leistung ihrer Angelegenheiten entscheiden soll".[4]

Max Webers diesbezügliche Aussagen am Ende des Ersten Weltkrieges zielen wie hier auf den individuellen Spielraum in einem neu zu ordnenden Deutschland. Um die Problematik, wie es angesichts der „Übermacht der Tendenz zur Bürokratisierung überhaupt noch möglich" sei, „irgendwelche Reste einer in *irgendeinem* Sinn ‚individualistischen' Bewegungsfreiheit zu retten" (1958, S. 32), kreisen seine Gedanken. Sie finden sich in einer berühmt gewordenen Artikelserie (umgestaltet und erweitert u. a. zur Abhandlung *Parlament und Regierung im neugeordneten Deutschland*) in der *Frankfurter Zeitung*, in der Weber die Notwendigkeit einer *Parlamentarisierung* begründet und das persönliche Regiment Wilhelms II. und die durch dieses allererst ermöglichte *kontrollfreie Beamtenherrschaft* einschneidend kritisiert. Seine Überlegungen gehen von dem weitverbreiteten bürokratischen Denken und der *Führerlosigkeit in der nachbismarckschen Ära* aus – von einem Thema, das sein Denken seit der Freiburger Antrittsrede von 1895 bestimmte.

Bereits in dieser *Akademischen Antrittsrede* erkannte Weber, dass Gefahr drohe, wenn – wie in Deutschland die Junker – „eine ökonomisch sinkende Klasse die politische Herrschaft in der Hand hält". Aber als noch gefährlicher erachtete er es, „wenn Klassen, *zu* denen *hin* sich die ökonomische Macht und damit die Anwartschaft auf die politische Herrschaft bewegt, politisch noch nicht reif sind zur Leitung des Staates" (1958, S. 19 f.). Zwei Klassen kamen zur Herrschaftsausübung in Betracht: das *Bürgertum* und die *Arbeiterklasse*. Beide hielt Weber für unfähig. Wenn man ihn frage – so die erwähnte Einschätzung in seiner *Antrittsrede* – „ob das *Bürgertum Deutschlands* heute reif" sei, „die politisch leitende Klasse der Nation zu sein", so könne er die Frage nicht bejahen (ebd.). Der Grund für die politische Unreife breiter Schichten des deutschen Bürgertums liege in seiner *unpolitischen Vergangenheit*, darin, „daß die politische Erziehungsarbeit eines Jahrhunderts sich nicht in einem Jahrzehnt nachholen ließ und daß die Herrschaft eines großen Mannes nicht immer ein Mittel politischer Erziehung ist" (1958, S. 22). Was für das Bürgertum galt, traf damals erst recht für die Arbeiterklasse zu. Auch sie war *unreif*, in ihr lebte „kein Funke jener katilinarischen Energie der *Tat*, aber freilich auch kein Hauch der gewaltigen *nationalen* Leiden-

---

4 Weber, Parlament und Regierung im neugeordneten Deutschland, in: Gesammelte Politische Schriften (durchgehend zitiert: Weber 1958, S. 320)

schaft, die in den Räumen des Konventes wehen". Auch hier fehlten „die großen *Macht*instinkte einer zur politischen Führung berufenen Klasse" (ebd.).

Nach Weber (1958, S. 323) hatte sich an dieser (macht)politischen *Unreife* der beiden deutschen Klassen am Ende des Ersten Weltkrieges nichts Wesentliches geändert. Was er in den beiden Klassen vermisst, ist der das Lebenselement des Politikers kennzeichnende „Kampf um eigene Macht und die aus dieser Macht folgende Eigenverantwortung *für seine Sache*" (1958, S. 532). Hierin zeigt sich zugleich die Richtung, in die Webers Vorschläge für ein neu zu ordnendes Deutschland von 1917/18 – also noch vor der Wahl Friedrich Eberts zum Reichspräsidenten – zielen: *Unabhängige Führerpersönlichkeiten* sollen stellvertretend für die Nation sprechen, im Gegensatz *zum blinden Walten* eines *Majoritätsprinzips*. Die klassische naturrechtliche Begründung der Demokratie bedeutet Weber somit wenig; „Begriffe wie ‚Wille des Volkes', ‚wahrer Wille des Volkes'" sind für ihn Fiktionen, wie es schon 1908 in einem Brief an Robert Michels (vom 4. August) heißt. Dementsprechend scheint das in Webers verfassungspolitischen Vorschlägen herausgestellte Parlament (1958, S. 336) dazu bestimmt, vom erfolgreichen Politiker überspielt zu werden, gemäß der Aussage: „Die ganze breite Masse der Deputierten fungiert *nur* als Gefolgschaft für den oder die wenigen ‚Leader', welche das Kabinett bilden, und gehorcht ihnen blind, *solange* sie Erfolg haben."

Diese und ähnliche Aussagen deuten auf eine emotionale Bindung an den Politiker, der vor allem in Webers Vortrag *Politik als Beruf* (seinem zweiten Vortrag im Rahmen einer Vortragsreihe *Geistige Arbeit als Beruf,* gehalten im Revolutionswinter 1918/19 vor dem Freistudentischen Bund in München) zum *charismatischen Führer* wird. Ihm habe sich die Masse im Vertrauen auf seine Führereigenschaften anzuschließen. „Die Hingabe an das Charisma des Propheten oder des Führers im Krieg oder des ganz großen Demagogen in der Ekklesia oder im Parlament" beinhalte, dass dieser „persönlich als der innerlich ‚berufene' Leiter der Menschen" gelte, dass diese sich ihm „nicht kraft Sitte oder Satzung fügen, sondern weil sie an ihn glauben" (1958, S. 496). Getroffen wird die charakteristische Unterscheidung zwischen dem *Berufspolitiker aus innerem Beruf* und dem Berufspolitiker *ohne Beruf,* d. h. ohne die inneren, *charismatischen Qualitäten*, die eben zum Führer machen (1958, S. 532). Auf dem Glauben an seine Autorität und an seine weitgehend psychologisch verstandene Legitimität beruhe die Macht des Berufspolitikers aus innerem Beruf. Einer Überhöhung der Stellung des Führers dokumentiert sich, der aus dem wertsetzenden Charisma seiner Person heraus zu entscheiden hat. Und indem Weber neben den Demagogen im Parlament den Propheten und Kriegshelden stellt, scheint ein Heroentum gleichviel welchen Inhalts betont.

Mit dem Begriff *Charisma* wird ein äußerst schillernder Terminus in die Argumentation eingeführt. Charisma bedeutet nach Webers idealtypischer Charakterisierung in *Wirtschaft und Gesellschaft* eine „als außeralltäglich ... geltende Qualität einer Persönlichkeit ..., um derentwillen sie als mit übernatürlichen oder übermenschlichen oder mindestens spezifisch außeralltäglichen, nicht jedem anderen zugänglichen Kräften oder Eigenschaften [begabt] oder als gottgesandt oder als vorbildlich und deshalb als ‚Führer' gewertet wird" (1958, S. 140). Die charismatische Herrschaft kennt keine abstrakten Rechtssätze oder Reglements und keine *formale* Rechtsfindung. Ihr *objektives* Recht ist nach Max Weber „konkreter Ausfluß höchst persönlichen Erlebnisses von himmlischer Gnade und göttlicher Heldenkraft und bedeutet Ablehnung der Bindung an alle äußerliche Ordnung zugunsten der alleinigen Erklärung der echten Propheten- und Heldengesinnung" (1958, S. 657 f.). Das Charisma sprengt Regel und Tradition und bedeutet die „spezifisch ‚schöpferische' revolutionäre Macht der Geschichte" (ebd.).

Wenn man sich allein diese wenigen Charakteristika der umfangreich gekennzeichneten charismatischen Herrschaft in Webers idealtypischer Kategorienlehre vergegenwärtigt, erscheint es erstaunlich genug, dass gerade in diesem und *nur* in diesem Zusammenhang *demokratische Legitimität* behandelt wird. Das heißt, bei der Erörterung der drei *reinen* Typen legitimer Herrschaft – der traditionalen, der rationalen und der charismatischen Legitimität – kommt in Kapitel III des ersten Halbbandes von *Wirtschaft und Gesellschaft* die Demokratie nur im Zusammenhang mit dem dritten Typus, dem der *charismatischen Herrschaft* vor (§ 14). Mit dem Bezug auf die *plebiszitäre Demokratie,* dem „wichtigsten Typus der Führer-Demokratie", verweist Weber auf die Möglichkeit einer herrschaftsfremden – antiautoritären – Umdeutung des Charismas. Bei zunehmender Rationalisierung der Verbandsbeziehungen liege es nahe, dass die *Anerkennung durch die Beherrschten,* statt als *Folge der Legitimität,* als *Legitimationsgrund* angesehen werde; in Klammern setzt Weber dazu demokratische Legitimität. Die *plebiszitäre Demokratie* bedeute „ihrem genuinen Sinn nach eine Art der charismatischen Herrschaft". Für diese Führerdemokratie sei der „naturgemäße *emotionale* Charakter der Hingabe und des Vertrauens zum Führer charakteristisch, aus welchem die Neigung, dem Außeralltäglichen, Meistversprechenden, am stärksten mit Reizmitteln Arbeitenden als Führer zu folgen, hervorzugehen pflegt" (1958, S. 156 f.).

Diese Herleitung demokratischer Legitimität vom charismatischen Führertum stellt ein zumindest fragwürdiges Unterfangen dar, das nur aus Webers Grundthematik verstehbar ist. Wie aufgezeigt, zielt Weber auf den *individuellen Freiheitsspielraum* und, damit verbunden, auf den *Machtwillen des Politikers* gegenüber dem weitverbreiteten *bürokratischen Denken,* das er in *Wirtschaft und Gesellschaft* unter der Rubrik *rationale Legitimität* idealtypisch umschreibt. In seiner Gegenwart sieht Weber eine Epoche der Rationalisierung; als Gegengewicht hierzu betont er die Leidenschaft des Politikers. Vom *Berufsethos* des Beamten, empfangene Weisungen sachgerecht auszuführen, müsse sich der charismatische Politiker durch die von ihm ausgehende *schöpferische Kraft* abheben. In diesem Sinne spricht Weber vom Charisma des großen Demagogen, verbunden mit dem parlamentarischen Parteienstaat. Der Parlamentarismus soll als effektive Kontrolle der Bürokratie dienen und zugleich ein Mittel zur Führerauslese darstellen, und durch die Herrschaft des *Berufspolitikers aus innerem Beruf* ist das Eigengewicht der maschinenmäßigen Parteiapparate auszugleichen. Der Parteienstaat mit Parlament und die Eigenverantwortlichkeit des Politikers bilden eine Einheit.

In dieser Konzeption lässt sich eine bemerkenswerte Überhöhung der Stellung des Führers – ebenso wie eine spezifische Schwäche der demokratisch-rationalen Komponente – verzeichnen. Den großen Massenführern überantwortet Max Weber die Aufgabe, gesellschaftliche Werte zu setzen, und ihnen wird die Möglichkeit freigestellt, Massengefolgschaft mit demagogischen Mitteln zu gewinnen. In der erwähnten Passage des ersten Halbbandes von *Wirtschaft und Gesellschaft* (Kapitel III, § 14) wird der Führer im Wege des *Plebiszits gewählt*. Zwischen akklamatorischen Plebisziten und solchen, die eine Wahl zwischen mehreren Kandidaturen ermöglichen, fehlt die Unterscheidung. In Webers Vorschlägen für ein neu zu ordnendes Deutschland nehmen dann auch die Wahlen einen ausgesprochen *personal*plebiszitären Charakter an. Der Wahlakt nähert sich der *Akklamation*. Man braucht nur einige Passagen aus Webers *Gesammelten Politischen Schriften* (1958, S. 381. 389) zu erwähnen: Mit der Massendemokratie ist die Wendung zur *cäsarischen Führerauslese* verbunden. „Nicht die politisch passive ‚Masse' gebiert aus sich den Führer, sondern der politische Führer wirbt sich Gefolgschaft und gewinnt durch ‚Demagogie' die Masse." In den Mittelpunkt tritt stets aufs Neue das Phänomen der emotionalen Bindung der Wähler, das man auch als „Diktatur, beruhend auf der Ausnutzung der Emotionalität der Massen", verzeichnet findet. Es dominiert das *Charisma* des erfolgreichen plebiszitären Politikers, der wie Gladstone als *Diktator des Wahlschlachtfeldes* auftreten kann. Demgegenüber wird die Verfassungsform mehrfach als Frage reiner *Technik* angesehen, die nach den *nationalen Bedürfnissen* zu ordnen sei.

Es ist nicht zuletzt dieser Primat des nationalen Prinzips vor der demokratischen Staatsform, der – zusammen mit deren charismatischem Charakter – Bedenken in Bezug auf Webers Konzeption der *plebiszitären Führerdemokratie* erweckt. Die Möglichkeit ihres *Umschlags* in eine *autoritäre* oder gar *totalitäre* Herrschaft liegt allzu nahe. Zweifelsohne hat Weber eine solche Gefahr nicht gesehen. Seine Konzeption ist in den Zusammenhang der als unaufhaltsam erachteten bürokratischen Verharschung des politischen Lebens einzuordnen, in der er das Merkmal der Epoche erkannte. Die durch *Rationalisierung* charakterisierte zeitgenössische Entwicklung stellte sich Weber mithin nicht als eine Epoche des Charismas dar, und insofern befürchtete er auch nicht eine Umwandlung der Führerdemokratie in ein „charismatisches Führertum" (Robert Michels). Doch dies enthebt den Interpreten nicht der Frage nach der Möglichkeit einer Fortentwicklung der Führerdemokratie in der angedeuteten Richtung unter gewandelten historischen Umständen bzw. unter solchen, die sich – wie zunächst in Italien – zu Webers Lebzeiten bereits anbahnten. Im nächsten Kapitel wird davon zu sprechen sein. An dieser Stelle muss der Hinweis auf die prekäre Ambivalenz von Webers Lösungsversuch genügen: Um die liberale Grundidee der individuellen Freiheit in der industriellen – bürokratischen – Massengesellschaft zu bewahren, wählte Max Weber, der *Repräsentant des europäischen Liberalismus an der Schwelle seines Niedergangs* (Wolfgang J. Mommsen), die Herrschaftsmittel eines demokratisch gezügelten Cäsarismus. – Die Ambivalenz dieses Lösungsversuchs hat sich zunächst im italienischen Faschismus gezeigt.

Kapitel 6
Robert Michels und
der italienische Faschismus

Die Situation

Der italienische Faschismus[1], als dessen Theoretiker Robert Michels gelten kann, ist aufs Engste mit dem *Kapitalismus* verbunden, davon gehen alle sozialökonomischen Interpretationen aus. Als extremste Form bürgerlich-kapitalistischer Herrschaft kam der Faschismus auf, „als die alle Bereiche erfassende ökonomische Situation geplante Organisation erforderte und als die Herrschenden das Bedürfnis nach einer solchen Planung in ihre Kanäle ableiteten" (Horkheimer 1950, S. 223). Diese Planung muss im geschichtlichen Kontext des *organisierten Kapitalismus* gesehen werden, den das voranstehende Kapitel mit Rudolf Hilferding (1924, S. 2) aufzeigte. Es erfolgte damals eine fortschreitende Zentralisierung und Planung der Wirtschaft in Richtung auf eine „zwar organisierte, aber eine in antagonistischer Form hierarchisch organisierte Wirtschaft". Dieses allgemein-kapitalistische Charakteristikum erfuhr in Italien wie in Deutschland eine Forcierung: Bedingt nicht zuletzt durch das Phänomen der *verspäteten Nation,* das auch für „Italien mit seiner kurzen nationalstaatlichen Vergangenheit und uralten Unerlöstheit aus Fremdherrschaft und Kirchenstaat" (Plessner 1962, S. 12) kennzeichnend war.

Die industrielle Entwicklung der verspäteten Nation Italien und deren Eintritt in den Kreis der westlichen Industrienationen vollzogen sich zu einem sehr späten Zeitpunkt. Zwar hatte das *Risorgimento* die nationale Einheit gebracht, die sozialökonomischen Probleme aber blieben bestehen. Die Enge des Marktes, der Rohstoff- und Kapitalmangel sowie das unausgeglichene Wachstum der Industrie bestimmten die Ausgangssituation. Erst

---

1 Der Faschismus als eine radikale Problemlösung bürgerlich-kapitalistischer Widersprüche stellt – dies sei hier nachdrücklich angemerkt – eine epochale Erscheinung dar. Exemplarisch hierfür wurde der *italienische* Faschismus ausgewählt, der bereits 1922 die politische Macht ergriff und für ähnliche Bewegungen in anderen Ländern, vor allem in Deutschland, als Vorbild diente. Er weist die wichtigsten Elemente auf, die für Entstehung, Struktur und Funktion dieses Phänomens charakteristisch sind.

die Jahre zwischen 1880 und 1887, in denen die Primärakkumulation ihren Abschluss fand, brachten die Voraussetzungen für eine *industrielle Entwicklung*, die durch öffentliche Ausgaben gefördert wurde. Schon damals hatten jene Rettungsaktionen des Staates eingesetzt, die auch die Folgezeit bestimmen sollten. Von den hohen öffentlichen Ausgaben profitierten nicht zuletzt die großen Finanzgruppen. Die Führungsrolle, die die *Banken* in der italienischen Wirtschaft einnahmen, zeigte sich u. a. darin, dass die neueren Industriezweige (die mechanische, chemische, Elektro- und Schwerindustrie) unter ihren direkten Einfluss gerieten. Es kam zu einer Verflechtung des Bankkapitals mit der Großindustrie, die durch die Banca di Stato zu einer Interdependenz von *Staat und Wirtschaft* führte.

Mit dieser ökonomischen Entwicklung ist eng der Name Giolitti verbunden. Giovanni Giolitti, der von seiner zweiten Ministerpräsidentschaft an (1903) für mehr als ein Jahrzehnt die Regierungsverantwortung innehatte, zielte in seinem Wirtschaftsprogramm auf industrielle Expansion und verfolgte hierbei die Taktik des *trasformismo*. Diese *Taktik*, die allmählich zur Aushöhlung und schließlich (nach dem Ersten Weltkrieg) zum Niedergang des italienischen Liberalismus führte, bestand darin, die widerstreitenden sozialökonomischen Kräfte in die *politische Klasse* zu integrieren. Durch Parlamentsmanöver und Wahlmanipulation – Giolitti war ein Meister parlamentarischer Schachzüge – versuchte er, die verschiedenen Fraktionen der Industrie und des Großgrundbesitzes miteinander zu versöhnen und sie wie die Sozialisten und Teile der Nationalisten in seine Regierungskoalition einzubeziehen.

Die Regierung Giolittis fühlte sich zudem stark genug, im Jahre 1911 gegen Libyen einen Kolonialkrieg zu beginnen. Im *Libyen-Unternehmen* praktizierte der *italienische Nationalismus* bereits die neuen imperialistischen Zielsetzungen des italienischen Finanzkapitals. Vor allem *Enrico Corradini*, den Mussolini später als den *Faschisten der allerersten Stunde* bezeichnete[2], war es, der dem italienischen Nationalismus die *Ideologie* verlieh. Er und sein *Partito Nazionale* betonten eine dem proletarischen Klassenbewusstsein ähnliche nationale Solidarität. Mit dem Hinweis, dass der Nationalismus für die gesamte Nation das sein müsse, was der Sozialismus für das Proletariat bedeute, wurde im Sinne eines *socialismo nazionale* Italien zur *großen Proletarierin* erklärt, übernahm man eine Terminologie, mit der man zwischen *proletarischen* und *bürgerlichen Nationen* unterschied. „Um darzulegen, wie sehr der Nationalismus dem Geist unserer Zeit entspricht", so Corradini (1914, S. 34), „nenne ich jene Nationen proletarisch, die wie Italien sich im Zustand der Abhängigkeit befinden." Robert Michels (1914, S. 180) befürwortete den beginnenden Imperialismus Italiens mit dem Argument: „Dem italienischen Imperialismus das Existenzrecht abzusprechen, hieße der Notwendigkeit die Existenz versagen." Der Italo-Nationalismus hatte sich nach Michels (1912, S. 495) auf das stolze Gefühl zu gründen, „politisch, militä-

---

2 Benito Mussolini, Enrico Corradini, in: Opera Omnia, Bd. 25, durchgehend zitiert: Mussolini Opera Bd 25, S. 69.

risch, kulturell, seelisch mehr zu sein, als die Welt annahm", sowie auf die „Erhaltung eines immensen, vorderhand im eigenen Lande nicht ernährbaren Bevölkerungsüberschusses".

Die Popularität, die das Libyen-Unternehmen besaß, konnte indes nur kurzfristig über die wahre sozialökonomische Lage hinwegtäuschen. Mit dem libyschen Krieg begann die Krise des Giolittischen Systems. Er stellte im Grunde eine Konzession Giolittis an die Bedürfnisse eines Kapitalismus dar, der sich als unfähig erwies, durch *industrielle Entwicklung* im eigenen Land *neue Arbeitsmöglichkeiten* für die stark anwachsende Landbevölkerung zu schaffen. Die hinzukommende Wirtschaftskrise von 1913/14 verschlechterte die Lage der Arbeiter. Es kam zu Entlassungen und als Folge der steigenden Arbeitslosigkeit vor allem in der Landwirtschaft zu vermehrten *Massenauswanderungen*. In dieser allgemeinen Krisensituation obsiegte im Italo-Sozialismus die revolutionäre Richtung. Zudem nahm die Kritik an Giolittis Politik aus den eigenen liberalen Reihen überhand. Als der Erste Weltkrieg ausbrach, zeigte sich, dass das *liberale* System den sozialen und ökonomischen Kräften der Gesellschaft nicht gerecht werden konnte. Schon vor dem *Intervento* waren Tendenzen zu einer Umwandlung der ökonomischen Strukturen zu verzeichnen. Während des Krieges und durch ihn bedingt kam es zur Vormachtstellung des Großkapitals, das zu einer immer stärkeren direkten Einflussnahme auf die Politik drängte.

Italien ging wirtschaftlich stark geschwächt aus dem Ersten Weltkrieg hervor: „mit einem zentralen und lokalen Finanzsystem in ernster Lage, mit einem defekten Geldumlauf, mit einer … erschöpften Landwirtschaft, mit einer heruntergekommenen Handelsflotte und einem verschlechterten Eisenbahnnetz …, in schwerster Abhängigkeit vom Ausland durch Staatsverschuldung und durch die riesigen noch notwendigen Lieferungen an Rohmaterial und Getreide" (Bachi 1918, S. X). Hinzu kam, dass das imperialistische Ziel der *proletarischen Nation*, das auf den Balkanraum und in zweiter Linie auf Nordafrika gerichtet war, nicht erreicht werden konnte. Die mit dem Umstand, Großmacht und doch den führenden Großmächten nicht gleichwertig zu sein, verbundene Enttäuschung verdeutlichte sich in dem zum Schlagwort gewordenen Titel einer Abhandlung von Umberto Angeli: *Guerra vinta, pace perduta. Der Krieg war gewonnen,* aber der *verlorene Friede* war außenpolitisch durch das unerfüllte imperialistische Expansionsstreben gekennzeichnet und innenpolitisch durch ein sich an veralteten politischen Maßstäben orientierendes System, das eine Periode der politischen Lähmung einleitete.

Die hier nur kurz skizzierte Problemlage ließ in der verspäteten Nation Italien das nationale Ressentiment anwachsen. Es war, wie Helmuth Plessner (1962, S. 12) vermerkt, „in dem Mißverhältnis seiner effektiven Bedeutung als politisch-geistige Macht des 19. Jahrhunderts zu seiner römischen Herkunft und seiner führenden Rolle als Vormacht der Renaissance, als Schrittmacherin der modernen Welt gegeben, ein Ressentiment wohlgemerkt, das, durch Italiens Behandlung als Alliierter zweiter Güte bewußt gemacht, nunmehr in denjenigen Bevölkerungsschichten Glut entfachte, deren soziale Position für Ressentiments am günstigsten ist: den Kleinbürgern und Pächtern, vermehrt um die große Masse enttäuschter Frontkämpfer, die sich betrogen fühlten". So formierten sich *entlassene Soldaten* und Angehörige der Mittelschichten, der *ceti medi*, zu militanten nationalistischen Verbänden, die rasch von den ökonomisch herrschenden Kreisen in Dienst genommen wurden. Damals entstanden die *fasci di combattimento*, eine hinsichtlich Geisteshaltung und politisch-sozialer Disposition aus dem „prekären Frieden" (Vilfredo Pareto) geborene Erscheinung. Die komplexe – den *fascismo agrario* und die *squadre d'azione* einbeschließende – Entstehungsgeschichte der faschistischen Bewegung reduzierte sich damit zunächst auf die Konstellation im Nachkriegs-Italien. Des Weiteren wurde der Faschismus durch jene Legionäre von Fiume gestärkt, die den Frieden mit Methoden des Kriegs einzuleiten versuchten. Er gewann schließlich an Breite durch die Entstehung des russischen Bolschewismus wie durch die Furcht vor der Revolutionsdrohung der italienischen Maximalisten[3], auf die noch einzugehen ist.

Der Theoretiker

Robert Michels' (1876–1936) politische Bekenntnisse und seine wissenschaftliche Themenwahl vermitteln ein Bild von den sozialen und nationalen Gedankenrichtungen der ersten Dezennien des 20. Jahrhunderts. Einander ablösende, sich überlagernde und durchdringende Entwicklungslinien durchzogen sein Lebenswerk, das vom Sozialismus und Syndikalismus zum italienischen Nationalismus und Faschismus führte. „Sempre tenendo alto il nome dell'Italia" – so sein Totenzettel –, setzte sich Michels für den Nationalismus seiner Wahlheimat ebenso ein wie für das Mussolini-Regime.

Die in diesem Kapitel herausgegriffene Interpretation des Faschismus zeigt nur einen Teilaspekt von Michels' umfangreichem Wirken, und zwar den seiner zweiten Denkperiode, in die Impulse großer Weggenossen wie Sorels Mythos der Gewalt und Paretos antidemokratische Elitentheorie eingegangen sind. Michels' erste Denkperiode hingegen hat ihn als Parteiensoziologen bekannt werden lassen, der ein emanzipatorisches Erkenntnisinteresse verfolgte. Neben verschiedenen revolutionär-sozialistischen Frühschriften schilderte der einstige Ethicosozialist in mehreren Aufsätzen seine Eindrücke von der sozialistischen Bewegung. Diese Aufsätze sind Vorstudien zu seiner klassischen Abhandlung *Zur Soziologie des Parteiwesens in der modernen Demokratie*. Michels verweist in diesem aus dem Erleben entstandenen Standardwerk vor allem am Beispiel der deutschen Sozialdemokratie des Kaiserreichs auf die Diskrepanz zwischen dem innerorganisatorischen Wertesystem und der innerorganisatorischen Willensbildung. Diese Diskrepanz war auch bei den anderen sozialistischen Parteien Europas zu konstatieren. Auch hier hat-

---

3 Die Maximalisten beherrschten die Führungsgremien innerhalb der gespaltenen Sozialistischen Partei Italiens. Hier bestand man darauf, den bürgerlichen Staat grundsätzlich zu bekämpfen und keinerlei Kompromisspolitik zu dulden – im Gegensatz zu den Minimalisten, die eine Regierungsbeteiligung befürworteten. Der Kurs der Maximalisten war der offizielle Parteikurs. Von den Sozialisten spaltete sich 1921 die kleine Kommunistische Partei Italiens ab.

ten sich immer stärker Oligarchien herausgebildet, deren Entstehen Michels „teils aus den Umgestaltungen des Seelenlebens" erklärt, die „einzelne Persönlichkeiten dieser Bewegung im Lauf der Entwicklung erfahren", teils „aber auch und in primärer Weise" aus dem, was Michels „*als Psychologie der Organisation selbst*" bezeichnet, „das heißt aus den Notwendigkeiten taktischer und mechanischer Natur, die aus dem Erstarken jeder Organisation erwachsen" (Michels 1908, S. 1620 f.).

Der Michels' Parteiensoziologie kennzeichnende methodische Versuch, die organisationssoziologische mit der sozialpsychologischen Perspektive zu verbinden, bestimmt auch die meisten seiner weiteren Untersuchungen. Unter Hinweis auf die notwendige „psychologische Behandlung der soziologischen Gegenstände" versteht Michels die Soziologie im Sinne einer *Einbruchs-Lehre*, des *Einbruchs* einer Lebenserscheinung in die andere. „Soziologie ist nicht Summierung der Resultate fremder Wissenschaften, sondern Absonderung, Erfassung und Bindung von Heterogenien. Sie ist die Erforschung der kausalen Vielherkünftigkeit immanent einheitlicher Kompliziertheiten". Von grundlegender Wichtigkeit ist ihm hierbei die *psychologische* Betrachtung: „Denn, wenn es richtig ist, daß andere Wissenschaften der Soziologie Gegenstände liefern können, so ist es erst der psychologischen Verflechtung dieser Gegenstände, welche sich der Ursprungswissenschaft methodologisch entzieht, gegeben, zur Soziologie, das heißt zur restlosen Kausalitäts-Analyse und Darstellung zu führen" (Michels 1926, S. 136 f.).

Diese für Michels charakteristische Betrachtungsweise, die übrigens erkennen lässt, wie wenig der ursprüngliche Sozialist aus Gesinnung dem Marxismus verpflichtet war, beherrscht auch die Schriften seiner hier zu behandelnden zweiten Denkperiode: die durch kosmopolitische Weite und Freiheit (Carl Brinkmann) sich *auszeichnenden Probleme der Sozialphilosophie* (1914), die Untersuchungen *Economia e felicità* (1918) und *Lavoro e razza* (1924), die Wilhelm Vleugels als „wahre Fundgrube von kritisch ausgewertetem empirischen Material" bezeichnete, sowie die beiden Bände *Sozialismus und Faschismus in Italien* (1925), in denen Michels' bekenntnisreiche Aussagen vom frühen Ethicosozialismus bis zum Faschismus führen. Nach der rückblickend nochmals aufgegriffenen *Psychologie der antikapitalistischen Massenbewegung* (1926) und der *Soziologie als Gesellschaftswissenschaft* (1926) folgt dann der *Corso di sociologia politica* (1927). Dieses lange Zeit wenig beachtete Werk bildet sozusagen den Gegenpol zur *Soziologie des Parteiwesens*. Hier wie u. a. in *Italien von heute* (1930) sollte Michels' einstige Kritik an der von „Eliten" besorgten politischen Willensbildung zugunsten machtbewußter elitärer Minderheiten verstummen und dem Leitbild der Identität von Führer- und Volkswille in der *charismatischen Diktatur* Mussolinis weichen.

1 Die Transformation der Demokratie

Die Forderung nach einer starken Regierung wurde nicht von ungefähr im Jahre 1920 erhoben. In diesem Jahr, in dem der langjährige Ministerpräsident Giovanni Giolitti noch einmal sein Amt übernahm, zeigten sich die *Schwächen des liberalen Systems* im besonderen Maße. Der greise Staatsmann suchte sich erneut des von ihm ehemals routiniert gehandhabten parlamentarischen Instrumentariums zu bedienen, um sich indes alsbald davon überzeugen lassen zu müssen, dass, so Ignazio Silone (1934, S. 42), „die zahlreichen Fraktionen, in die das Parlament zerfiel und die früher vor dem alten Giolitti gezittert hatten, dreist und arrogant" geworden waren. Die stets schwächer werdenden Kabinette, die mannigfachen *Fehlschlüsse* des an überkommenen politischen Maßstäben orientierten Giolitti sowie die zum Extremismus neigenden *gesellschaftlich desintegrierten Bevölkerungsschichten* beschleunigten die innenpolitische Verfallssituation. Während bürgerkriegsähnliche Wellen das Land überfluteten, während der von den *Maximalisten* und den *fasci* entfachte Terror der Straße sich ausbreitete, verlor die liberal-repräsentative Demokratie ihre noch verbliebene Bedeutung.

Robert Michels berichtete über diese politischen und sozialen *Konvulsionen* in der *Neuen Züricher Zeitung* (vom Dezember 1922): „Wie die römische Wölfin das Zwillingspaar Romulus und Remus, so war es diese vielgestaltige Unzufriedenheit, welche das Zwillingspaar Bolschewismus und Faschismus säugte." Michels erkannte keine ernsthafte Chance für die Maximalisten, die im Herbst 1920 in den norditalienischen Industriestädten zahlreiche Fabriken besetzten und in ihre eigene Regie übernahmen. Es schien kurzfristig, als sei die sozialistische Revolution bereits gelungen; doch dieser Eindruck täuschte. Der revolutionäre bzw. sich revolutionär gebende *Maximalismus* sollte sich als zu schwach erweisen. Die Besetzung der Betriebe verband nur vorübergehend die einzelnen sozialistischen Gruppen zu einer revolutionären Bewegung, die schließlich die „ganze Ohnmacht des Maximalismus" (Ignazio Silone) verdeutlichte. Das Experiment scheiterte nicht erst aufgrund der Weigerung der Gewerkschaftsführer, den Aufruhr auf sämtliche Fabriken Italiens auszudehnen, sondern bereits in Mailand und Turin dadurch, dass sowohl die Auslieferung der Fabrikate als auch die Neubeschaffung der Rohmaterialien stockten.

Das gescheiterte maximalistische Revolutionsexperiment bewirkte eine Stärkung der faschistischen Bewegung inmitten der allgemeinen Krise der Nachkriegszeit. Umso heftiger wurde nun die Forderung nach staatlichen Eingriffen laut. Die Institution des parlamentarischen Systems schien dafür untauglich. Die *Transformation der Demokratie* wurde zu einer allgemeinen Forderung, und in Michels sowie in seinen Weggefährten Georges Sorel und Vilfredo Pareto fand sie ihre Apologeten. Gleich Pareto zielte Michels auf eine *trasformazione della demo-*

crazia – dem schlagwortartigen Titel entsprechend, unter dem Pareto 1920 seine in der *Rivista di Milano* veröffentlichten Artikel über die italienischen Ereignisse zusammentrug. Und gleich Sorel hoffte Michels vom werdenden Faschismus die *nationalen Energien Italiens* neu entfacht zu sehen. Die von Sorel und Pareto ausgehende „idealdialektische Vorwegnahme" des Faschismus lässt sich – im Zusammenhang mit der Position Robert Michels' – kurz aufzeigen:

Mit Mussolinis Gegnerschaft zum italienischen Maximalismus zeichnete sich die Hinwendung zum *nationalen Mythos* ab, über den der spätere Duce weite, durch das sozialistische Revolutionsexperiment verängstigte Bevölkerungskreise ansprach.[4] Vor allem Mussolinis stete Wendung: „Wir sind stolz darauf, Italiener zu sein", zielte auf die von den Theoretikern um Michels betonten nationalen Energien entsprechend den Erwartungen Georges Sorels, der in verschiedenen Artikeln während der Nachkriegszeit das *wiedererwachende nationale Gewissen Italiens* begrüßte. Zweifelsohne überwog bei Mussolini die taktische Erwägung, idealisierte Hoffnungen zu nähren und durch vage programmatische Äußerungen die unterschiedlichsten Gruppen anzusprechen. Doch auch unabhängig von taktischen Fragen waren in Mussolini Gedanken Sorels lebendig, und nicht von ungefähr sollte er noch in der *Dottrina del Fascismo* (Opera Bd 34, S. 122) die von Sorel abzweigenden Adern im Faschismus hervorheben: „Nel grande fiume del fascismo troverete i filoni che si dispartirono dal Sorel ..."

Die von Pareto bereits seit 1916 in seinem Hauptwerk, dem Trattato di sociologia generale (§ 2258) herausgestellten *rhetorischen Scheinwahrheiten* der Repräsentativsysteme im Allgemeinen und Giovanni Giolittis *Fehleinschätzung Mussolinis* im Besonderen wurden umso sichtbarer, je mehr die faschistische Bewegung an Boden gewann. An der Vorstellung orientiert, mit den Faschisten das wiederholen zu können, was mit den Maximalisten gelungen war, befleißigte sich Giolitti wohlwollender Neutralität. Es blieb dabei unbeachtet, dass ein auf seine Machtmittel verzichtender Staat eine ihn mit Entschlossenheit zu ersetzen trachtende Gegenbewegung anschwellen lässt. So wies die Regierung jene von Pareto (1926, S. 67) für verfallende herrschende Klassen konstatierte *Schwäche* auf, die dem Gegner den Sieg ermöglicht: „Es an dem notwendigen Mut fehlen zu lassen, um sich zu verteidigen ..., ja es sogar so weit zu treiben, dem Gegner den Sieg zu erleichtern, ist die Eigentümlichkeit des Schwachen." Zwar suchte Giolitti, um bei einer Diktion Paretos zu bleiben, auch hier die ihm zugeschriebene *Fuchskunst*

---

4   Benito Mussolini begann seine politische Laufbahn 1904 im damals noch österreichischen Trient als Redakteur des sozialistischen *Popolo*. 1912 bis 1914 war er Chefredakteur des sozialdemokratischen *Avanti*. Er vertrat bei Kriegsausbruch die Sache der Interventionisten und geriet damit in eine Konfrontation zu seiner Partei. Sein im Ersten Weltkrieg vertretener Nationalismus verband sich mit Ideen des revolutionären Syndikalismus, dem er als italienischer Sozialist nahe stand.

anzuwenden. Doch der Faschismus erwies sich gegen die Regierungspraktiken der „dem berüchtigten Stamme der Giolittianer angehörenden Männer" (Mussolini) als gefeit.

Die Transformation der Demokratie war – was Michels deutlich erkannte – mit Giolittis Fehleinschätzung bereits eingeleitet, einer Fehleinschätzung, die Arturo Labriola (1945, S. 200) wie folgt schildert: „Während der häufigen Dispute, die ich mit Giolitti über den Faschismus führte, ... hörte ich ihn immer denselben Refrain wiederholen: Er ist eine Sache, die sich austoben muß; und wie ... sich die Sozialisten von Revolutionären zu guten Verwaltern [amministratori] verwandelten, werden auch die Faschisten in die allgemeine Ordnung des liberalen Staates zurückkehren, der alles toleriert und alles überlebt." Giolitti entging es hier völlig, dass der liberale Staat bereits beim maximalistischen Revolutionsexperiment weit weniger vom Sozialismus bedroht war als von der Krise des kapitalistischen Systems, von einer sich immer offener zugunsten der Industrie entwickelnden Machtkonstellation innerhalb des bürgerlichen Lagers selbst. Und diese Industriebourgeoisie war, um mit Pietro Nenni (1962, S. 93) zu sprechen, „vorurteilslos, expansionistisch, antiparlamentaristisch, geschworene Feindin der Arbeiterorganisation". In ihrem Interesse lag es, dass immer lauter nach einem *starken Staat* gerufen wurde. Die bestehende Ordnung war nach Mussolini (Opera Bd 18, S. 416 f.) nur noch „eine Maske, hinter der sich kein Antlitz verbirgt", ein „Gerüst, hinter dem kein Haus steht". Dementsprechend forderte Mussolini (ebd.): „Die *sostituzione* ist notwendig, und sie wird desto besser sein, je radikaler man sie durchführt." Und kurz zuvor: „Es sind nicht Programme, die Italien retten können, es sind die Männer und die Willenskraft."

„Die Faschisten sind sich ihres Sieges bewußt", kommentiert Michels im Juni 1922 in der Schweizer Presse, als die parlamentarischen Kabinette immer hilfloser einander abzulösen begannen und sich das abzeichnete, was Renzo de Felice schlagwortartig dahin gehend formulierte: „Mussolini e Giolitti: tra rivoluzione e reazione nasce il fascismo." Und so kam es dann auch zur Machtergreifung Mussolinis, der zuvor aus den Generälen der faschistischen Miliz ein Quadrumvirat gebildet hatte und der gleichzeitig in Verhandlungen mit verschiedenen Politikern von einer Mitarbeit am Aufbau des Landes sprach. Ein neuer Typus der Revolution entstand. Noch bevor die Kolonnen der Schwarzhemden Rom erreichten, zog König Vittorio Emanuele seine Genehmigung zu dem vom Kabinett ausgerufenen Belagerungszustand zurück und beauftragte Mussolini mit der Regierungsbildung. Kurz vorher soll Pareto Mussolini übermittelt haben: „Heute oder nie."

2 Das Mussolini-Regime

„Italien lechzte politisch nach einer starken Hand. Nun die Faschisten am Ruder sind, heißt es in weiten Kreisen mit tiefem Aufatmen: ‚Endlich eine Regierung!'" Diese nach dem Marsch auf Rom, dem ersten Höhepunkt eines langsamen Prozesses der Übergriffe auf die Gewalten des Staates, ausgesprochenen Worte (in der Schweizer Presse vom Dezember 1922) lassen Michels' Parteinahme für den Faschismus erkennen. Ein den Machtgedanken entschlossen aufgreifender Führer, ein principe nuovo, regierte nun Italien, auf den Pareto im Januar 1923 (in einem Brief an Carlo Placci) die Aussage münzte: „Nun könnte ich meine beiden Bände [Trattato di sociologia generale] mit denselben Worten beenden wie Machiavelli seinen *Principe*: ‚Überlegt man mit mir, ob in Italien die Zeit für einen neuen Fürsten gekommen ist und ob hier einem klugen und mächtigen Mann Gelegenheit zur Einführung einer ihn zum Ruhm und dem Volk zum Segen gereichenden Staatsform gegeben ist, so scheint mir so vieles zugunsten eines neuen Fürsten zu sprechen, daß ich keinen geeigneteren Zeitpunkt zu nennen wüßte'."

Entsprechend dem Motto nulla dies sine linea wurden nach und nach die bürgerlichen Freiheiten und rechtsstaatlichen Sicherungen aufgehoben sowie die Arbeiterbewegung zerschlagen. Als alleiniger Repräsentant der Industrie fungierte von nun an die *Confindustria,* mit der die *faschistischen Syndikate* die Vertragsabschlüsse tätigten. Der Faschismus bezog derart eine eindeutige Stellung in der Relation zwischen Kapital und Arbeit: Während die Confindustria intakt blieb, unterstanden die *Gewerkschaften* einer wachsenden rigorosen Disziplin. Die Devise in der ersten Phase des Faschismus lautete: starker Staat, aber kein ökonomischer Staat. So wurde bis 1925 eine Reihe profitabler öffentlicher Unternehmungen (u. a. das Telefonsystem, die Streichholzproduktion und die Lebensversicherungen) reprivatisiert, wodurch den betreffenden Konzernen enorme Sonderprofite erwuchsen. Erst allmählich – nach der Matteotti-Krise von 1925[5] – kam es mit der Schaffung der sogenannten *organischen Gesetze (leggi fascistissime)* und dem Gesetz über die Kooperationen zu einer immer weitergreifenden Intervention des faschistischen Staates in Wirtschaft und Gesellschaft.

Im Jahre 1925, als Robert Michels in den beiden Bänden seiner Abhandlung *Sozialismus und Faschismus in Italien* das Mussolini-Regime idealisierte, begann die *zweite Phase* des Regimes und mit ihr die Auflösung der oppositionellen Parteien, die Säuberung des Beamtentums und die Unterdrückung der Meinungsfreiheit. Es kam zum Ausbau der Herrschaft Mussolinis. Und Michels, der von

---

5 Gemeint ist damit die Ermordung des sozialistischen Abgeordneten Giacomo Matteotti, die Mussolini innen- wie außenpolitisch ungelegen kam. Es war jenes Attentat, das wie kein anderes Ereignis eine neue Entwicklungsetappe des italienischen Faschismus einleitete.

Basel nach Rom (1926) und nach der „faschistischen Universität" Perugia (1928) wechselte, fasste in seinem *Corso di sociologia politica* das zusammen, was er zur ideologischen Rechtfertigung des Mussolini-Regimes vorzubringen hatte. Diese 1927 (in Mailand) veröffentlichten Aussagen beinhalten eine kurze Rückbesinnung auf längst überwundene Vorstellungen und zeugen in ihren wesentlichen Passagen von Michels' Hinwendung zu der als zukunftsträchtig bewerteten neuen Form bürgerlich-kapitalistischer Herrschaft. Michels befürwortet die elitär-monistische Herrschaftsstruktur des Faschismus. Das durch *Mangel an Sicherheit, Symmetrie und Geradlinigkeit* charakterisierte parlamentarisch-demokratische System hat Michels zufolge die Entstehung des Faschismus ermöglicht und sich derart jeder *rechtlichen Argumentation* entzogen. Entgegen dem demokratischen System schließe das eindeutige Minoritätsprinzip die Pluralität der Eliten von der politischen Macht aus.

Die Herrschaft gebührt nach Michels (1927, S. 95) der „unbestreitbarsten und unbezähmbarsten Vitalität". Hierin dokumentiert sich eine Sicht, die alle Derivationen zu durchschauen erstrebt, mit Ausnahme derjenigen des Faschismus. Der von Pareto beeinflusste Michels sieht das politische und soziale Geschehen durch *elementare Machtinstinkte* bestimmt und verurteilt die Demokratie *als Selbstbetrug*. In den Schwächen der kontinentaleuropäischen Koalitionsregierungen verdeutliche sich das Merkmal der Dekadenz. Michels hatte sich zum Klageanwalt erhoben, der für eine Diktatur plädierte. Gleichwohl muss nach Michels (1926, S. 113 f.) auch eine *Diktatur* aus taktischen Erwägungen das Massenprinzip berücksichtigen, auch sie hat entgegen ihren theoretischen Grundsätzen die Massen zu umwerben, da sie durch diese an der Macht bleibt und weil sie „vor der Öffentlichkeit als Ausdruck des Volkswillens gelten will und (so stark ‚sitzt' doch noch die demokratische Massenempfindung) gelten muss". Hierbei verweist Michels auf die an Mehrheitsideen orientierten und nach demokratischen Grundsätzen gelenkten ausländischen Staaten, vor denen sich der Faschismus als *authentische und autochthone* Vertretung des Volkswillens darstellen müsse. Im Hinblick darauf versucht er (1927, S. 293) auf der Grundlage seiner *Konsensustheorie* den Faschismus demokratisch zu umhüllen – eine „Diktatur ... mit Genehmigung des Volkes (Konsensus statt Parlament: oft nur schweigender, oft aber auch sehr lauter und greifbarer, wenn auch statistisch nicht faßbarer Konsensus)".

3 Der Capo carismatico

Michels verbindet seine Konsensustheorie mit dem *charismatischen* Führerprinzip. Wenn er im *Corso die sociologia politica* (1927, S. 96) die mit „heroischen Elementen durchsättigte ... energetische Herrschaft" hervorhebt, zielt er auf die charismatische Legitimität, die „auf der spontanen und freiwilligen Unterwerfung der Massen unter die Regierung von Personen beruht, die mit außergewöhnlichen, manchmal geradezu für übernatürlich gehaltenen Eigenschaften begabt sind ... und deshalb für fähig gehalten werden, ... selbst wundertätige Dinge zu vollbringen". In diesem Sinne wird der *Capo del governo* zum *Capo carismatico* erhoben, wobei die Mussolini zugeschriebenen Eigenschaften als legitimitätsbegründend angesehen werden. Seine Herrschaft zeichnet sich durch den *Glauben* an seine *Berufung* und *Sendung* aus. Hierbei wird zugleich das angesprochen, was Mussolini (Opera Bd 24, S. 14) sich selbst zuerkannte: Alles Geschehen sei durch seinen Geist ins Leben gerufen worden (è stata attivata dal mio spirito).

In Michels' Sicht stand Mussolini kraft seines *Charisma* an der Spitze des Regimes. Ein schillernder Terminus rückt damit in den Mittelpunkt der Deutung, den (wie im voranstehenden Kapitel aufgezeigt) sein einstiger Freund und Mentor Max Weber in seiner Herrschaftstypologie prägte. In Max Webers Aussagen glaubt Michels dann auch reichhaltige Belege für die mit seiner Konsensustheorie verbundenen Deutung Mussolinis und dessen Regime gefunden zu haben. Ungeachtet des sich mannigfach ändernden Kräfteverhältnisses zwischen der *Machtposition Mussolinis* und der des *Partito Nazionale Fascista* wie der des *Gran Consiglio del Fascismo* verweist Michels darauf, dass nunmehr dem soziologischen Forscher anschaulich das Bild eines Gläubigen und Propheten vor Augen stehe, das Mussolinis. In ihm hat nach Michels, was den – *Consensus omnium* anbelangt – die „Maxime der Identität von Führer und Staat das Maximum ihrer Entwicklungsmöglichkeit" erreicht. *Du bist Italien!* – diesen nach einem Attentatsversuch Mussolini entgegengebrachten Ruf greift Robert Michels (1927a, S. 4) dahingehend auf: „Die Masse wollte es nicht zugeben, daß zwischen ihrem Vaterlande und ihrem geliebten Duce ein Unterschied bestehe; so stark ist das Charisma des Mannes." In diesem Zusammenhang beruft sich Michels (1930, S. 267) ausdrücklich auf *Max Weber*. Er unterstreicht die selbst-gewordene Kraft des charismatischen Führers, deutet Mussolini (1930, S. 267) als „modernen Grundtypus dessen, was Max Weber unter einem charismatischen Führer verstanden wissen wollte", und stellt in der *Lavoro Fascista* (1932, S. 3) das *charismatische Heldentum* heraus, wie es in der tiefgründigen „politischen Typologie Max Webers, des Weisen von Heidelberg", aufgezeigt werde.

Mit dieser Deutung nimmt Michels spätere Hinweise vorweg, der italienische Faschismus stelle ein charismatisches Phänomen im Sinne Webers dar. Betrachtet man Webers idealtypische Kategorienlehre – wie sie sich in *Wirtschaft und Gesellschaft* findet –, so lässt diese in der Tat eine solche Interpretation zu. Nach Weber (1976, S. 658) kann sich die charismatische Herrschaft sowohl auf die Leidenschaft als genuinen Gehorsamswillen als auch auf die Leidenschaft als reaktionäre Erlösungshoffnung gründen. In seinen intensivsten Erscheinungsformen sprengt das

Charisma Regel und Tradition, es bedeutet die „spezifisch ‚schöpferische' revolutionäre Macht der Geschichte". Als *natürlicher* Leiter „in psychischer, physischer, ökonomischer, ethischer, religiöser, politischer Not" (Weber 1976, S. 654) stellt der charismatische Führer eine persönliche Antwort auf eine Krise dar. Er ergreift die ihm angemessene Aufgabe, Gehorsam und Gefolgschaft verlangend kraft seiner Sendung. Entscheidend ist der *Erfolg*, dann bedeutet Anerkennung „die *Pflicht* derer, an welche sich seine Sendung wendet" (Weber 1976, S. 655). Nicht von deren Willen, nicht nach Art einer Wahl leitet er sein Recht ab. Der charismatische Typus ist charakterisiert durch formell *akklamative* Herrschaft bzw. durch den *Consensus omnium*.

Max Webers *wertfreie* Aussage über die charismatische Herrschaft konnte mithin als eine die Erscheinung Mussolinis intuitiv vorwegnehmende Beschreibung angesehen werden und somit das geeignete Material für Michels' Deutung darbieten. Nach Webers Kategorienlehre stellt der *italienische Faschismus* ein *charismatisches Phänomen* dar, und dies vor allem deshalb, weil die Frage nach den Grenzen und dem Missbrauch des Charismas vernachlässigt wird. Weber, den persönlich die das individuelle Handeln zurückdrängende Rationalisierung und Disziplinierung beängstigte, konnte auf die das persönliche Charisma ausrottende oder umformende rationale Disziplin verweisen, obwohl diese an sich dem Charisma und der Standesehre nicht feindlich gegenüberzustehen braucht. In *Wirtschaft und Gesellschaft* (S. 681 f.) können *ständische Gruppen* „nur durch das Mittel einer ganz straffen Disziplin innerhalb ihrer eigenen Gruppe die sichere schlagfertige Überlegenheit gegenüber den Beherrschten behaupten und den ‚blinden' Gehorsam der letzteren ebenfalls nur durch deren Erziehung zur Unterordnung unter die Disziplin ... ihnen ‚einüben'". Die Disziplin stellt sich nach Webers Kategorienlehre (S. 682) „an sich jeder Macht zur Verfügung". Und Michels, der im italienischen Faschismus die *disziplinierte Freiheit* im Dienst des Ganzen hervorhob, vermochte an Webers Aussage zu erinnern, ein *charismatischer Held* müsse, wenn er seine Herrschaft quantitativ weit erstrecken wolle, die Disziplin in seinen Dienst nehmen (ebd.). Michels, der in Mussolini einen solchen *charismatischen Helden* zu erkennen glaubte, konnte Webers Kategorienlehre heranziehen, die am Beispiel der nach Wesen und Erscheinung als reiner Typus gewerteten Disziplin des Heeres die mit emotionalen Mitteln aller Art arbeitende und „durch ‚Eingebung' und noch mehr durch Erziehung zur ‚Einführung' der Geführten in den Willen des Führenden" wirkende moderne Kriegsführung beschreibt (ebd.).

Trotz dieser und der zuvor erwähnten – von Robert Michels aufgegriffenen – Erörterungen in *Wirtschaft und Gesellschaft* beinhalten Max Webers *verfassungspolitische* Überlegungen zum Thema *Parlament und Regierung im neugeordneten Deutschland* keine den Faschismus vorwegnehmende Kennzeichnung. Dies wurde im voranstehenden Kapitel aufgezeigt. Vielmehr lässt sich Webers Bemühen dahin gehend umschreiben, dem Liberalismus, dem er nach Abkunft und eigenem Bekenntnis zugehörte, ein positives Verhältnis zur Macht, zu großen politischen Führern zu vermitteln. Er sah sehr wohl, dass sich der Liberalismus in einer Periode des Niedergangs befand, erkannte aber noch nicht seine Wendung zum Sozialdarwinismus – und zum Faschismus. Kurz, Weber befürchtete nicht den Umschlag der *plebiszitären Führerdemokratie* in eine *charismatische Diktatur*, obgleich seine Kategorienlehre (S. 154) von einer solchen Möglichkeit bei „hartnäckigen eklatanten Mißerfolgen *jeder* [also auch: der demokratischen] Regierung" spricht. Max Weber diagnostizierte seine Gegenwart als eine nicht-charismatische, *rationalistische* Epoche, d. h., er erachtete das Charisma in seinem epochalen Begriff als nicht gegeben. Diese Einschätzung und sein früher Tod (1920) hinderten ihn daran, zu erkennen und selbst zu erleben, dass die plebiszitär-charismatische Führerherrschaft nicht die Form einer Demokratie, sondern die der totalitären Herrschaft des faschistischen Führerstaates annahm.

Nach Webers Tod reifte alsbald der Faschismus als *extreme Form bürgerlicher Herrschaft* heran. Robert Michels erlebte und begrüßte diese neue Herrschaftsform für Italien, die für ähnliche Regime in anderen Ländern, namentlich in Deutschland, als Vorbild fungierte. Die Webers Grundthema bildende Rationalität barg, was Michels miterlebte, zugleich auch den Irrationalismus in sich. Die erwähnte *rationale Disziplin* erwies sich unter diesem Aspekt nicht als die *unwiderstehliche Macht* (Weber), die das persönliche Charisma ausrottet oder in seiner Wirkung rational umformt. – Eine grundsätzliche Bejahung des *emotionalen Elements* verdrängte die *rationale Begründung*. In diesem Sinne unterstrich Michels das Charisma des politischen Führers, auch nachdem Mussolini seine totalitäre Herrschaft errichtet und das Regime die „Totalität des Staates und die Totalität seines Integrationsprozesses" (Rudolf Smend) hergestellt hatte.

In Ergänzung seiner zwischen Führer und Geführten eine Einheit präjudizierenden *Konsensustheorie* rückte derart in den Mittelpunkt von Michels' Deutung der *Glaube* an die *charismatische Diktatur*. Robert Michels zufolge hatte der von ihm vorrangig als Mussolinismus verstandene Faschismus eine charismatische Epoche eingeleitet. Hierin sah er eine neue geistige Potenz – in idealisierender Entsprechung zu Mussolinis Feststellung: „Eine Partei, die eine Nation totalitär beherrscht, ist ein neues Faktum in der Geschichte."

Kapitel 7
Max Horkheimer und Theodor W. Adorno –
Die bürgerliche Gesellschaft als Denkmodell

Die Situation

Nur wenige Aussagen sind so berühmt geworden wie die Theodor W. Adornos, nur dem, der Gesellschaft als eine andere denken könne denn die existierende, werde sie zum Problem[1] und die Max Horkheimers, wer vom Kapitalismus nicht reden wolle, solle auch vom Faschismus schweigen.[2] Die beiden Repräsentanten der Frankfurter Schule haben mit diesen Worten nicht zuletzt den *existenziellen Bezug ihrer Reflexionen* angesprochen. Freilich kann dies nicht bedeuten, hierin den Schlüssel ihres Denkens aufgefunden zu haben. Das theoretische Werk Horkheimers und Adornos ist wesentlich umfassender – zeitübergreifender – als das der anderen Denker, die in den voranstehenden Kapiteln (vielleicht das fünfte ausgenommen) vorgestellt wurden. Gleichwohl wäre es verfehlt, die Kritische Theorie, die beide vertraten, rein *theoretisch* und *zeitlos* zu betrachten. Bereits die *Novellen* und *Tagebuchblätter* des jungen Horkheimer zeugen von der Ergriffenheit eines von den gesellschaftlichen Zuständen seiner Zeit beunruhigten Menschen. Und auch für Adorno war die Kritische Theorie in allererster Linie *kritische Reflexion seiner Gesellschaft*. So sollen auch zunächst wenige Komponenten zur Sozialgeschichte genannt werden, die zu Horkheimers und Adornos Denken beitragen.

Die Weimarer Republik, in die Horkheimer seine Hoffnung auf eine humanere Gesellschaft setzte, führte nicht zu einer sozialen (bzw. sozialistischen), sondern zu einer konservativen – kapitalistischen – Demokratie. Weit von den Erwartungen der November-Erhebung von 1918 entfernt, stellte die erste *demokratische Verfassung* „das Ergebnis einer gescheiterten, nicht einer erfolgreichen Revolution dar" (Reinhard Rürup). Die Verfas-

---

[1] Theodor W. Adorno, in: ders., Gesammelte Schriften (hrsg. von Rolf Tiedemann), Bd. 8 (nachfolgend zitiert: Adorno Bd 8, S. 564).
[2] Max Horkheimer, in ders.:, Gesammelte Schriften (hrsg. von Alfred Schmidt und Gunzelin Schmid-Nörr), (nachfolgend zitiert: Horkheimer Bd 4, S. 308 f.).

sungswirklichkeit drängte den wirtschaftsdemokratischen Gehalt der Weimarer Verfassung zugunsten einer kapitalistischen Grundordnung noch weiter zurück. Und mit dem Beginn der *Weltwirtschaftskrise* nahmen die Oberklassen jene Bestrebungen zur Errichtung eines autoritären Systems erneut auf, die bereits in der Krise von 1923 gemeinsame Diktaturpläne von Führern der Reichswehr und der Wirtschaft hatten entstehen lassen. Vor allem die politischen Fonds der Ruhrindustrie und die Presse des Hugenberg-Konzerns unterstützten damals die nationalsozialistischen Wahlkämpfe. Die stärkeren Kräfte der deutschen Industrie sahen zwar zunächst noch ihre Interessen durch die Präsidialkabinette Brünings und von Papens hinreichend vertreten, fanden sich aber alsbald – nach dem Scheitern der Papen-Regierung im November 1932 – zur *profaschistischen Koalition* der Schwerindustrie und Großagrarier zusammen, ergänzt durch maßgebliche Teile der vormals exportorientierten Industriebereiche.

Der Nationalsozialismus als bürgerliche Herrschafts- und Gesellschaftsform ist mit dem Zweiten Weltkrieg untergegangen. Es folgte die antifaschistische demokratische Phase, in der Horkheimer und Adorno aus ihrem Exil nach Deutschland zurückkehrten. Sie war u. a. durch die Forderung nach *Demokratisierung* der gesellschaftlichen Bereiche, insbesondere der *Wirtschaft*, bestimmt. Das kapitalistische Wirtschaftssystem sei den staatlichen und sozialen Lebensinteressen des deutschen Volkes nicht gerecht geworden, hieß es in mannigfachen Parteiverlautbarungen. Wirtschaftsdemokratische Vorstellungen wurden demgegenüber angestrebt – selbst im konservativen Lager. Doch die parteipolitischen Deklarationen und die recht weitreichenden sozialstaatlichen Bestrebungen, die sich in einigen Landesverfassungen niederschlugen, erlangten nur einen vorübergehenden Einfluss auf die politische Realität. Zwar betonte der Parlamentarische Rat die eigenständige Bedeutung des Begriffs des *Sozialen* (Art. 20 Abs. 1 GG) im Sinne des verfassungsrechtlich verankerten Sozialstaatspostulats, aber schon kurz nach der Währungsreform (1948) änderten sich die Verhältnisse. Es kam zu einer sukzessiven Wiederherstellung traditioneller Strukturen in Gesellschaft und Wirtschaft. Der politische Sektor wurde zwar nach demokratischen Grundsätzen geordnet, der *sozialökonomische Bereich* aber blieb *privatwirtschaftlich* geprägt. Nicht der 1945 erhoffte wirtschaftsdemokratische Neuaufbau, sondern eine kapitalistische Restauration bildete das Resultat der Entwicklung. Diese wurde durch das Übergewicht der restaurativen Kräfte nach 1949 ebenso begünstigt wie durch die Bestrebungen der USA, Westeuropa und damit vor allem die Bundesrepublik in das Weltwirtschaftssystem (wieder) einzugliedern. Mit der *internen* lief eine *externe* Restauration parallel.

Im Zuge der Wirtschaftsentwicklung haben sich jene Konzentrations- und Monopolisierungstendenzen durchsetzen können, auf die (in genereller, über die Bundesrepublik hinausgehender Betrachtung) Max Horkheimer und Theodor W. Adorno hingewiesen haben – im Zusammenhang mit der von ihnen konstatierten Adaptionsfähigkeit des internationalen Kapitalismus. Dieser veränderte Charakter des Kapitalismus als *Spätkapitalismus* (Adorno) bzw. als *Monopolkapitalismus* (Horkheimer) lässt sich den beiden Repräsentanten der Frankfurter Schule zufolge auf den wirtschaftlichen Interventionismus zurückbeziehen. „Die Macht der Produktionsverhältnisse, die nicht *umgewälzt wurden, ist größer als je*", so Adorno (Bd 8, S. 367) im *Einleitungsvortrag* zum 16. Deutschen Soziologentag (1968), „aber zugleich sind sie, als objektiv anachronistisch, allerorten erkrankt, beschädigt, durchlöchert. Sie funktionieren nicht mehr selbsttätig. Der wirtschaftliche Interventionismus ist nicht, wie die ältere liberale Schule meint, systemfremd aufgepfropft, sondern systemimmanent, Inbegriff von Selbstverteidigung; nichts könnte den Begriff von Dialektik schlagender erläutern." Adorno spricht in diesem Zusammenhang von einer neuen Synthese zwischen den Produktivkräften und den Produktionsverhältnissen, in der er das Moment der Vermittlung von letzteren – den Produktionsverhältnissen als solchen des Eigentums wie der Administration – bestimmt sieht. Die strukturellen Differenzen zwischen den Sphären der Produktion, der Distribution und der Konsumtion werden damit hinfällig: „Materielle Produktion, Verteilung, Konsum werden gemeinsam verwaltet. Ihre Grenzen ... verfließen. Alles ist Eins" (Adorno Bd 8, S. 369).

Die Theoretiker

Die Kritische Theorie der Frankfurter Schule, mit der diese Schrift abschließt, weil sie einen sehr entwickelten und in ihrer Diagnose unüberholten Stand der Reflexion über die *bürgerliche Gesellschaft* repräsentiert, wurde maßgeblich von zwei Denkern geprägt: von Max Horkheimer (1895-1973), der der eigentliche Begründer der Frankfurter Schule ist, und von Theodor W. Adorno (1903-1969), in dem man deren zweiten Spiritus rector sehen kann. Während Horkheimer bereits an der Gründung des Instituts für Sozialforschung in Frankfurt a. M. (1924) beteiligt war und 1930 Carl Grünberg als dessen Direktor ablöste, kam Adorno erst in New York 1938 endgültig zum Institut für Sozialforschung, dem er sich schon seit dessen Bestehen verbunden fühlte. Das Institut, in dessen erster Phase (1924-1930) Untersuchungen über die Geschichte der Arbeiterbewegung, über die politökonomische Theorie von Marx und über die Probleme der sowjetischen Planwirtschaft überwogen, erfuhr unter der Leitung Horkheimers eine Akzentverschiebung. Zwar ging auch sein Denken u. a. auf Marx zurück, aber die Forschungsaufgaben begrenzten sich nicht mehr auf politökonomische Probleme, sondern weiteten sich auf die Analyse gesellschaftlicher „Überbauphänomene" (Philosophie, Sozialpsychologie, Recht, Literatur, Musik usw.) und deren historisch-gesellschaftliche Dialektik aus. Horkheimer betonte daher auch die sozialphilosophische Grundlagenforschung gegenüber der konkreten Detailforschung, ohne diese zu vernachlässigen. Unter seiner Leitung entstand die *Zeitschrift für Sozialforschung* (1932-1939), sie ersetzte das „Archiv für die Geschichte des Sozialismus und der Arbeiterbewegung" (das „Grünberg-Archiv") und entwickelte sich zur wohl fruchtbarsten sozialwissenschaftlichen Zeitschrift der damaligen Zeit.

In der *Zeitschrift für Sozialforschung* (ZfS) finden sich frühe, aber auch spätere Abhandlungen Horkheimers. Zu ihnen zählen die *Anfänge der bürgerlichen Gesellschaftsphilosophie* (1930) und der Aufsatz über *Traditionelle und kritische Theorie* (1937), in dem Horkheimer jene Kritische Theorie der Gesellschaft entwickelte, die das Wissenschaftsprogramm der Frankfurter Schule prägen sollte. Die Kritische Theorie wird in der nachfolgenden Interpretation besonders herausgestellt und braucht hier nicht näher erörtert zu werden. Erwähnt sei nur ihr erkenntnisleitendes Interesse (ZfS 1937, S. 291): „Allgemeine Kriterien für die kritische Theorie als Ganzes gibt es nicht; denn sie beruhen immer auf der Wiederholung von Ereignissen und somit auf der Existenz einer sich selbst reproduzierenden Totalität. Ebenso wenig existiert eine gesellschaftliche Klasse, an deren Zustimmung man sich halten könnte. Das Bewußtsein jeder Schicht vermag unter den gegenwärtigen Verhältnissen ideologisch beengt und korrumpiert zu werden, wie sehr sie ihrer Lage nach auch zur Wahrheit bestimmt sei. Die kritische Theorie hat … keine spezifische Instanz für sich als das mit ihr selbst verknüpfte Interesse an der Aufhebung der Klassenherrschaft" (bzw. – so die spätere Fassung – „des gesellschaftlichen Unrechts").

Angesprochen sei noch Horkheimers und Adornos Betrachtungsweise der Dialektik. Diese ist nicht nur Erkenntnis- und Darstellungsmethode, sondern zugleich auch das gesellschaftlich vorherrschende Prinzip, dem alles Denken und mithin auch die Arbeit des Wissenschaftlers unterworfen ist. Auch hierauf geht die nachfolgende Interpretation näher ein. An dieser Stelle sei deshalb nur jeweils ein Grundgedanke der *Dialektik der Aufklärung* (1947) und der *Negativen Dialektik* vorweggenommen: In der *Dialektik der Aufklärung* untersuchen Horkheimer und Adorno – verkürzt formuliert –, wie die aufklärerischen Ideale in Herrschaft umschlagen und letztlich antiaufklärerische Funktionen wahrnehmen. Die Autoren kommen dabei u. a. zu dem Ergebnis, dass durch dieses Umschlagen von Aufklärung in Herrschaft Hegels Optimismus vom Durchbruch der Vernunft nicht unterstützt werden kann. Und in der *Negativen Dialektik* wendet sich Adorno entschieden gegen Hegels Dreischritt von These – Antithese – Synthese, weil die Synthese letztlich die negative Wirklichkeit versöhne und für den Menschen erträgbar mache. Demgegenüber muss Adorno zufolge die negative Realität mit den immanenten positiven Möglichkeiten konfrontiert werden. Die damit verbundene Annahme, die Kritische Theorie könne hierdurch unmittelbar praktisch werden, blieb für die Frankfurter Schule ein unabgeschlossenes, fortwährendes Thema.

Ergänzend zu erwähnen bleibt noch, dass Horkheimer und Adorno oft von zwei unterschiedlichen Positionen aus an gemeinsamen Themen arbeiteten, dass zu Adornos Reflexion der von ihm der Gesellschaftskritik überantworteten philosophischen Problematik die Musikkritik und -ästhetik hinzukamen und er (u. a. als Schüler von Alban Berg) auch als Komponist hervorgetreten ist. Zu nennen sind die von Horkheimer edierten *Studien über Autorität und Familie* (1936), die als eine „durchgängige Zusammenarbeit verschiedener Fachvertreter" und als eine „Durchdringung konstruktiver und empirischer Verfahrensweisen" – als ein kollektives „work in progress" (Rolf Wiggershaus) – im amerikanischen Exil entstanden, sowie die aus Horkheimers New Yorker Vorlesung über *Society and Reason* hervorgegangene Studie *Eclipse of Reason* (1947; dt.: *Zur Kritik der instrumentellen Vernunft*, 1967). Und schließlich sei noch darauf hingewiesen, dass Adorno die Intentionen der gemeinsam mit Horkheimer verfassten *Dialektik der Aufklärung* nicht nur in seiner *Negativen Dialektik* („Dialektik ist das konsequente Bewußtsein von Nichtidentität") fortsetzte, sondern auch in der *Ästhetischen Theorie* (Adornos Philosophie der Kunst, wonach Kunstwerke lauter „Urgeschichten zur Subjektivität" sind, die Aufklärung aufgeklärt durchzuführen trachten). – „Philosophie, die einmal überholt schien, erhält sich am Leben, weil der Augenblick ihrer Verwirklichung versäumt ward", mit diesen Worten beginnt die *Negative Dialektik*. In gewisser Analogie hierzu heißt es in der *Ästhetischen Theorie*: „In dem Augenblick, da zum Verbot geschritten wird und dekretiert, es dürfe nicht mehr sein, gewinnt die Kunst inmitten der verwalteten Welt jenes Daseinsrecht zurück, das ihr abzusprechen selber einem Verwaltungsakt ähnelt."

1 Horkheimer: Theorie und Praxis

„Die Philosophen haben die Welt nur verschieden *interpretiert*, es kömmt drauf an, sie zu verändern", betont Marx in der 11. These über Feuerbach (MEW Bd 3, S. 7).[3] Die „revolutionäre Praxis", von der die These spricht, eine *praktische* menschlich-sinnliche Tätigkeit, setzt den Fortschritt vom „anschauenden" zum dialektischen und historischen Materialismus voraus, dessen *Standpunkt* die menschliche Gesellschaft oder die gesellschaftliche Menschheit ist. Hierin zeigt sich die von Marx gesetzte Wertprämisse; und dem von Marx und Engels formulierten dialektischen und historischen Materialismus ist bekanntlich jenes Verhältnis von Basis und Überbau und jener Widerspruch von wachsenden Produktivkräften und hemmenden Produktionsverhältnissen inhärent, welches und welcher zu verschiedenen Zeiten in unterschiedlichem Maße *eine* theoretische Orientierung für Max Horkheimer und Theodor W. Adorno bildeten.

Der erwähnte *Standpunkt* des dialektischen und historischen Materialismus verweist auf das zentrale Problem der Marxschen Kritik der politischen Ökonomie: auf die Kritik der entfremdeten Arbeit. In dieser Thematik besteht eine Kontinuität zwischen den *Ökonomisch-philosophischen Manuskripten* von 1844, den *Grundrissen der Kritik der politischen Ökonomie* (1857/58) und dem *Kapital*, in dem der Terminus „abstrakte Arbeit" für den der „entfremdeten Arbeit" steht. Vor allem der Schluss, den Marx im *Kapital* aus der Analyse der Produktion des relativen Mehrwerts zieht, umfasst in gedrängter Form sämtliche Elemente der

---

3 Karl Marx, Thesen über Feuerbach, in: Karl Marx und Friedrich Engels, Werke, Bde. 1–39 und Zusatzbände I und II, Berlin (Ost) 1957 ff. (im Folgenden abgekürzt: MEW Bd 3, S. 7).

Kritik der entfremdeten Arbeit aus den *Ökonomisch-philosophischen Manuskripten*. Diese von Marx beschriebene Entfremdung verlangt nach ihrer Aufhebung. Und wie im 4. Kapitel dargelegt, ist das Proletariat aufgerufen, die entfremdete Wirtschaftsgesellschaft des Kapitalismus aufzuheben und die allgemeinmenschliche, nicht bloß politische *Emanzipation*, die Befreiung des Menschen aus seiner Selbstentfremdung zu vollbringen. Dies ist derselbe Gedanke, den Marx in der *Einleitung* zur *Kritik der Hegelschen Rechtsphilosophie* ausspricht, wenn er darauf hinweist, dass die allgemeinmenschliche Emanzipation nur von dem Teil der *bürgerlichen Gesellschaft*, der Klasse ausgehen könne, in der sich alle Mängel der Gesellschaft konzentrieren.

In Marx' Konzeption sind so das Subjekt und der Adressat der Theorie bestimmt. Das *Proletariat*, das im Marxismus und in der Auseinandersetzung mit ihm mehr und mehr zum bloßen Adressaten sozialistischer Theorie und schließlich „unsichtbar" (Adorno) wird, verkörpert zunächst das revolutionäre Subjekt gegen die bürgerlich-kapitalistische Klassenherrschaft. Damit ist der Weg zu den Bedingungen für den *wahren Menschen* aufgezeigt. Der Weg ist die Revolution, die Summe der Bedingungen ist jene klassenlose Gesellschaft, in der nach Marx die „knechtende Unterordnung der Individuen unter die Teilung der Arbeit" und der „Gegensatz körperlicher und geistiger Arbeit" verschwunden und die „Arbeit nicht nur Mittel zum Leben, sondern selbst das erste Lebensbedürfnis" geworden ist – jene kommunistische Gesellschaft, auf die sich die Marxsche Wertentscheidung richtet.

Dass die sozialistische Revolution in den klassischen bürgerlichen Ländern nicht stattfand, braucht hier ebenso wenig ursächlich erörtert zu werden wie die real-sozialistische Praxis. Interessant ist in diesem Zusammenhang die Tradition der *These* einer spekulativen Identität von *Klassenbewusstsein* und *Gesellschaftstheorie*, in der *Max Horkheimer* in den späten zwanziger und teils in den frühen dreißiger Jahren steht. Noch 1930 bezeichnete er „diejenigen Gruppen, die selbst die Not infolge ihrer gesellschaftlichen Stellung im gesellschaftlichen Lebensprozeß erfahren" als die „natürlichen Träger der Erkenntnis" (ZfS 1930. S. 90). Aber bereits 1933 zeigt sich eine veränderte Sicht. Horkheimers Aufsatz *Materialismus und Moral* unterstreicht die „nach vorwärts treibenden Elemente der Moral", die – unter dem auf einem großen Teil der Gesellschaft lastenden Druck – als Wille zu vernünftigen, dem Entwicklungszustand angemessenen Verhältnissen erzeugt werden. „Dieser Teil der Menschheit, der durch seine Lage notwendig auf diese Veränderung hingewiesen ist, enthält bereits Kräfte und zieht immer neue an, denen es im Ernst auf die Verwirklichung der besseren Gesellschaft ankommt. Er ist auch *psychologisch* dazu vorbereitet, denn seine Rolle im Produktionsprozeß verweist ihn weniger auf die doch aussichtslose Vermehrung von Eigentum als auf den *Einsatz seiner Arbeitskraft*" (ZfS 1933, S. 190).[4]

Durch Horkheimers *Psychologisierung* der Klassenbewusstseinstheorie wird diese ebenso modifiziert wie durch die auf empirischer Erhebung basierende Einschätzung der Arbeiterbewegung in der späten Weimarer Republik. Beide Elemente sind aufeinander zu beziehen; verständlich wird so die These der Diskontinuität von marxistischer Theorie und proletarischem Klassenbewusstsein – die These, dass die der historischen Lage der Lohnarbeiter angemessene Theorie der Gesellschaft und das (Klassen-)Bewusstsein des Proletariats unvermittelt sind. Unter den gegebenen Bedingungen sieht Horkheimer das der historisch-politischen Lage der „fortschrittlichsten sozialen Kräfte" adäquate Bewusstsein nicht mehr *im proletarischen Klassenbewusstsein;* vielmehr manifestiert es sich in der *wissenschaftlichen Theorie.* Diese ist an den dem Proletariat zugeordneten „objektiven Interessen" ausgerichtet, ihr Relevanzkriterium – ihr Gewicht bzw. ihr Wert – bemisst sich an ihrer Orientierung an den Fragen der „kämpfenden Menschenwelt". „Da besonders im gegenwärtigen geschichtlichen Augenblick", so schreibt Horkheimer (ZfS 1934, S. 26 f.) „die Lösung der entscheidenden realen Probleme, an denen die Menschheit leidet, von dem Ausgang der Kämpfe zwischen den gesellschaftlichen Gruppen abhängt, so entscheidet über das Gewicht einer Theorie vor allem der Umstand, wie weit ihr Konstruktionsprinzip durch die Aufgaben einer solchen Gruppe ... mitbestimmt ist ... Über den Wert einer Theorie entscheidet ... ihr Zusammenhang mit den Aufgaben, die im bestimmten historischen Moment von den fortschrittlichsten sozialen Kräften in Angriff genommen sind, und auch dieser Wert gilt nicht unmittelbar für die gesamte Menschheit, sondern zunächst bloß für die an der Aufgabe interessierte Gruppe."

Durch die Psychologisierung der Klassenbewusstseinstheorie und die damit verbundene Aufnahme psychoanalytischer Erklärungsmuster in die „materialistische" Position rekonzeptualisiert Horkheimer das marxistische Verhältnis von Basis und Überbau. Gleichwohl bleibt in dieser frühen Phase der Ansatzpunkt zur revolutionären Aufhebung des Kapitalismus die private Verfügungsgewalt über die Produktionsmittel – repräsentiert noch 1932 die Wissenschaft (wenngleich gesellschaftlich bedingt) als „Produktivkraft und Produktionsmittel im Lebensprozeß der Gesellschaft" (ZfS 1932, S. 1) ein gesellschaftsveränderndes Moment. In marxistischer Theorietradition sieht Horkheimer den Inhalt des von ihm damals vertretenen „Materialismus" in der „ökonomischen Theorie der Gesellschaft." Diese theoriepolitische Materialismus-Orientierung umfasst im Sinne eines „interdisziplinären Materialismus" das „materialistische" Postulat der Vereinigung

---

4 Horkheimer wird in diesem Unterkapitel weitgehend nach der Zeitschrift für Sozialforschung (ZfS) und ergänzend nach Horkheimer, Gesammelte Schriften, zitiert.

von Philosophie und Einzelwissenschaften, das auf eine *interdisziplinäre Sozialforschung* zielt. Wie Horkheimer bereits in seiner Frankfurter Antrittsvorlesung von 1931 ankündigte, bleibt es Intention der „materialistischen" Phase, philosophische Theorie und einzelwissenschaftliche Praxis so zu verbinden, dass sie sich wechselseitig durchdringen und bereichern. In der Konsequenz dieser Intention kommt es dann auch wieder zu einer gewissen Annäherung an die Konzeption von Georg Lukács. Bei aller Unterscheidung von der in *Geschichte und Klassenbewußtsein* dominierenden Totalitätserkenntnis stellt Horkheimer die Möglichkeit heraus, durch die vereinten Anstrengungen von Sozialphilosophie und Einzelwissenschaften jene Gegenwartserkenntnis erzielen zu können, die Lukács dem Proletariat gleichsam konstitutionell übereignete. „Die Theorie der Gesellschaft, nach der sich das vernünftige Handeln richtet, ist", so schreibt Horkheimer (ZfS 1934, S. 46), „keine bloße Summation abstrakter begrifflicher Elemente, sondern der Versuch, unter Zuhilfenahme aller Einzelwissenschaften ein Bild des gesellschaftlichen Lebensprozesses nachzuzeichnen, das zur tiefgreifenden Erkenntnis des kritischen Weltzustandes und der Ansatzmöglichkeiten für eine vernünftigere Ordnung führen kann". Der *Standpunkt* des Proletariats verallgemeinert sich freilich zu dem der Menschheit, wenn 1933 darauf verwiesen wird, die Theorie müsse ihre Methoden und Ergebnisse so organisieren, dass die Menschheit „ihre anarchische Form überwindet und sich als reales Subjekt konstituiert, das heißt durch geschichtliche Tat" (Dokumentation 1968, S. 78).

Es bleibt abschließend, zu diesem Unterkapitel und mit Blick auf den folgenden Abschnitt Max Horkheimer in drei Zitaten sprechen zu lassen, die eine von ihm durchlebte und interpretierte sechsjährige Entwicklung der *bürgerlichen Gesellschaft* spiegeln:

Horkheimer schreibt 1930 in seiner Abhandlung *Anfänge der bürgerlichen Gesellschaftsphilosophie* (Bd 2, S. 230):

„Die Geschichte erscheint ... wesentlich als ein Prozeß, in dem die Menschheit den vollen Besitz der Vernunft erwirbt; mit ihm wäre ohne weiteres auch die beste Einrichtung der Gesellschaft, die man als Endzustand erstrebt, gegeben. Da dieser nach den Grundsätzen des Naturrechts – Erhaltung des Allgemeinwohls durch gesicherte Betätigung der einzelnen Egoismen – bestimmt wird, und da diese Grundsätze das Wesen der bürgerlichen Gesellschaft formulieren, so bedeutet diese Theorie objektiv eine Auffassung von der Geschichte als dem Fortschritt zum Ideal der bürgerlichen Gesellschaft mit ihrer Eigentumsordnung und der freien Konkurrenz."

In Horkheimers Schrift von 1936 *Egoismus und Freiheitsbewegung* heißt es:

> „Je reiner die bürgerliche Gesellschaft zur Herrschaft kommt, je uneingeschränkter sie sich auswirkt, desto gleichgültiger und feindseliger stehen sich die Menschen als Individuen, Familien, Wirtschaftsgruppen, Nationen und Klassen gegenüber, desto mehr gewinnt das ursprünglich fortschrittliche Prinzip des freien Wettbewerbs auf der Grundlage sich verschärfender ökonomischer und sozialer Gegensätze den Charakter des dauernden Kriegszustands nach innen und außen" (Bd 4, S. 13).

> „In der gegenwärtigen Epoche ist der Egoismus tatsächlich destruktiv geworden, sowohl der gefesselte und abgelenkte Egoismus der Massen als auch das veraltete egoistische Prinzip der Ökonomie, das nur noch seine brutalste Seite zeigt. Indem dieses überwunden wird, vermag jener in einem neuen Sinn produktiv zu werden. Die Schlechtigkeit des Egoismus liegt nicht an ihm selbst, sondern an der geschichtlichen Situation; wird sie verändert, so geht sein Begriff in den der vernünftigen Gesellschaft über" (Bd 4, S. 86).

2 Traditionelle und kritische Theorie

Die Betrachtung wendet sich den Schriften Max Horkheimers zwischen 1936 und 1940 zu, die die Kritik der in der traditionellen Wissenschaft normativ festgehaltenen Indifferenzschwelle von Wissenschaft und Politik sowie die Kritik an der bürgerlichen Herrschaftsform des *Monopolkapitalismus* und des *Faschismus* als zentralen Gegenstand beinhalten. Im programmatischen Aufsatz *Traditionelle und kritische Theorie* versteht Horkheimer unter der traditionellen Theorie die modernen Naturwissenschaften und die Wissenschaftstheorie von Descartes bis Husserl und Carnap. Der namentlich von Descartes geprägte Typus des Denkens, der im traditionellen Verständnis die *Methoden* (und die Ergebnisse) der Wissenschaften dominiere und deren eigentümlichen *Wirklichkeitsbezug* gestalte, zielt nach Horkheimer darauf ab, die empirisch vorfindbare Welt zu erfassen, wie sie nun einmal ist. Orientiert am *Utilitätsprinzip* und am *rationalen Kriterium,* ob etwas *funktioniere* oder nicht, begeben sich die traditionelle Theorie und die *positiven* Wissenschaften der Möglichkeit, über wünschbare Handlungsziele eine gültige Auskunft zu erteilen. Die Zwecke, denen die traditionelle Theorie unterworfen wird, gelten ihr selbst als äußerlich. Entsprechend der mathematisch-naturwissenschaftlichen Erkenntnisweise glaubt die traditionelle Theorie, es mit *ehernen Gesetzen* zu tun zu haben – ungeachtet des arbeitsteiligen Moments des politisch organisierten gesellschaftlichen Produktionsprozesses.

Im Gegensatz hierzu muss Horkheimer zufolge die wissenschaftliche Aktivität als *Teilvorgang* des gesamtgesellschaftlichen Arbeitsprozesses reflektiert werden, und dies im konkreten Bewusstsein der eigenen Beschränktheit und im Dienste der Selbsterkenntnis des Menschen. „Die isolierende Betrachtung einzelner Tätigkeiten und Tätigkeitszweige mitsamt ihren Inhalten und Gegenständen bedarf, um wahr zu sein, des konkreten Bewußtseins ihrer eigenen Beschränktheit. Es muß zu einer Auffassung übergegangen werden, in der die Einseitigkeit, welche durch die Abhebung der Teilvorgänge aus der gesamtgesellschaftlichen Praxis ihr notwendig anhaftet, wieder aufgehoben wird." Und in Bezug auf die *Selbsterkenntnis des Menschen* und die mathematisch-naturwissenschaftlich orientierte Wissenschaft heißt es (Horkheimer Bd 4, S. 172 f.): „Die Selbsterkenntnis des Menschen in der Gegenwart ist ... nicht die mathematische Naturwissenschaft, die als ewiger Logos erscheint, sondern die vom Interesse an vernünftigen Zuständen durchherrschte kritische Theorie der gegenwärtigen Gesellschaft."

Die derart charakterisierte Kritische Theorie geht im Kontrast zur traditionellen davon aus, dass *Subjekt* und *Objekt* wissenschaftlicher Handlungen *gesellschaftlich konstituiert* sind. Diese doppelte Konstituiertheit kennzeichnet ein bedeutsames Element im Selbstbegründungszusammenhang der Kritischen Theorie und verdeutlicht sich in Horkheimers Aussage (Bd 4, S. 174): „Die Tatsachen, welche die Sinne uns zuführen, sind in doppelter Weise gesellschaftlich präformiert: durch den geschichtlichen Charakter des wahrgenommenen Gegenstands und den geschichtlichen Charakter des wahrnehmenden Organs." Es zeigt sich hierin die marxistische Theorietradition, nach der wissenschaftliche Arbeit ein Moment des gesamtgesellschaftlichen Arbeitsprozesses ist. Wissenschaft kann nur im Zusammenhang des gesellschaftlichen Lebensprozesses verstanden, Wissenschaftsentwicklung nur als eine spezifisch historische rekonstruiert werden. Ein solches *Konzept geschichtlicher Wahrheit* beinhaltet bereits die *Deutsche Ideologie* von Marx und Engels (MEW Bd 3, S. 18): „Wir kennen nur eine einzige Wissenschaft, die Wissenschaft der Geschichte."

Orientiert an einer solchen Konzeption geschichtlicher Wahrheit, besteht nach Horkheimer (Bd 4, S. 180) die Kritische Theorie im „Verhalten, das die Gesellschaft selbst zum Gegenstand hat". Es liegt in der Zielsetzung dieses kritischen Verhaltens, die jeweilige soziale Praxis zu hinterfragen. Dem kritischen Theoretiker sind dabei „die Tatsachen, wie sie aus der Arbeit in der Gesellschaft hervorgehen, nicht im gleichen Maße äußerlich wie dem Gelehrten oder den Mitgliedern der sonstigen Berufe, die alle als kleine Gelehrte denken" (Bd 4, S. 183). Vielmehr bezieht sich seine Theorie auf ein *Ganzes von Einsichten,* das „aus einer bestimmten Praxis, aus bestimmten Zielsetzungen herrührt" (Bd 3, S. 149). Die Einstellung des kritischen Theoretikers – im programmatischen *Theorieaufsatz* von 1937 als *Existentialurteil* bezeichnet – ist das erkenntnisleitende Interesse an der Beschleunigung, der gesellschaftlichen Entwicklung ohne Ausbeutung bzw. Unrecht. „Die wesentliche Bezogenheit der Theorie auf die Zeit, liegt ... nicht in der Entsprechung einzelner Teile der Konstruktion zu geschichtlichen Abschnitten ..., sondern in der ständigen Veränderung des theoretischen *Existentialurteils* über die Gesellschaft, die durch einen bewußten Zusammenhang mit der geschichtlichen Praxis bedingt ist ... Die kritische Theorie hat nicht heute den und morgen einen anderen Lehrgehalt. Ihre Änderungen bedingen keinen Umschlag in eine völlig neue Anschauung, solange die Epoche sich nicht ändert. Die Festigkeit der Theorie rührt daher, daß bei allem Wandel der Gesellschaft doch ihre ökonomisch grundlegende Struktur, das Klassenverhältnis in seiner einfachsten Gestalt, und damit auch die Idee seiner Aufhebung identisch bleibt. Die hierdurch bedingten entscheidenden Züge des Inhalts können sich vor dem geschichtlichen Umschlag nicht ändern" (Bd 4, S. 208). Und weiter schreibt Horkheimer (Bd 4, S. 274): „Die Kritische Theorie hat ... keine spezifische Instanz für sich als das mit ihr selbst verknüpfte Interesse an der Aufhebung des gesellschaftlichen Unrechts (der Klassenherrschaft)."[5] Horkheimer zielt damit auf die Idee des Allgemeinen, das allen Individuen auch Glück gewährt. Eng damit verbunden ist der Begriff der *Freiheit*. Die „Assoziation freier Menschen, bei der jeder die gleiche Möglichkeit zur Entfaltung hat" (Bd 4, S. 193), bezeichnet die anzustrebende gesellschaftliche Organisationsform.

Diese weitreichende Intention konfrontiert Horkheimer mit den realen Verhältnissen. Indem diese mit den dem Menschen gegebenen Möglichkeiten verglichen werden, reduziert er die Gesellschaft auf ihr Subjekt: den *Menschen*, der in seiner *Entfremdung* verstanden wird. Die menschliche Entfremdung, bei der sich Horkheimer auf Marx' *Ökonomisch-philosophische Manuskripte* stützt, ist durch den gesamten differenzierten Lebenszusammenhang in der kapitalistischen Gesellschaft begründet. Hierbei kommt dem Individuum, seiner persönlichen Entwicklung und seinen Konflikten, ein besonderes Gewicht zu, entsprechend Horkheimers Hinweis, den Begriff des Ökonomischen nicht zu eng und schematisch nehmen zu dürfen. Insgesamt aber bleibt die Ökonomie die *erste Ursache des Elends*, konzentriert sich die Kritik auf den (Monopol-)Kapitalismus

---

5 Der ursprüngliche Terminus Ausbeutung wurde von Horkheimer beim Neudruck seiner Aufsätze in *Unrecht* umgeändert. Dies erklärt sich daraus, dass sich Horkheimer in der späteren Periode seines Denkens von einigen Intentionen seiner Frühschriften distanzierte und dem von Alfred Schmidt herausgegebenen Neudruck, der die Grundlage der hier zitierten Gesammelten Schriften bildet, lange Zeit Widerstand leistete. Ich zitiere nach den Gesammelten Schriften und setze – wo dies angezeigt erscheint – die ursprüngliche Version in Klammern. Hier das entsprechende Zitat: „Der Theoretiker, dessen (einziges) Geschäft darin besteht (in der Beschleunigung einer Entwicklung besteht), die zur Gesellschaft ohne Unrecht (Ausbeutung) führen soll ..." (Bd 4, S. 174).

als eine einzigartige Entwicklungsform in der Geschichte. Die wissenschaftliche Analyse und Kritik der Politischen Ökonomie zentriert sich somit als Kritik an den Wesenszügen der kapitalistischen Gesellschaft wiederum auf Marx' Intention, wenngleich sie Horkheimer primär als eine *philosophische Kritik* versteht. Was herausgestellt wird, ist vor allem die menschliche Erkenntnismöglichkeit: „Die Menschen gelangen im geschichtlichen Gang zur Erkenntnis ihres Tuns und begreifen damit den Widerspruch in ihrer Existenz ... Die Menschen erneuern durch ihre eigene Arbeit eine Realität, die sie in steigendem Maße versklavt (und mit jeder Art von Elend bedroht. Das Bewußtsein dieses Gegensatzes stammt nicht aus der Phantasie, sondern aus Erfahrung)."[6]

Der zitierte Widerspruch in der Existenz des Menschen verweist auf das grundlegende Verhältnis des Kapitalismus, das für Horkheimer wie auch für Adorno im *Tausch* besteht. „Die kritische Theorie der Gesellschaft beginnt ... mit einer ... Idee des einfachen Warentausches", schreibt Horkheimer (Bd 4, S. 200) im Aufsatz *Traditionelle und kritische Theorie*. Das Tauschverhältnis beherrscht die gesellschaftliche Wirklichkeit; und der *Tausch* transportiert, verstärkt und versteckt das Herrschaftsprinzip: die *Herrschaft von Menschen über Menschen*. „In der Reduktion der Menschen auf Agenten und Träger des Warentauschs versteckt sich die Herrschaft von Menschen über Menschen", so formuliert Adorno (Bd 8, S. 14) später diesen Sachverhalt. Und 1937 betont Horkheimer, den Inhalt der Kritischen Theorie der Gesellschaft bilde der „Umschlag der die Wirtschaft durchherrschenden Begriffe in ihr Gegenteil, des gerechten Tausches in die Vertiefung der sozialen Ungerechtigkeit, der freien Wirtschaft in die Herrschaft des Monopols, der produktiven Arbeit in die Festigung produktionshemmender Verhältnisse, der Erhaltung des Lebens der Gesellschaft in die Verelendung der Völker ... Im Begriff des heiligen Egoismus und des Lebensinteresses der eingebildeten Volksgemeinschaft wird das Interesse der wirklichen Menschen auf ungehinderte Entfaltung und glückliche Existenz mit dem Machthunger der ausschlaggebenden Gruppen vertauscht."[7] Deutlich wird hier der *ideologie-kritische Zeitbezug* – gemäß Horkheimers Anspruch, die von der historischen Entwicklung verlangte Anpassung der Theorie von Marx an veränderte gesellschaftliche Bedingungen zu repräsentieren.

---

6   Horkheimer Bd 3, S. 186. Der in Klammern gesetzte zweite Teil des zweitletzten Satzes und der letzte Satz finden sich nicht in den Gesammelten Schriften; sie entsprechen der ursprünglichen Version der *Traditionellen und kritischen Theorie* in der Zeitschrift für Sozialforschung von 1937.

7   Horkheimer, Nachtrag (zur Traditionellen und kritischen Theorie), in: Gesammelte Schriften Bd 4, S. 220 f. Dieser Nachtrag wurde in der Zeitschrift für Sozialforschung, Jg. 6, 1937, gemeinsam mit einem Diskussionsbeitrag von Herbert Marcuse unter dem Titel *Philosophie und kritische Theorie* veröffentlicht.

Im Hinblick auf eine solche Marx-Rezeption der Kritischen Theorie lässt sich ein Charakteristikum andeuten, das im letzten Unterabschnitt näher erörtert wird. Während Horkheimer – und Adorno – zum einen auf den Erkenntnissen von Marx und Engels aufbauen und diese den Zeitumständen entsprechend modifizieren, weichen sie zum anderen auch von bestimmten Kategorien und Konstellationen der Konzeption von Marx ab. Gleichwohl bilden beide Aspekte eine Einheit. Denn wenn beispielsweise Horkheimer (Bd 4, S. 222) in der „Periode des Übergangs, in der die Politik im Verhältnis zur Ökonomie eine neue Selbständigkeit gewinnt", einen so zentralen Marxschen Begriff wie den der *Produktionsweise* durch den Terminus des *gesellschaftlichen Ganzen* ersetzt und nach Adorno (Bd 8, S. 363) die *Signatur des Zeitalters* die „Präponderanz der Produktionsverhältnisse über die Produktivkräfte" ist, so sucht die Kritische Theorie damit stets erneut auf die inzwischen eingetretenen *konkreten Veränderungen* in den ökonomischen, sozialen und staatlich-politischen Verhältnissen *zu antworten*. Die konzeptionelle Überlegenheit, die Marx' Ökonomiekritik in ihrer zukunftsweisenden Funktion auszeichnete, war nach der nicht erfolgten Weltrevolution, dem Niedergang der Arbeiterbewegung am Ende der Weimarer Republik, der Adaptionsfähigkeit des internationalen Kapitals und vor allem nach der Machtergreifung des Nationalsozialismus und der Ausbreitung faschistischer Herrschaftssysteme und Herrschaftstendenzen in Europa sukzessive geschwunden.

Es ist dann auch der Faschismus als politische Form des monopolistischen Spätkapitalismus, der Horkheimer (Bd 4, S. 210) zufolge *Veränderungen* im kapitalistischen Entwicklungsprozess verdeutlicht, die „auch Strukturveränderungen der kritischen Theorie [bedingen]". Diesbezüglich verbindet Horkheimer in seinem programmatischen *Theorie-Aufsatz* ökonomische Strukturveränderungen wie die Monopolisierungstendenz mit Strukturwandlungen in der Sphäre des Überbaus. In Bezug auf die ökonomischen Strukturveränderungen wird die von Friedrich Pollock und Herbert Marcuse schon 1933/34 formulierte *Kontinuitätsthese* differenziert weiter verfolgt: die These, dass der Faschismus (als politisches Folgeproblem der Reproduktionsschwierigkeiten des Kapitals in dessen monopolistischer Phase) die *adäquate politische Form* des entwickelten *Monopolkapitalismus* sei.

3 Die Dialektik der Aufklärung und der 12. Gesang der Odyssee

Die Kritik an der bürgerlich-kapitalistischen Gesellschaft, die Horkheimers Position kennzeichnet, erfährt eine weitere Ausprägung in der – gemeinsam mit Adorno während des Krieges verfassten – *Dialektik der Aufklärung,* in der neben dem Phänomen des Stalinismus vor allem wiederum das des Faschismus sowie die im amerikanischen Exil gewonnenen Erfahrungen der Kulturindustrie mit ihrer nivellierend-integrativen Gewalt gegenüber kritischem Bewusstsein die Blickrichtung mitbestimmen. In diesem Werk kritisieren die beiden Autoren den *zivilisatorisch-aufklärerischen Prozess* von der Veranstaltung des *Mythos* bis hin zum *Faschismus* und zur *aktuellen verwalteten Welt* in seiner Ambivalenz als *bedrohlich* und *kontraproduktiv*. Diese Kritik ist *radikal* im etymologischen Sinne des Wortes, sie dringt bis an die Wurzeln des Problems vor. Aufklärung zersetze das Unrecht der alten Ungleichheit, das unvermittelte Herrentum, verewige es aber zugleich in der universalen Vermittlung, „dem Beziehen jeglichen Seienden auf jegliches". So werden Adorno und Horkheimer zufolge (Adorno Bd 3, S. 29) nicht allein im *Gedanken* die Qualitäten aufgelöst, sondern die Menschen zur *realen Konformität* gezwungen. Die Einheit des „manipulierten Kollektivs besteht in der Negation jedes Einzelnen, es ist Hohn auf die Art Gesellschaft, die es vermöchte, ihn zu einem zu machen".[8] Darum sei auch die Horde, deren Namen in die Organisation der Hitlerjugend Eingang gefunden habe, kein Rückfall in die alte Barbarei, „sondern der Triumph der repressiven Egalität, die Entfaltung der Gleichheit des Rechts zum Unrecht durch die Gleichen" (Adorno Bd 3, S. 35).

Unter diesen Gegebenheiten bürgerlicher Herrschaft und in dem Bemühen, mit den darzustellenden Motiven den Verhängnissen des Kapitalismus besser gerecht zu werden als durch Marx' Form der Kapitalismuskritik, verlagert sich in der *Dialektik der Aufklärung* das thematische Gewicht auf die *Beziehungen der Menschen zur Natur*[9] und auf den zivilisatorisch-aufklärerischen Prozess als einen solchen der Rationalisierung. Technische Rationalität verschmilzt mit der Rationalität der Herrschaft selbst. Die inhaltliche Rationalität der Handlungszwecke bleibt ausgeklammert, wichtig erscheint nur der sich verselbstständigende Funktionszusammenhang, der selbst die Ziele instrumentalisiert und damit widersinnig in Frage stellt (Horkheimer Bd 6, S. 194): „Was gewöhnlich als Ziel bezeichnet wird – das Glück des Individuums, Gesundheit und Reichtum –, gewinnt seine Bedeutung ausschließlich von seiner Möglichkeit, funktional zu werden. Diese

---

8   Die *Dialektik der Aufklärung* wird durchgehend zitiert nach: Adorno, Gesammelte Schriften Bd 3, S. 29 (abgekürzt: Adorno Bd 3, S. 29).

9   Inzwischen ohne die einstige Hoffnung auf das Proletariat als Subjekt einer seiner historischen Lage adäquaten Theorie oder auch nur auf ein *gesellschaftliches Gesamtsubjekt*, verlagern Horkheimer und Adorno das thematische Gewicht vom proletarischen Klassenbewusstsein (und Klassenkampf) auf den Kampf zwischen Mensch und Natur. Horkheimer und Adorno zufolge sind inzwischen nur noch politisch isolierte, nicht-organisierte *einsame* Individuen imstande, Kollektivinteressen theoretisch zu vertreten. In den *Minima Moralia* (Bd 4, S. 27) schreibt Adorno: „Für den Intellektuellen ist unverbrüchliche Einsamkeit die einzige Gestalt, in der er Solidarität etwa noch zu bewähren vermag."

Begriffe kennzeichnen günstige Bedingungen für geistige und materielle Produktion." In der bürgerlich-aufklärerisch bestimmten Geschichte bildet sich heraus, was Horkheimer (Bd 6, S. 21) *instrumentelle Vernunft* nennt. Indem diese, Mittel und Zwecke vertauschend, „alles Einzelne in Zucht nahm, ließ sie dem unbegriffenen Ganzen die Freiheit, als Herrschaft über die Dinge auf Sein und Bewußtsein der Menschen zurückzuschlagen".

In Horkheimers Schrift *Zur Kritik der instrumentellen Vernunft*, die unter dem Titel *Eclipse of Reason* erstmals 1947 in New York veröffentlicht wurde, wandelt sich die Kritische Theorie der Gesellschaft zur Kritik derjenigen Rationalität, die Freiheit durch Naturbeherrschung zu ermöglichen vorgibt. Die Vernunft erscheint nicht mehr als Quelle der Wahrheit; die instrumentelle, *subjektive* Vernunft habe mit ihrer Totalisierung der *Zweckrationalität* jede religiöse und philosophische Tradition zerstört. „In der Neuzeit", so Horkheimer (Bd 6, S. 23), „hat die Vernunft eine Tendenz entfaltet, ihren eigenen objektiven Inhalt aufzulösen." Nur zweckgerichtetes Verhalten wird als rational verstanden, nur was der Selbsterhaltung dient, gilt als vernünftig. Die Wahrheit der instrumentellen Vernunft zeigt sich im Erfolg. „Die Vernunft ist gänzlich in den gesellschaftlichen Prozeß eingespannt. Ihr operativer Wert, ihre Rolle bei der Beherrschung der Menschen und der Natur, ist zum einzigen Kriterium gemacht worden" (Bd 6, S. 30).

Die Kritik der instrumentellen Vernunft gewinnt an Kontur, wenn man erneut die *Dialektik der Aufklärung* hinzuzieht. Aufklärung meint dabei den gesamten *okzidentalen Rationalisierungsprozeß*: „schon der Mythos ist Aufklärung"; dialektisch sei diese insofern, als sie sich aufgrund mangelnder Selbstbesinnung und damit vernünftiger Zielbestimmung in *blinde Herrschaft* verstrickt habe. Der umfassende Vernunftsbegriff sei auf orientierungslose instrumentelle Vernunft, auf technisches Verteidigungswissen verkürzt worden: „Aufklärung schlägt in Mythologie zurück" (Adorno Bd 3, S. 16). In diesem Kontext verdeutlicht sich Geschichte als Kampf zwischen dem Menschen und der (im Zusammenhang mit Wissenschaft beschriebenen) Natur. Nach Horkheimer und Adorno geht die Natur in bloße Objektivität über. Die Menschen bezahlen die Vermehrung ihres Wissens und ihrer Macht mit der Entfremdung von dem, worüber sie die Macht ausüben. Demzufolge verhalte sich die *Aufklärung* zu den *Dingen* wie der *Diktator* zu den *Menschen*. „Er kennt sie, insofern er sie manipulieren kann" (Adorno Bd 3, S. 25). In dieser Verwandlung enthüllt sich dem Wissenschaftler das Wesen der Dinge als Substrat von Herrschaft. Horkheimer und Adorno (Bd 3, S. 29) sehen hierin das durchgängige Prinzip der Zivilisation: „Jeder Versuch, den Naturzwang zu brechen, indem Natur gebrochen wird, gerät nur um so tiefer in den Naturzwang hinein. So ist die Bahn der europäischen Zivilisation verlaufen. Die Abstraktion, das Werkzeug der Aufklärung, verhält sich zu ihren Objekten wie das Schicksal, dessen Begriff sie ausmerzt: als Liquidation." Zivilisation wurde derart zum „Sieg der Gesellschaft über Natur, der alles in bloße Natur verwandelt" (S. 211); Sie blieb dem mythischen Bann verhaftet, von dem sie die Menschen zu lösen behauptete.

Die Aufklärung, nach Kant „der Ausgang des Menschen aus seiner selbstverschuldeten Unmündigkeit", zeitigt mithin die von Horkheimer und Adorno (Bd 3, S. 55) beschriebenen Nebenwirkungen. Entgegen ihrer ursprünglich – im umfassendsten Sinn fortschreitenden Denkens – verfolgten Intention, „von den Menschen die Furcht zu nehmen und sie als Herren einzusetzen", hat das Denken „auf dem Wege von der Mythologie zur Logik ... das Element der Reflexion auf sich verloren" (ebd. S. 41 f.). *Denken als instrumentelles Denken* äußert sich in Gestalt der Maschine: als *Maschinenlogik*. „Nicht was ihre romantischen Feinde ihr [der Aufklärung] seit je vorgeworfen haben, analytische Methode, Rückgang auf Elemente, Zersetzung durch Reflexion ist ihre Unwahrheit, sondern daß für sie der Prozeß [des Denkens] von vornherein entschieden ist ... Denken verdinglicht sich zu einem selbsttätig ablaufenden, automatischen Prozeß, der Maschine nacheifernd, die er [der Mensch] selber hervorbringt, damit sie ihn schließlich ersetzen kann. Aufklärung hat die klassische Forderung, das Denken zu denken ... beiseite geschoben ... Die mathematische Verfahrensweise wurde gleichsam zum Ritual des Gedankens" (S. 26). Die Unterwerfung alles Seienden unter den logischen Formalismus und die *Mathematisierung der Natur* bedeute, dass die statische Wiederholung aus mythischer Zeit nach wie vor Geltung besitze.

Die statische Wiederholung aus mythischer Zeit veranschaulichen Horkheimer und Adorno (Bd 3, S. 49) an einem Beispiel aus Homers Epik. Im 12. Gesang der Odyssee sehen sie jene Verschlingung von Mythos, Herrschaft und Arbeit aufbewahrt, die im folgenden Zitat angesprochen wird: „Mit der Ausbreitung der bürgerlichen Warenwirtschaft wird der dunkle Horizont des Mythos von der Sonne der kalkulierenden Vernunft aufgehellt, unter deren eisigen Strahlen die Saat der neuen Barbarei heranreift. Unter dem Zwang der Herrschaft hat die menschliche Arbeit seit je vom Mythos hinweggeführt, in dessen Bannkreis sie unter der Herrschaft stets wieder geriet." Im 12. Gesang der Odyssee wird von der Vorbeifahrt an den Sirenen berichtet, deren lieblicher Gesang zum Sichverlieren im Vergangenen lockt. Diese wissen „alles, was irgend geschieht auf der lebenschenkenden Erde", so Homer. Indem die Sirenen *Vergangenes unmittelbar beschwören*, bedrohen sie Horkheimer und Adorno zufolge „mit dem unwiderstehlichen Versprechen von Lust, als welches ihr Gesang vernommen wird", die Rückkehr, die Zukunft, die *feste Ordnung der Zeit*, durch die der Held *die Identität der Person gehärtet hat,* in der er *im Leiden mündig geworden* ist und in der er „der Natur die Existenz abgetrotzt" hat (ebd. S. 49). Für Odysseus gibt es nur zwei Möglichkeiten des Entrinnens: Die eine schreibt er den Gefährten vor. Er verstopft ihnen die Ohren mit Wachs, und sie müssen nach Leibeskräften rudern. Die andere Möglichkeit wählt Odysseus selber, „der Grundherr, der die anderen für sich arbeiten läßt. Er hört, aber ohnmächtig an den Mast gebunden, und je größer die Lockung wird, um so stärker läßt er sich fesseln, so wie manchmal die Bürger auch sich selber das Glück um so hartnäckiger verweigerten, je näher es ihnen mit dem Anwachsen der eigenen Macht rückte" (ebd S. 59). Für Odysseus bleibt das Gehörte folgenlos, und die Gefährten, die selbst nicht hören, wissen nur von der Gefahr des Liedes, nicht von seiner Schönheit, sie lassen Odysseus am Mast, um ihn und sich zu retten.

Die auf dem Schiff des Odysseus ergriffenen Maßnahmen sind für Horkheimer und Adorno (ebd. S. 62) „ahnungsvolle Allegorie der Dialektik der Aufklärung". Die Gefährten reproduzieren das Leben des Unterdrückers in eins mit dem eigenen, und beide können nicht mehr aus ihrer gesellschaftlichen Rolle heraustreten. „Odysseus wird in der Arbeit vertreten. Wie er der Lockung der Selbstpreisgabe nicht nachgeben kann, so entbehrt er als Eigentümer zuletzt auch der Teilnahme an der Arbeit, schließlich selbst ihrer Lenkung, während freilich die Gefährten bei aller Nähe zu den Dingen die Arbeit nicht genießen können, weil sie sich unter Zwang, verzweifelt, bei gewaltsam verschlossenen Sinnen vollzieht. Der Knecht bleibt unterjocht an Leib und Seele, der Herr regrediert. Keine Herrschaft noch hat es vermocht, diesen Preis abzudingen, und die Kreisähnlichkeit der Geschichte in ihrem Fortschritt wird miterklärt von solcher Schwächung, dem Äquivalent der Macht." (ebd. S. 52)

Die Erzählung von den Sirenen schließt Horkheimer und Adorno zufolge die Verschränktheit von Mythos und rationaler Arbeit in sich. Hierbei verweist der Begriff *rationale Arbeit* erneut auf den Prozess der Rationalisierung, dessen Ambivalenz Max Weber treffend durch den Begriff der *Entzauberung* bezeichnet hat und der hier als zivilisatorisch-aufklärerischer Prozess aufgefasst wird. Namentlich Horkheimer war ein aufmerksamer Leser von Webers Schriften, und Horkheimers und Adornos Interpretation des 12. Gesangs der Odyssee erinnert an Webers Analyse des Rationalisierungsprozesses der Arbeitsbeziehungen generell und an seine religionssoziologischen Studien speziell, in denen er den Zusammenhang von *kapitalistischem Geist* und *protestantischer Ethik* untersucht hat. Wie im sechsten Kapitel aufgezeigt, erklärt sich der Geist des Kapitalismus nach Weber aus einer spezifischen Arbeitsauffassung. Es handelt sich dabei um eine der Eigenart des Kapitalismus angepasste Art der *rationalen Lebensführung*, wie sie der calvinistische Protestantismus vertrat. In diesem Zusammenhang lässt sich die *Entsagung des Odysseus* mit dem puritanischen Asketismus vergleichen, der Weber zufolge als *adäquate* geistige Triebkraft mit der strukturellen Form kapitalistischer Wirtschaft zusammentraf. Für diesen Vergleichshinweis, der hier nicht näher ausgeführt werden kann, spricht, dass Horkheimer, Webers Analysen folgend, in *Vernunft und Selbsterhaltung* (Horkheimer Bd 6, S. 26) auf den Gleichklang, die Wahlverwandtschaft von – säkularisierter – protestantischer Ethik und Logik des Kapitalismus ausdrücklich hinweist: „Anstelle der Werke um der Seligkeit willen trat das Werk um des Werkes, der Profit um des Profits, die Herrschaft um der Herrschaft willen; die ganze Welt wurde zum Material."

4 Gesellschaftskritik und Adornos Negative Dialektik

„Bürgerliche ratio unternahm es, aus sich heraus die Ordnung zu produzieren, die sie draußen negiert hatte." Mit dieser Aussage Adornos in der *Negativen Dialektik* (Bd 6, S. 32) lässt sich an den Inhalt der *Dialektik der Aufklärung* anknüpfen. Dieselbe Ratio, die die feudale Ordnung und ihre geistige Reflexionsgestalt, die scholastische Ontologie, zerstört hatte, begann alsbald vor dem, was unterhalb ihres Herrschaftsbereichs drohend fortdauerte, zu zittern. „Jene Angst prägte in ihren Anfängen die fürs bürgerliche Denken insgesamt konstitutive Verhaltensweise aus, jeden Schritt hin zur Emanzipation eilends zu neutralisieren durch Bekräftigung von Ordnung. Im Schatten der Unvollständigkeit seiner Emanzipation muß das bürgerliche Bewußtsein fürchten, von einem fortgeschritteneren kassiert zu werden; es ahnt, daß es, weil es nicht die ganze Freiheit ist, nur deren Zerrbild hervorbringt; darum weitet es seine Autonomie theoretisch zum System aus, das zugleich seinem Zwangsmechanismus ähnelt" (ebd.).

Um die erwähnte *ganze Freiheit*, um eine *Welt ohne Zwang* geht es Adorno. Der Horizont der Freiheit, des Abbaus von Herrschaft, ist durch die Bemühung um die kritische Analyse der instrumentellen Vernunft vorzubereiten. Die Vernunft ist zum einen apologetisch, indem sie Machtverhältnisse instrumentell ermöglicht und ideologisch stützt, sie war und ist zum anderen – als Beitrag zum Emanzipationsprozess – auch Kritik. Dementsprechend hält die Kritische Theorie Adornos am ursprünglichen Konzept der Aufklärung bzw. an *ihrer Intention* fest und ist zugleich nur mehr als *Selbstkritik* möglich. Mit anderen Worten: Der Apologie des Bestehenden mit dem Mittel und durch den Ansatz von Vernunft entgegengerichtet und ihr gleichwohl verhaftet, erweist sich die negative Dialektik in ihrer kritischen Tradition vorrangig als *Kritik und Selbstkritik* – als Kritik apologetischer Vernunft (s. Schlüter-Knauer 1987, S. 4 f.). „Nicht das Gute", so heißt es schon in der *Dialektik der Aufklärung* (Bd 3, S. 247), „sondern das Schlechte ist der Gegenstand der Theorie. Sie setzt die Reproduktion des Lebens in den je bestimmten Formen schon voraus. Ihr Element ist die *Freiheit,* ihr Thema die *Unterdrückung.*"

Diese Thematik der *Unterdrückung* durchzieht auch Adornos Artikel *Gesellschaft* im *Evangelischen Staatslexikon* (1965). Die Gesellschaft als umfassendstes System des menschlichen Zusammenlebens ist wesentlich *Prozess* (Bd 8, S. 9). Dieser Prozess hat das spezifisch Gesellschaftliche immer stärker ausgeprägt, nämlich das „Übergewicht von Verhältnissen über die Menschen, deren entmächtigte Produkte diese nachgerade sind". Herrschaft von Menschen über Menschen, so lautet das gesellschaftliche Prinzip, das „reine Prinzip des Füranderesseins, des Warencharakters" (Bd 6, S. 101). Der Warencharakter vermittelt diese Herrschaft und fixiert die Subjekte in ihrer Unmündigkeit. Oder, wie Adorno (Bd 8, S. 14) im Artikel *Gesellschaft* schreibt: Es *versteckt* sich die *Herrschaft von Menschen über Menschen* „in der Reduktion der Menschen auf Agenten und Träger des Warentauschs ... Das bleibt wahr trotz all der Schwierigkeiten, denen mittlerweile manche Kategorien der Kritik der politischen Ökonomie konfrontiert sind. Der totale Zusammenhang hat die Gestalt, daß alle dem Tauschgesetz sich unterwerfen müssen, wenn sie nicht zugrunde gehen wollen, gleichgültig, ob sie subjektiv von einem ‚Profitmotiv' geleitet werden oder nicht."

Diese *Kritik am Tauschprinzip*, schon immer wesentlicher Bestandteil der Kritischen Theorie, erfährt in Adornos Schriften von den fünfziger Jahren des 20. Jahrhunderts an eine weitere Akzentuierung, verbindet sich doch mit dem Tauschprinzip – wie es in der *Negativen Dialektik* (Bd 6, S. 150) heißt – „unmittelbare Aneignung, Gewalt, heutzutage: nacktes Privileg von Monopolen und Cliquen". Das tendenziell verabsolutierte Tauschprinzip beseitigt in der Produktions- wie in der Privatsphäre mit den qualitativen Unterschieden sukzessive die Möglichkeit, dass der Mensch, wie im traditionellen Liberalismus, „sein Leben in einem einigermaßen durchsichtigen Sinn" selbst bestimmt, wie Adorno bereits in den *Minima Moralia* (Bd 4, S. 54) schreibt. In den Analysen der fünfziger und sechziger Jahre verweist Adorno immer wieder auf die Allgemeinheit eines gesellschaftlichen Funktionszusammenhangs, der durch das Tauschprinzip bestimmt ist. Was sich hinter dem Schein der Zirkulation und den damit verbundenen bürgerlichen Denkformen verbirgt, ist jene negative, auf der Negation des Besonderen, des Gebrauchswerts beruhende Allgemeinheit, die Marx als *abstrakte* bzw. *entfremdete* Arbeit bezeichnet hat. Gegenüber dem Gebrauchswert sei die negative Allgemeinheit des Wertverhältnisses, der Tauschwert, zwar ein *bloß Gedachtes*: ein *Schein über die Wirklichkeit*. „Zugleich aber ist", so Adorno (Bd 8, S. 209), „jener Schein das allerwichtigste, die Formel, nach der die Welt verhext ward." In der hochkapitalistischen Gesellschaft – in der des *Spätkapitalismus* – wird definitiv der Gebrauchswert „durch den reichen Tauschwert ersetzt, der gerade als Tauschwert die Funktion des Gebrauchswertes trügend übernimmt" (Adorno Bd 14, S. 25). Dass sich in manchen Aussagen Adornos die Kritik von der tauschwertsetzenden auf die gebrauchswertsetzende Arbeit verlagert, braucht hier nicht erörtert zu werden. Wesentlich bleibt das Phänomen des *Spätkapitalismus*, das Adorno in seinem *Einleitungsvortrag* zum 16. Deutschen Soziologentag (1968) thematisiert.

In diesem Einleitungsvortrag (Bd 8, S. 364) verteidigt Adorno den Terminus *Spätkapitalismus* gegenüber dem der *Industriegesellschaft*, der in gewissem Sinne suggeriere, das Wesen der Gesellschaft folge aus dem Stand der Produktivkräfte, unabhängig von deren gesellschaftlichen Bedingungen. Gerade die *gesellschaft-*

lichen Bedingungen aber erweisen sich für Adorno als *ausschlaggebend:* die Gesellschaft ist in ihren *Produktionsverhältnissen* Kapitalismus. „Stets noch sind die Menschen, was sie nach der Marxschen Analyse um die Mitte des 19. Jahrhunderts waren: Anhängsel an die Maschinerie, nicht mehr bloß buchstäblich die Arbeiter, welche nach der Beschaffenheit der Maschinen sich einzurichten haben, die sie bedienen, sondern weit darüber hinaus metaphorisch, bis in ihre intimsten Regungen hinein genötigt, dem Gesellschaftsmechanismus als Rollenträger sich einzuordnen und ohne Reservat nach ihm sich zu modeln. Produziert wird heute wie ehedem um des Profits willen. Über alles zur Zeit von Marx Absehbare hinaus sind die Bedürfnisse, die es potentiell längst waren, vollends zu Funktionen des Produktionsapparates geworden, nicht umgekehrt" (Bd 8, S. 361). Nach dem Stand ihrer Produktivkräfte könne man die Gesellschaft durchaus *Industriegesellschaft* nennen, industrielle Arbeit sei unbestreitbar überall zum Muster der Gesellschaft geworden. Die Produktionsverhältnisse aber seien, wie gesagt, dieselben geblieben, und der *Gesellschaftsmechanismus* gründe noch immer auf *Antagonismen.* „Konflikte wie die typischen zwischen Vorgesetzten und Abhängigen sind nicht ein Letztes und Irreduzibles an dem Ort, an dem sie sich zutragen. Vielmehr sind sie die Masken tragender Antagonismen." (Bd 8, S. 10)

Mit diesem Hinweis ist zugleich das *Klassenverhältnis* angedeutet. Darüber, dass man von einem proletarischen Klassenbewusstsein in den maßgeblichen kapitalistischen Ländern nicht sprechen kann, ist sich Adorno bewusst. Doch das fehlende Bewusstsein widerlegt ihm zufolge nicht die Existenz von Klassen. Der Begriff der *Klasse* ist von Marx durch die Stellung zu den *Produktionsmitteln* bestimmt, und nicht durch das *Bewusstsein ihrer Angehörigen.* In den hochkapitalistischen Ländern mochte das Klassenbewusstsein zurücktreten; aber es war ja „nirgends gesellschaftlich schlechthin gegeben, der Theorie zufolge erst von dieser hervorzubringen" (Adorno Bd 8, S. 15). Dies freilich musste in dem Maße misslingen, in dem die Gesellschaft auch die Formen des Bewusstseins integrierte. „Ohne daß die Massen, und zwar gerade wegen ihrer sozialen Integration, ihr gesellschaftliches Schicksal irgend mehr in der Hand hätten als vor 120 Jahren, entraten sie nicht nur der Klassensolidarität, sondern des vollen Bewußtseins dessen, daß sie Objekte, nicht Subjekte des gesellschaftlichen Prozesses sind, den sie doch als Subjekte in Gang halten" (Bd 8, S. 358). Doch, wie erwähnt, dieser Sachverhalt ändert Adorno zufolge nichts am Charakter der Gesellschaft als Klassengesellschaft. „Subjektiv verschleiert wächst objektiv der Klassenunterschied vermöge der unaufhaltsam fortschreitenden Konzentration des Kapitals an" (Bd 8, S. 15). Und im Einleitungsvortrag zum 16. Deutschen Soziologentag (Bd 8, S. 360) umschreibt Adorno das Phänomen wie folgt: „Weiter wird Herrschaft über Menschen ausgeübt durch den ökonomischen Prozeß hindurch ... Jener Prozeß produziert und reproduziert nach wie vor, wenn schon nicht die Klassen so, wie sie in Zolas Germinal dargestellt sind, zumindest eine Struktur, welche der Antisozialist Nietzsche mit der Formel Kein Hirt und eine Herde vorwegnahm. In ihr aber birgt sich, was er nicht sehen wollte: die alte, nur anonym gewordene gesellschaftliche Unterdrückung". In diesem Zusammenhang heißt es zu der von Marx vorausgesagten *Verelendung:* „Hat schon die Verelendungstheorie nicht à la lettre sich bewahrheitet, so doch in dem nicht weniger beängstigenden Sinn, daß Unfreiheit, Abhängigkeit von einer dem Bewußtsein derer, die sie bedienen, entlaufenen Apparatur universal über die Menschen sich ausbreitet."

Unter diesen Umständen vermerkt Adorno, dass die *Produktivkräfte* und die *Produktionsverhältnisse* sich nicht nur verträglich zeigen, sondern – wie im zweiten Abschnitt dieses Kapitels erwähnt – auch eine *neue Synthese* eingegangen sind, in der Adorno das Moment der Vermittlung von letzteren bestimmt sieht. In der aktuellen verwalteten Welt mit ihren metaökonomischen Herrschaftsverhältnissen werden damit die strukturellen Differenzen zwischen den einzelnen Gesellschaftssphären hinfällig: „Materielle Produktion, Verteilung, Konsum werden gemeinsam verwaltet. Ihre Grenzen, die einmal innerhalb des Gesamtprozesses dessen aufeinander bezogene Sphären doch auch voneinander schieden, und dadurch das qualitativ Verschiedene achteten, verfließen" (Bd 8, S. 369). Dessen eingedenk wendet sich Adornos Kritik gegen Marx' Vertrauen auf den geschichtlichen Primat der Produktivkräfte und auf die Sprengkraft des Widerspruchs zwischen den wachsenden Produktivkräften und den hemmenden Produktionsverhältnissen. Adorno (Bd 8, S. 363) sieht demgegenüber die moderne bürgerliche Gesellschaft durch statische Aspekte charakterisiert, trotz ihrer vorgeblichen Dynamik und des Anwachsens ihrer Produktion. Er erkennt diese Aspekte in den *Produktionsverhältnissen,* die „nicht länger mehr allein solche des Eigentums, sondern der Administration, bis hinauf zur Rolle des Staates als des Gesamtkapitalisten", seien. So bestehe denn auch eines der wesentlichen Merkmale der kapitalistischen Gesellschaft darin, dass die Politik ein Maß an Autonomie geltend mache, das weit über alles hinausreiche, was Marx vorausgesagt habe. Der *staatlich-wirtschaftliche Interventionismus* ist nach Adorno (Bd 8, S. 367) *systemimmanent* zu werten: „Inbegriff von Selbstverteidigung". Im Interventionismus habe die Resistenzkraft des Systems, indirekt aber auch die Zusammenbruchstheorie, sich bestätigt.

Die Resistenzkraft des Systems wird immer wieder thematisiert; auch unter diesem Aspekt muss für Adorno (Bd 6, S. 161) die Negation der Negation, die noch Marx motiviert hat, ausbleiben. „Unmittelbar ist das Nichtidentische nicht als seinerseits Positives zu gewinnen und auch nicht durch Negation des Negativen." Die *Dialektik* vermag nur eine *negative* zu sein – ein gegen Hegel und Marx gerichteter Gedanke –, aber auch die *Negativität* ist *dialektisch.* Mit anderen Worten (und ohne hier auf die philosophische Gesamtproblematik der *Negativen Dialektik* näher eingehen zu können): Die Negation schlägt nie ins Positive um, sie bleibt vielmehr, was sie ist: die Aufhebung eines Je-Spezifischen – und nicht die Aufhebung als synthetische Konstitution neuer Unmittelbarkeit. Nur in dieser Insistenz auf die Qualitäten der Bestimmung kann Positives je wirklich sein und werden. Damit ist die Dialektik aber auch praktisch. Denn indem sie alles als negierbar ansieht, entschleiert sie jedes Beständig-Gedachte. Insofern darf die Dialektik nicht verstummen, unversöhnliches Denken erweist sich als notwendig: „Unversöhnlichem Denken ist die Hoffnung auf Versöhnung gesellt, weil der Widerstand des Denkens gegen das bloß Seiende, die gebieterische Freiheit des Subjekts, auch das am Objekt intendiert, was durch dessen Zurüstung zum Objekt diesem verloren ging" (Bd 6, S. 31).

Das Subjekt muss „am Nichtidentischen wiedergutmachen, was es daran verübt hat" (Bd 6, S. 149). Damit wird in der *Negativen Dialektik* erneut die in der *Dialektik der Aufklärung* geforderte *Selbstkritik der Aufklärung*, die Aufklärung der Aufklärung, herausgestellt. Es geht um das kritische Bewusstsein, das die Zurichtung von Rationalität durch den Anspruch der Ratio selbst zu korrigieren versucht, indem aus der Kraft der Ratio die Rationalität als Bewusstsein entbunden wird, die dann in verändernde Praxis überzugehen vermag. Die *Negative Dialektik* ist demgemäß nicht einfach eine *Methodologie* oder *Metatheorie*, sondern das „Unternehmen einer Selbstkritik der Theorie": der „kritische Nachvollzug der Bewegung des Gedankens als Gedanke, wobei der Nachvollzug sich materialistisch als Gedanke weiß". Die Kritik ist (wie oben erwähnt) Kritik *und* Selbstkritik. „Kritisch gibt sie sich auch Zwecken nicht preis, und in diesem Sinne insistiert sie kritisch auf den Begriff der Vernunft, an dem sie festhält (Schlüter-Knauer 1987, S. 62 ff.). Adorno will so das sich allzu selbstgewisse Bewusstsein in Frage stellen und die Vernunft, ihren immanenten Paradoxien zum Trotz, zur Geltung bringen. Gefordert ist in diesem Zusammenhang die Phantasie als Organon von Modellen: die *dialektische Phantasie*. Diese Phantasie entfaltet sich in und an der Kritik, vor allem an der des totalitär gewordenen Gesellschafts- und Denkzusammenhangs, der die negative Dialektik dient. Diese mobilisiert das Denken in Widersprüchen, und „Widersprüchlichkeit ist eine Reflexionskategorie, die denkende Konfrontation von Begriff und Sache" (Bd 6, S. 148). Einem solchen Denken (S. 203 f.) dürfte sich der Zweck enthüllen, „der allein Gesellschaft zur Gesellschaft macht, daß sie so eingerichtet werde, wie die Produktionsverhältnisse … unerbittlich es verhindern, und wie es den Produktivkräften nach hier und heute unmittelbar möglich wäre. Eine solche Einrichtung hätte ihr Telos an der Negation des physischen Leidens noch des letzten ihrer Mitglieder, und der inwendigen Reflexionsformen jenes Leidens. Sie ist das Interesse aller, nachgerade einzig durch eine sich selbst und jedem Lebenden durchsichtige Solidarität zu verwirklichen."

Unumgänglich ist somit die Reflexion bzw. die Selbstreflexion. Auch die Aufklärung ohne Reflexion erweist sich für Adorno (Bd 5, S. 87) als eine *besinnungs-*

lose Aufklärung. Ihre Selbstreflexion ist demgegenüber der Versuch, ihr Bestes zu retten: Kritik, die der Verdinglichung gewachsen ist. Deshalb muss Reflexion als jenes *Geringe*, wodurch „der Mensch sich selbst perpetuierendes Naturwesen, über Natur und Selbsterhaltung wie immer ohnmächtig doch hinausreicht", gewonnen werden. An diesen Gedanken hat Adorno (Bd 10.2, S. 461) – damit sei abschließend an die einführende Situationsbeschreibung erinnert – trotz aller Widrigkeiten der gesellschaftlichen Gegebenheiten unbeirrt festgehalten. *Reflexion* ist für die Erkenntnis unentbehrlich, „warum die Welt, die jetzt, hier das Paradies sein könnte, morgen zur Hölle werden kann … Praxis, welche die Herstellung einer vernünftigen und mündigen Menschheit bezweckt, verharrt im Bann des Unheils, ohne eine das Ganze in seiner Unwahrheit denkende Theorie. Daß diese nicht den Idealismus aufwärmen darf, sondern die gesellschaftliche und politische Realität und ihre Dynamik in sich hineinnehmen muß, bedarf keines Wortes."

Ebenso sehr wie am Gedanken der Reflexion hat Theodor W. Adorno (Bd 6, S. 198) an der *Idee der Wahrheit* festgehalten. „In der Idee objektiver Wahrheit wird materialistische Dialektik, notwendig philosophisch, trotz und vermöge aller Philosophiekritik, die sie übt." Die Philosophie als „Anstrengung, über den Begriff durch den Begriff hinauszugelangen" – Adornos Versuch (Bd 6, S. 27), die aufgebrochene Antithese von Idealismus und Ontologie zu vermitteln –, und die von Adorno der Gesellschaftskritik überantwortete philosophische Problematik zeigen ihren engen Gesellschaftsbezug. Zudem enthält der *Begriff der Philosophie* viel von dem, was Marx meinte, wenn er von der *Aufhebung* der Philosophie in begriffene Geschichte und geschichtliche Aktion sprach" (s. Schmidt 1949, S. 665 ff.). Und der *Terminus der Wahrheit* wiederum muss auf die Lehre vom „Zeitkern" der Wahrheit (Walter Benjamin) bezogen werden, wonach Wahrheit nicht in der Zeit, sondern *Zeit*, umgekehrt, *in der Wahrheit* ist. In diesem Zusammenhang bleibt für Adorno (Bd 6, S. 390 f.) das Metaphysische dann auch mit dem physischen Schicksal der Menschen verbunden: „Metaphysische Spekulation", so die Negative Dialektik „vereint sich der geschichtsphilosophischen: sie traut die Möglichkeit eines richtigen Bewußtseins auch von jenen letzten Dingen erst einer Zukunft ohne Lebensnot zu. … Die metaphysischen Interessen der Menschen bedürfen der ungeschmälerten Wahrnehmung ihrer materiellen. Solange diese ihnen verschleiert sind, leben sie unterm Schleier der Maja. Nur wenn, was ist, sich ändern läßt, ist das, was ist, nicht alles."

Literatur

Einleitung
Göhler, Gerhard 2000: Bürgerliche Gesellschaft, in: Everhard Holtmann (Hg.), Politik-Lexikon, München/Wien, S. 87 ff.
Habermas, Jürgen 1962: Strukturwandel der Öffentlichkeit. Untersuchungen zu einer Kategorie der bürgerlichen Gesellschaft, Neuwied.
Kocka, Jürgen (Hg.) 1988: Bürgertum im 19. Jahrhundert, München.

Kapitel 1: Thomas Hobbes und die Eigentumsmarktgesellschaft
Bermbach, Udo/Kodalle, Klaus-M. (Hg.) 1982: Furcht und Freiheit. Leviathan-Diskussion 300 Jahre nach Thomas Hobbes, Opladen.
Campbell, Mildred 1960: The English Yeomen under Elizabeth and the Early Stuarts, London.
Euchner, Walter, Auctoritas non veritas facit legem? Zur Abgrenzung von Politik und Nicht-Politik bei Thomas Hobbes, in: Bermbach, Udo/Kodalle, Klaus-M. (Hg.) 1982, Furcht und Freiheit. Leviathan-Diskussion 300 Jahre nach Thomas Hobbes, Opladen.
Hill, Christopher 1977: Von der Reformation zur Industriellen Revolution, Sozial- und Wirtschaftsgeschichte Englands 1530–1780, Frankfurt a. M.
Hobbes, Thomas 1928: The Elements of Law, Natural and Politic (hg. von Ferdinand Tönnies, London 1889), Cambridge.
Hobbes, Thomas 1966: Leviathan oder Stoff, Form und Gewalt eines bürgerlichen und kirchlichen Staates (hg. von Iring Fetscher), Neuwied/Berlin; Nachdruck Frankfurt a. M./Berlin/Wien 1976.
Hobbes, Thomas 1927: Behemouth oder das Lange Parlament; dt. Übersetzung im Anhang von: Lips, Julius 1970: Die Stellung des Thomas Hobbes zu den politischen Parteien der großen englischen Revolution, Leipzig, Nachdruck Darmstadt.
Kluxen, Kurt 1976: Geschichte Englands. Von den Anfängen bis zur Gegenwart, Stuttgart.
Macpherson, Crawford B. 1967: Die politische Theorie des Besitzindividualismus. Von Hobbes bis Locke, Frankfurt a. M.

Schmitt, Carl 1938: Der Leviathan in der Staatslehre des Thomas Hobbes, Hamburg.
Strauss, Leo 1965: Hobbes' politische Wissenschaft, Neuwied/Berlin.
Tawney, Richard 1912: The Agrarian Problem in the Sixteenth Century, London.
Willms, Bernard 1970: Die Antwort des Leviathan. Thomas Hobbes' politische Theorie, Neuwied/Berlin.
Willms, Bernard 1982: Die Angst, die Freiheit und der Leviathan. Staatsmechanismus oder politische Dialektik? in: Bermbach, Udo/Kodalle, Klaus-M. (Hg.) 1982: Furcht und Freiheit. Leviathan-Diskussion 300 Jahre nach Thomas Hobbes, Opladen.

Kapitel 2: John Locke und die frühe bürgerliche Klassengesellschaft
Euchner, Walter 1979: Naturrecht und Politik bei John Locke, Frankfurt a. M.
Hill, Christopher 1977: Von der Reformation zur Industriellen Revolution. Sozial- und Wirtschaftsgeschichte Englands 1530–1780, Frankfurt a. M.
Locke, John 1977: Two Treatises of Government; zitiert nach der von Walter Euchner herausgegebenen Übersetzung: John Locke 1977, Zwei Abhandlungen über die Regierung, Frankfurt a. M.
Locke, John, 1954: Essay on the Law of Nature (hg. W. von Leyden). Oxford..
Locke, John, 1957: Ein Brief über die Toleranz, Hamburg.
Macpherson, Crawford B. 1973: Die politische Theorie des Besitzindividualismus. Von Hobbes bis Locke, Frankfurt a. M.
Medick, Hans 1973: Naturzustand und Naturgeschichte der bürgerlichen Gesellschaft, Göttingen.
Moore, Berington 1969: Soziale Ursprünge von Diktatur und Demokratie. Die Rolle von Grundbesitzern und Bauern bei der Entstehung der modernen Welt, Frankfurt a. M.
Tawney, Richard H. 1948: Religion and the Rise of Capitalism. Harmondsworth.
Weber, Max 1972: Die protestantische Ethik und der Geist des Kapitalismus, in: Gesammelte Aufsätze zur Religionssoziologie, Bd 1, Tübingen 1972.

Kapitel 3: Jean-Jacques Rousseau und die Dialektik der Freiheit
Barth, Hans 1958: Über die Idee der Selbstentfremdung des Menschen bei Rousseau, in: Zeitschrift für Philosophische Forschung, Bd 13.
Brandt, Reinhard 1973: Rousseaus Philosophie der Gesellschaft, Frankfurt a. M.
Fetscher, Iring 1980: Rousseaus politische Philosophie. Zur Geschichte des demokratischen Freiheitsbegriffs, Frankfurt a. M.
Müller, Friedrich 1985: Entfremdung. Folgeprobleme der anthropologischen Begründung der Staatstheorie bei Rousseau, Hegel und Marx, Berlin.
Rousseau, Jean-Jacques 1955: Discours sur l'origine et les fondements de l'inégalité parmi les hommes, zitiert nach der von Kurt Weigand besorgten deutschen Übersetzung: Rousseau 1955: Schriften zur Kulturkritik, Hamburg.
Rousseau, Jean-Jacques 1955: Discours sur les sciences et les arts, zitiert nach der von Kurt Weigand besorgten deutschen Übersetzung 1955: Rousseau, Schriften zur Kulturkritik, Hamburg.
Rousseau, Jean-Jacques 1963: Emil oder Über die Erziehung, Paderborn.

Siep, Ludwig 1982: Vertragstheorie – Ermächtigung und Kritik von Herrschaft? in: Udo Bermbach/Klaus-M. Kodalle (Hg.), Furcht und Freiheit. Leviathan-Diskussion 300 Jahre nach Thomas Hobbes, Opladen.
Smith, Adam 1974: Der Wohlstand der Nationen, München.
Talmon, Jacob, 1961: Die Ursprünge der totalitären Demokratie, Köln/Opladen.
Weber, Max 1976: Wirtschaft und Gesellschaft, Tübingen, 2 Hbde.

Kapitel 4: Karl Marx und Friedrich Engels – Die kapitalistische Gesellschaftsformation

Esser, Josef 1975: Einführung in die materialistische Staatsanalyse, Frankfurt a M.
Euchner, Walter 1973: Kritik der politischen Ökonomie und politischen Ideologie bei Marx in: Egoismus und Gemeinwohl. Studien zur Geschichte der bürgerlichen Philosophie, Frankfurt a. M.
Fetscher, Iring 1967: Karl Marx und der Marxismus. Von der Philosophie des Proletariats zur Proletarischen Weltanschauung, München.
Fleischer, Helmut 1970: Marx und Engels. Die philosophischen Grundlinien ihres Denkens, Freiburg/München.
Hegel, Georg F. W. 1973: Grundlinien der Philosophie des Rechts, in: ders., Werke, Bd 7, Frankfurt a. M.
Hobsbawm, Eric John 1962: Sozialrebellen. Archaische Sozialbewegungen im 19. und 20. Jahrhundert, Neuwied.
Hofmann, Werner 1979: Ideengeschichte der sozialen Bewegung des 19. Jahrhunderts, Berlin.
Kofler, Leo 1964: Der proletarische Bürger. Marxistischer oder ethischer Sozialismus?, Wien.
Marx, Karl und Engels, Friedrich, Werke = MEW, Bde 1–43, Berlin.
Marx, Karl und Engels, Friedrich: Die deutsche Ideologie, in: MEW, Bd 3.
Marx, Karl und Engels, Friedrich: Zur Kritik der Hegelschen Rechtsphilosophie, Einleitung in: MEW, Bd 1.
Marx, Karl und Engels, Friedrich: Der achtzehnte Brumaire des Louis Bonaparte, in: MEW, Bd 8.
Marx Karl und Engels, Friedrich: Die Klassenkämpfe in Frankreich 1848 bis 1850, in: MEW; Bd 7.
Marx, Karl und Engels, Friedrich: Das Kapital, Erster Band, in: MEW, Bd 23.
Marx, Karl und Engels, Friedrich: Das Kapital, Dritter Band, in: MEW, Bd 25.
Offe, Claus 1972: Kulturprobleme des kapitalistischen Staates, Frankfurt a. M.
Poulantzas, Nicos 1975: Politische Macht und gesellschaftliche Klassen, Frankfurt a. M.

Kapitel 5: Max Weber – Der Geist des Kapitalismus und die Führerdemokratie

Baumgarten, Eduard 1964: Max Weber. Werk und Person, Tübingen.
Böhme, Helmut 1973: Prolegomena zu einer Sozial- und Wirtschaftsgeschichte Deutschlands im 19. und 20. Jahrhundert, Frankfurt a. M.
Hilferding, Rudolf 1955: Das Finanzkapital, Berlin.
Kofler, Leo 1948: Zur Geschichte der bürgerlichen Gesellschaft, Halle.

Löwith, Karl 1960: Gesammelte Abhandlungen. Zur Kritik der geschichtlichen Existenz, Stuttgart.
Mommsen, Wolfgang J. 1982: Max Weber. Gesellschaft, Politik und Geschichte, Frankfurt a. M.
Plessner, Helmuth 1962: Die verspätete Nation. Über die politische Verführbarkeit bürgerlichen Geistes, Stuttgart.
Weber, Max 1958: Gesammelte Politische Schriften, Tübingen.
Weber, Max 1986: Gesammelte Aufsätze zur Religionssoziologie, Bd 1, Tübingen.
Weber Max 1973: Gesammelte Aufsätze zur Wissenschaftslehre, Tübingen.
Weber, Max 1976: Wirtschaft und Gesellschaft. Grundriß der verstehenden Soziologie, Tübingen
Weber, Max 1966: Staatssoziologie. Soziologie der rationalen Staatsanstalt und der modernen politischen Parteien und Parlamente, Berlin/München.
Winckelmann, Johannes 1957: Gesellschaft und Staat in der verstehenden Soziologie Max Webers, Berlin.

Kapitel 6: Robert Michels und der italienische Faschismus
Bachi, Ricardo 1918: L'economia dell'Italia in guerra, Rom.
Corradini, Enrico 1914: Le nazione proletarie e il nazionalismo, in: Il nazionalismo italiano, Mailand.
Felice, Renzo de 1966: Mussolini il fascista, Turin.
Giolitti, Giovanni 1967: Memorie della mia vita, Mailand.
Hilferding, Rudolf 1955: Das Finanzkapital, Berlin.
Labriola, Arturo 1925: Polemica antifascista, Neapel.
Michels, Robert 1914: L'imperialismo italiano. Studi politico-demografici, Mailand.
Michels, Robert 1924: Lavoro e razza, Mailand.
Michels, Robert 1925: Sozialismus und Faschismus in Italien, München.
Michels, Robert 1927: Corso di sociologia politica, Mailand.
Michels, Robert 1930: Italien von heute. Politische und wirtschaftliche Kulturgeschichte von 1860-1930, Zürich.
Mussolini, Benito: Opera Omnia, Bde 1-36.
Mussolini, Benito 1932: La dottrina del Fascismo, in Opera Omnia, Bd 34.
Plessner, Helmuth 1962: Die verspätete Nation, Stuttgart.
Nenni, Pietro 1962: Il Diciannovismo 1919-1922, Mailand.
Pareto, Vilfredo 1927: Trattato di sociologia generale, Mailand.
Plessner, Helmuth 1962: Die verspätete Nation. Über die politische Verführbarkeit bürgerlichen Geistes, Stuttgart.
Silone, Ignazio 1934: Der Faschismus, Zürich.

Kapitel 7: Max Horkheimer und Theodor W. Adorno –
Die bürgerliche Gesellschaft als Denkmodell
Adorno, Theodor W. 1990: Gesammelte Schriften (hg. von Rolf Tiedemann), Frankfurt a. M.
Adorno, Theodor W. 1966: Negative Dialektik, Frankfurt a. M.

Adorno, Theodor W. 1970: Aufsätze zur Gesellschaftstheorie und Methodologie, Frankfurt a. M.
Adorno, Theodor W. 1951: Minima Moralia. Reflexionen aus dem beschädigten Leben, Frankfurt a. M.
Adorno, Theodor W. 1955: Prismen. Kulturkritik und Gesellschaft, Frankfurt a. M.
Dubiel, Helmut 1978: Wissenschaftsorganisation und politische Erfahrung. Studien zur frühen Kritischen Theorie, Frankfurt a. M.
Habermas Jürgen 1981: Philosophisch-politische Profile, Frankfurt a. M.
Hardach, Gerd 1977: Deutschland in der Weltwirtschaft 1870–1970. Eine Einführung in die Sozial- und Wirtschaftsgeschichte, Frankfurt a. M.
Hilferding, Rudolf 1968: Das Finanzkapital, Frankfurt a. M./Wien.
Horkheimer, Max 1985 ff.: Gesammelte Schriften in achtzehn Bänden (hg. von Alfred Schmidt und Gunzelin Schmid Noerr), Frankfurt a. M.
Horkheimer, Max 1930: Anfänge der bürgerlichen Geschichtsphilosophie, in: Bd 2 der Gesammelten Schriften, Frankfurt a. M.
Horkheimer, Max 1936: Egoismus und Freiheitsbewegung. Zur Anthropologie des bürgerlichen Zeitalters, in: Bd 4 der Gesammelten Schriften, Frankfurt a. M.
Horkheimer, Max 1967: Eclipse of Reason, New York (1948), dt.: Zur Kritik der instrumentellen Vernunft, Frankfurt a. M.
Horkheimer, Max und Adorno, Theodor W. 1947: Dialektik der Aufklärung. Philosophische Fragmente, Amsterdam.

Neu im Programm Politikwissenschaft

Göhler, Gerhard / Iser, Mattias / Kerner, Ina
Politische Theorie
25 umkämpfte Begriffe zur Einführung
2., akt. u. erw. Aufl. 2012. 435 S. Br.
EUR 19,95
ISBN 978-3-531-16246-1

Was sich hinter Begriffen wie „Demokratie", „Gerechtigkeit", „Globalisierung", „Krieg" oder „Macht" verbirgt, ist umstritten - besonders in der politischen Theorie. Anhand von 25 Begriffen, deren Bedeutungsgehalt in den vergangenen zwanzig Jahren besonders stark umkämpft war, führt dieser Band in verständlicher Weise in die wichtigsten Diskussionen und Positionen der politischen Theorie und Philosophie ein. Die Beiträge gliedern sich jeweils in drei Abschnitte: Zunächst verdeutlichen sie die Relevanz des verhandelten Begriffs für die politische Theorie und Philosophie sowie für die politische Praxis. In einem zweiten, besonders ausführlichen Teil werden die Hauptlinien der Auseinandersetzung nachgezeichnet. Drittens stellen die Autorinnen und Autoren eine eigene Position dar.

Boeckh, Jürgen / Huster, Ernst-Ulrich / Benz, Benjamin
Sozialpolitik in Deutschland
Eine systematische Einführung
3., grundl. überarb. u. erw. Aufl. 2011.
491 S. Br. EUR 22,95
ISBN 978-3-531-16669-8

Der Band führt systematisch in das breite Spektrum von Geschichte, Strukturen, Problemlagen, Lösungswegen und die europäischen Zusammenhänge von Sozialpolitik in Deutschland sowie in die Theorie des Sozialstaates ein. Der besseren Verständlichkeit dienen ausführliche geschichtliche Dokumente und aktuelle Daten zur sozialen Entwicklung bzw. zur Sozialpolitik. Gibt es Grenzen des Sozialstaates? Diesen sucht sich der Band im geschichtlichen Rückgriff auf die Weimarer Republik systematisch und sozialräumlich zu nähern.

Dingwerth, Klaus / Blauberger, Michael / Schneider, Christian
Postnationale Demokratie
Eine Einführung am Beispiel von EU, WTO und UNO
2011. 236 S. (Grundwissen Politik) Br.
EUR 24,95
ISBN 978-3-531-17490-7

Internationale Organisationen stehen im Zentrum der Diskussion über das „Demokratiedefizit" internationaler Politik. Während politische Entscheidungen zunehmend auf internationaler Ebene getroffen werden, zweifeln Kritiker immer wieder an der Legitimation dieser Entscheidungen. Das Buch führt ein in die Diskussion über demokratisches Regieren „jenseits des Staates", es stellt die Funktionsweise von EU, WTO und UNO vor und diskutiert, inwieweit das Regieren in diesen Organisationen demokratischen Grundsätzen genügt bzw. wie sich Demokratiedefizite beheben lassen.

Erhältlich im Buchhandel oder beim Verlag.
Änderungen vorbehalten. Stand: Januar 2012.

Einfach bestellen:
SpringerDE-service@springer.com
tel +49(0)6221/345-4301
springer-vs.de

MIX
Papier aus verantwortungsvollen Quellen
Paper from responsible sources
FSC® C105338

If you have any concerns about our products,
you can contact us on
ProductSafety@springernature.com

In case Publisher is established outside the EU,
the EU authorized representative is:
**Springer Nature Customer Service Center GmbH
Europaplatz 3, 69115 Heidelberg, Germany**

Printed by Libri Plureos GmbH
in Hamburg, Germany